A BATALHA DE SALAMINA

BARRY STRAUSS

A BATALHA DE SALAMINA

Tradução de
CLÓVIS MARQUES e CARLOS ARAUJO

Revisão técnica de
MIRIAM SUTTER e MÁRCIO SCALERCIO

EDITORA RECORD
RIO DE JANEIRO • SÃO PAULO
2007

CIP-BRASIL. CATALOGAÇÃO-NA-FONTE
SINDICATO NACIONAL DOS EDITORES DE LIVROS, RJ.

Strauss, Barry S.
S893b A batalha de Salamina / Barry Strauss; tradução Clóvis Marques e Carlos Araujo. – Rio de Janeiro: Record, 2007.

Tradução de: The battle of Salamis
ISBN 978-85-01-07179-8

1. Salamis, Batalha de, Grécia – 480 a.C. 2. Grécia – História – 480 a.C. I. Título.

06-2354 CDD – 938.03
CDU – 94(38)

Título original em inglês:
THE BATTLE OF SALAMIS

Direitos exclusivos de publicação em língua portuguesa para o Brasil adquiridos pela
EDITORA RECORD LTDA.
Rua Argentina 171 – 20921-380 – Rio de Janeiro, RJ – Tel.: 2585-2000
que se reserva a propriedade literária desta tradução

Impresso no Brasil

ISBN 978-85-01-07179-8

PEDIDOS PELO REEMBOLSO POSTAL
Caixa Postal 23.052
Rio de Janeiro, RJ – 20922-970

EDITORA AFILIADA

Para Sylvie

SUMÁRIO

A BATALHA

A RETIRADA

CRONOLOGIA DE EVENTOS RELACIONADOS À BATALHA DE SALAMINA, EM 480 A.C.

Nota: Todas as datas são aproximadas, exceto a da lua cheia e a do eclipse.

Maio: Xerxes começa a movimentar suas tropas através do Helesponto.

Junho: Xerxes começa a marchar do Helesponto para Atenas.

Terceira semana de agosto: Homens e navios gregos tomam posição nas Termópilas e em Artemísio.

19 de agosto, lua cheia: Fim dos Jogos Olímpicos e das Carnéias.

c. 27-29 de agosto: Batalhas das Termópilas e Artemísio.

c. 1 de setembro: A frota grega retorna de Artemísio e chega à baía de Falero e a Salamina; o exército persa começa sua marcha em direção ao sul.

Início de setembro: Todos os exércitos do Peloponeso começam a construir uma muralha no estreito de Corinto.

c. 1-6 de setembro: Evacuação de Atenas.

c. 4 de setembro: A frota persa se movimenta em direção ao sul.

c. 5 de setembro: A guarda avançada persa chega à Ática.

c. 31 de agosto — 20 de setembro: O exército persa conquista Fócida e Beócia e se reagrupa em Atenas.

c. 7 de setembro: A frota persa chega à baía de Falero.

c. 21-23 de setembro: Sítio da Acrópole de Atenas.

c. 23 de setembro: O exército persa toma a Acrópole de Atenas, o conselho de guerra grego em Salamina vota a retirada da frota grega para o estreito de Corinto.

c. noite de 23-24 de setembro: Mnesífilo, Temístocles e Euribíades forçam o conselho de guerra grego a mudar os planos e permanecer em Salamina; debate entre Temístocles e Adimanto.

Alvorada, c. 24 de setembro: Terremoto.

Noite, c. 24 de setembro: Missão de Sicínio junto aos persas.

Meia-noite, c. 24 de setembro: A frota persa entra no estreito de Salamina.

C. 25 de setembro: Batalha de Salamina.

Fim de setembro: Os persas começam a retirada de Atenas.

2 de outubro, eclipse parcial do sol: O exército espartano deixa o estreito.

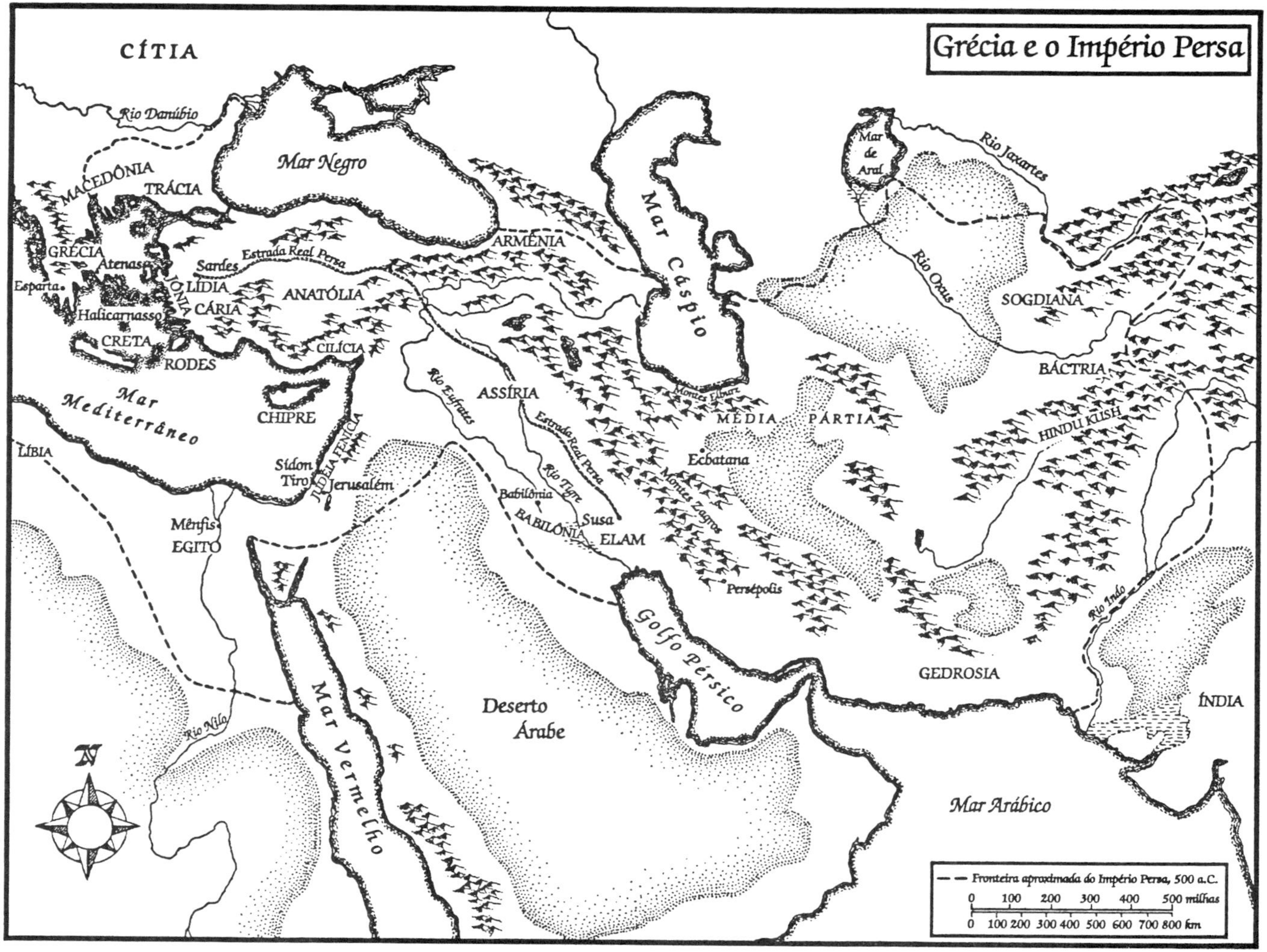
Grécia e o Império Persa
CÍTIA
Rio Danúbio
MACEDÔNIA
TRÁCIA
Mar Negro
GRÉCIA
Atenas
Esparta
Halicarnasso
CRETA
RODES
JÔNIA
LÍDIA
CÁRIA
Sardes
Estrada Real Persa
ANATÓLIA
CILÍCIA
ARMÊNIA
Mar Cáspio
Mar Mediterrâneo
CHIPRE
LÍBIA
Sídon
Tiro
JUDEIA
FENÍCIA
Jerusalém
Mênfis
EGITO
Rio Nilo
Mar Vermelho
Rio Eufrates
ASSÍRIA
Estrada Real Persa
Rio Tigre
Babilônia
BABILÔNIA
Susa
ELAM
Montes Elburz
MÉDIA
Ecbatana
Montes Zagros
Persépolis
PÁRTIA
Golfo Pérsico
Deserto Árabe
Mar de Aral
Rio Jaxartes
Rio Oxus
SOGDIANA
BÁCTRIA
HINDU KUSH
GEDROSIA
Rio Indo
ÍNDIA
Mar Arábico
N
Fronteira aproximada do Império Persa, 500 a.C.
0 100 200 300 400 500 milhas
0 100 200 300 400 500 600 700 800 km

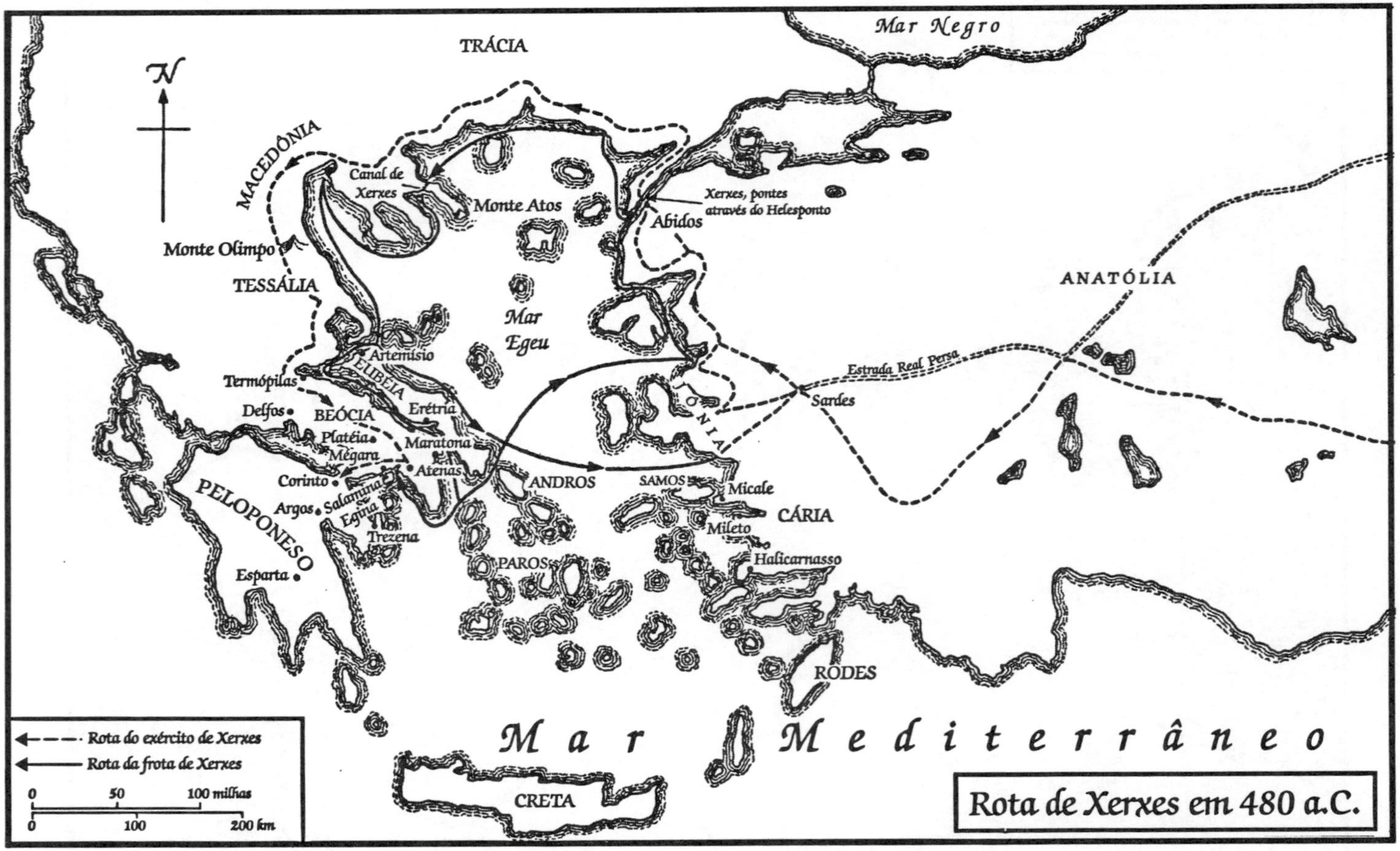
Mar Negro
TRÁCIA
N
MACEDÔNIA
Canal de Xerxes
Monte Atos
Xerxes, pontes através do Helesponto
Abidos
Monte Olimpo
TESSÁLIA
ANATÓLIA
Mar Egeu
Artemísio
EUBÉIA
Termópilas
Estrada Real Persa
Sardes
JÔNIA
Delfos
BEÓCIA
Erétria
Platéia
Mégara
Maratona
Corinto
Atenas
ANDROS
SAMOS
Micale
PELOPONESO
Salamina
Argos
Egina
CÁRIA
Mileto
Trezena
PAROS
Halicarnasso
Esparta
RODES
Rota do exército de Xerxes
Rota da frota de Xerxes
0 50 100 milhas
0 100 200 km
Mar Mediterrâneo
CRETA
Rota de Xerxes em 480 a.C.

NOTA IMPORTANTE SOBRE OS NAVIOS

A batalha de Salamina foi combatida com trirremes, navios de guerra de madeira. As trirremes podiam ser movidas a remo ou a vela, mas na batalha só se usavam os remos, pois o mais importante eram a velocidade e maneabilidade. "Trirreme" vem do grego *triērēs*, que significa navio "tri-remador", referência às três fileiras sobrepostas de remadores vistos de perfil quando se olha o navio lateralmente. A trirreme representa uma inovação na construção de navios, provavelmente datando de um século antes de Salamina. Em 480 a.C. a trirreme representava o que havia de mais avançado em tecnologia naval no Mediterrâneo. Por dois séculos a trirreme reinaria soberana nos mares; Salamina foi sua maior batalha.

A informação que temos sobre a trirreme é abundante mas incompleta. Infelizmente, para os estudiosos de Salamina, a maior parte das informações vem do período aproximado entre 430-320 a.C., isto é, pelo menos cinqüenta anos depois das guerras persas. Felizmente, o pouco que temos sobre o período mais recente nos dá a impressão de ser aplicável às trirremes do período anterior de modo geral.

As trirremes eram navios graciosos e bem-acabados. Uma trirreme grega tinha cerca de 40 metros de comprimento por cerca de 5,5 metros de largura (ou cerca de 12 metros quando os remos estavam estendidos) e sua altura com relação ao nível do mar era cerca de 2,6 metros. Os dois conveses inferiores de remadores continham remos estendidos em aberturas no casco ou no convés balístico, enquanto o nível superior usava remos que se estendiam através de um estabilizador lateral externo — quer dizer, no fim do século V a.C., quando os estabilizadores já eram muito usados. É plausível que as trirremes gregas em 480 a.C. também tivessem estabilizadores.

Na extremidade dianteira da proa havia um esporão, uma estrutura de madeira pontuda e reforçada, fincada numa armação de bronze e armada com três lâminas afiadas na ponta. O esporão se localizava na linha-d'água e se estendia cerca de dois metros do centro do castelo da proa.

Os fenícios se orgulhavam de ser os melhores marujos do Mediterrâneo e seguiam suas próprias tradições de construção naval. As trirremes fenícias tinham em geral o mesmo comprimento de suas similares gregas mas eram mais largas. Alguns historiadores afirmam que as trirremes fenícias eram mais altas do que as gregas e não possuíam estabilizadores externos. Para carregar marinheiros extras as trirremes fenícias tinham conveses mais largos, dotados de guarda-corpo para proteger os homens neles amontoados e evitar que caíssem no mar. Do lado de fora do convés ficavam escudos pendurados em fileiras. O esporão fenício era longo e grosso, em vez de curto e pontiagudo. Tanto as trirremes gregas quanto as fenícias eram ornamentadas, embora de estilos diversos.

Estima-se que uma trirreme grega, usando os remos, podia viajar normalmente à velocidade de cinco a seis milhas náuticas por hora, ou, se tinha pressa, a uma média de sete a oito. Para manobras bruscas durante uma batalha estima-se que os remadores podiam impulsionar uma trirreme a nove ou dez milhas náuticas por hora.

Considerando seu comprimento, a trirreme era estreita, o que a fazia um barco tão rápido quando instável. Assim, as frotas de trirremes evitavam o alto-mar e navegavam perto da costa. Preferiam não passar a noite no mar.

Em Atenas, cujos navios conhecemos melhor, uma trirreme levava normalmente uma tripulação de 200 homens: 170 remadores, 10 soldados e 4 arqueiros, bem como vários marujos e suboficiais, incluindo um contramestre dos remadores, um comissário tesoureiro, o responsável pela proa, um carpinteiro naval, um tocador de flauta e homens para içar e cuidar das velas. Cada trirreme tinha um capitão (em Atenas chamado *trierarca*), que era geralmente um homem rico e às vezes apenas um subordinado. A pessoa mais importante a bordo era o timoneiro, ou piloto, que manobrava os lemes da popa. Um piloto hábil podia conduzir o navio à vitória.

Os remadores não usavam armas. Provavelmente não tinham uniformes, e no espaço quente e abafado do convés inferior geralmente usavam uma tanga. Os arqueiros carregavam arcos e flechas, enquanto os marinheiros gregos usavam elmos e protetores peitorais de bronze, grandes escudos redondos, e lutavam com dardos e espadas. A maioria dos marinheiros da frota persa era equipada de modo similar, mas diversos usavam uma variedade de armas, desde foices e machados até adagas e facões.

As tripulações experientes combatiam manobrando os barcos de modo a abalroar o inimigo com o esporão e recuavam com rapidez antes que ele pudesse contra-atacar. As tripulações inexperientes geralmente preferiam abordar o inimigo e deixar o combate para os marinheiros e arqueiros. As frotas que preferiam a abordagem em lugar do abalroamento aumentavam o número de combatentes no convés, levando às vezes quarenta ou cinqüenta por navio.

Na frota grega de 480 a.C. parece que cada trirreme levava dez soldados e quatro arqueiros. Na frota persa, cada trirreme levava quarenta soldados e arqueiros, incluindo um grupo misto de iranianos (persas e medos) e síntios (povo nômade da Ásia Central). Todos os navios da frota grega eram gregos, mas nenhum navio da frota persa era persa: cada navio persa era fornecido por um estado súdito da Pérsia, incluindo fenícios, egípcios, cários e gregos, entre outros. Os persas forneciam guerreiros, arqueiros e almirantes. [Considerava-se que os fenícios, secundados pelos cários e pelos jônios *(gregos do leste)*, possuíam os melhores esquadrões na frota persa.]

A presença de tantos iranianos e síntios em cada navio talvez reflita a insegurança dos persas. A Pérsia era uma potência territorial. Os nobres persas manifestavam o desprezo de um cavaleiro com relação aos homens do mar. Com seus guerreiros e arqueiros eles tentavam transformar batalhas navais em batalhas campais no mar. Sua presença armada também tornava difícil para seus aliados se transferirem para o lado grego.

As três fileiras de remadores nas trirremes atenienses eram conhecidas como segue: *os remadores* da fileira superior eram chamados de *thranitai*, (em português, *tranitas*) "homens dos mastros"; os da fileira do meio eram chamados de *zygitai* (em português, *zeugitas*) "homens nos bancos transversais" e os da fileira do fundo eram chamados de *thalámioi* (em português, *talamitas*), "homens dos porões" ou igualmente "homens do quarto de dormir". A última expressão refere-se à prática de usar os porões para descansar ou pernoitar. Uma tripulação completa de uma trirreme ateniense consistia em 58 zeugitas e 52 talamitas, divididos em grupos, respectivamente, de 29 e 26 remadores de cada lado; mais 60 tranitas em duas filas de 30 remadores, num total de 170 remadores.

Os marinheiros, arqueiros, o piloto, o capitão e as sentinelas ficavam todos no convés superior. Todos esses homens deviam ficar a maior parte do tempo sentados, especialmente durante a batalha, pois até o menor movimento poderia desequilibrar o barco e perturbar os remadores. Nas trirremes gregas em 480 a.C., o convés era uma superfície de madeira, apertada e estreita, com uma passagem aberta no meio de popa a proa. Não havia guarda-corpo. O convés da trirreme servia também de proteção para os remadores embaixo.

As trirremes atenienses em 480 a.C. foram construídas levando em conta "velocidade e maneabilidade". Entretanto, em Salamina elas eram mais pesadas do que as trirremes da frota persa. Isto parece estranho, em vista do número de marinheiros e amuradas nas trirremes persas, mas pode refletir uma decisão consciente dos atenienses, construindo barcos mais pesados de modo a contrabalançar a superioridade da frota persa em número e experiência. Navios pesados superavam navios leves em certas circunstâncias; se Atenas conseguisse lutar nestas condições teria uma chance de prevalecer. A diferença de peso também pode ser o resultado da maior oportunidade dos persas, nas semanas antes de Salamina, de encalhar suas trirremes e secar seus cascos ao sol. As trirremes atenienses poderiam estar mais encharcadas e assim mais pesadas.

Como as trirremes, na batalha, eram impulsionadas por homens, a vitória dependia, em grande parte, do treinamento e condicionamento dos remadores, e dava-se a eles bastante comida (a base era peixe salgado e cevada moída), água (cerca de sete litros diários por homem) e descanso em terra firme (geralmente ao meio-dia e à noite). O moral tinha muita importância e um líder bem-sucedido precisava ser tanto treinador e psicólogo quanto comandante naval.

Era essencial manter todos os 170 homens remando em uníssono. A difícil tarefa de manter o ritmo cabia ao contramestre dos remadores. Ele ficava em pé no corredor do convés, entre a popa e a proa, e dava instruções aos seus homens. Eles o ouviam com dificuldade, em face do barulho dos remos e da difusão do som em meio a tanta gente. Assim, o contramestre tinha a ajuda do mestre da proa que estava na sua frente, que transmitia as suas instruções para os homens na proa. Outro homem exerceria as mesmas funções na popa.

Enquanto isso, um contramestre tocava o ritmo com um silvo estridente de uma falta dupla. Às vezes, toda a tripulação se unia num grito ritmado, repetido sem cessar, para marcar as remadas. Os gritos *O opop, O opop* e *ryppapai* que imitavam o barulho dos remos na água são característicos das tripulações atenienses. É também possível que as tripulações marcassem o ritmo cantando. Cada batida se constituía de uma remada rápida e forte e uma longa puxada. O cômico Aristófanes comparava a batida ao coro de sapos coaxando: "*Croac, croac, croac.*"

Com 170 homens remando como se fossem um, a visão de cada lado da trirreme — se alguém estivesse na popa olhando a proa — poderia ser hipnotizante. Entretanto, a trirreme não era muito grande.

Com 40 metros de comprimento, tinha cerca de duas vezes o comprimento de um iole a oito remadores, usado pelos atletas de hoje em dia. Isto faz a trirreme mais ou menos do comprimento de uma escuna moderna ou de um rebocador oceânico; um pouco mais do que a metade do comprimento de um submarino alemão da Segunda Grande Guerra Mundial; cerca de um quarto do comprimento de um cruzador do início do século XX; cerca de um sétimo do comprimento de um porta-aviões americano da Segunda Grande Guerra Mundial. Em resumo, uma trirreme amontoava duzentos homens, ou mais, num espaço reduzido.

Era necessário muito engenho e arte para manter o controle sobre tantos homens amontoados num navio e era ainda mais difícil manter a ordem numa frota de centenas de navios e dezenas de milhares de homens. Era preciso um planejamento meticuloso, sinais visuais e auditivos e treinamento constante.

Cada trirreme tinha na proa um par de olhos ornamentais e um nome, embora o nome pudesse ser apenas um símbolo. Algumas trirremes eram ornamentadas e aparelhadas luxuosamente. Então, não é de admirar se as trirremes às vezes pareciam tão complicadas como os seres humanos. As páginas seguintes dirão muito mais sobre as trirremes e seus detalhes. Por enquanto, temos que notar a presença de só mais outro tipo de barco a remo em ambas as frotas em 480 a.C.: a *pentarreme*. Era um navio de cinqüenta remos com vinte e cinco homens de cada lado, dispostos em uma ou duas fileiras sobrepostas. Seu papel em Salamina foi muito menor.

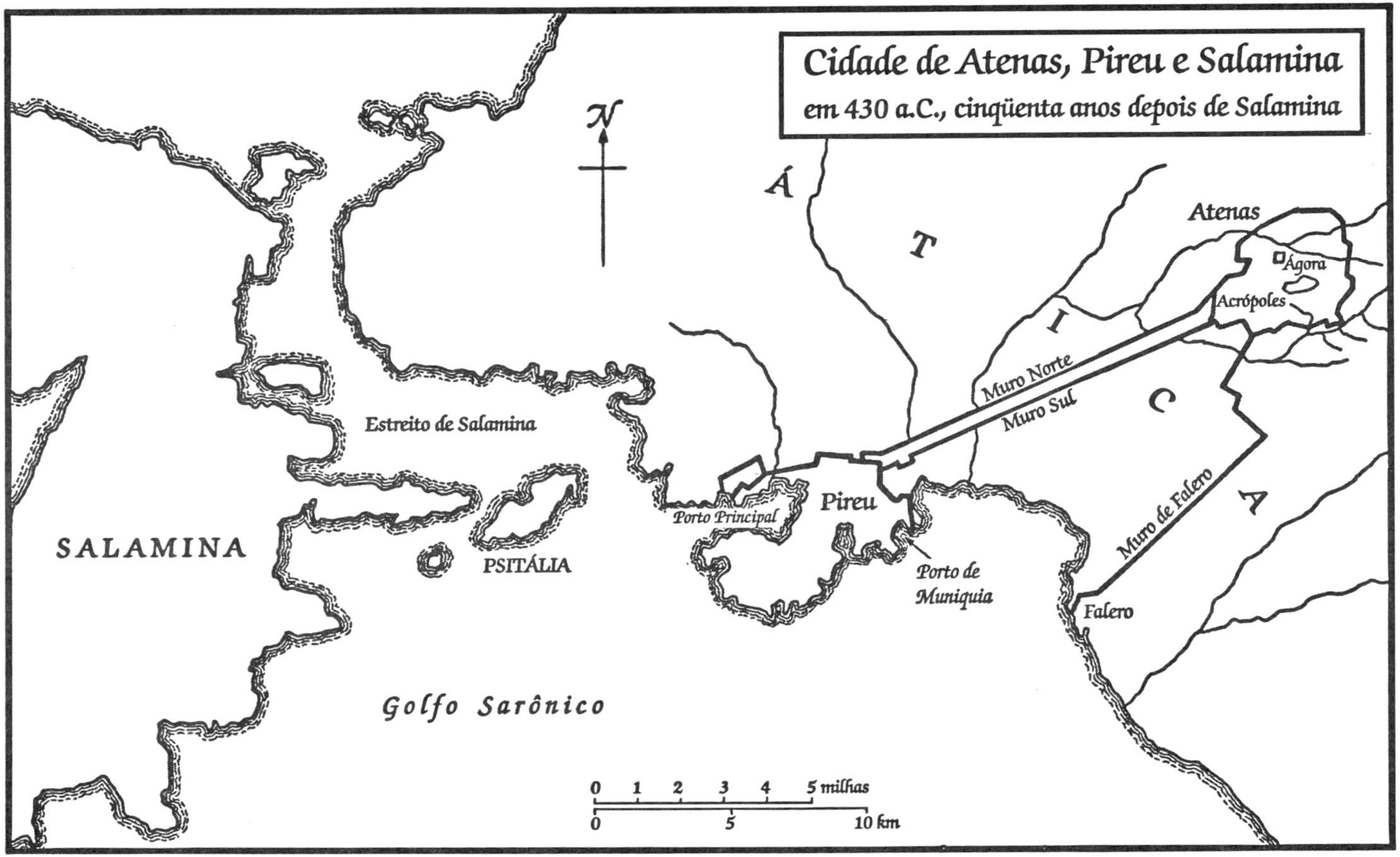
Cidade de Atenas, Pireu e Salamina
em 430 a.C., cinqüenta anos depois de Salamina
N
ÁTICA
Atenas
Ágora
Acrópoles
Muro Norte
Muro Sul
Muro de Falero
Falero
Pireu
Porto Principal
Porto de Muniquia
Estreito de Salamina
SALAMINA
PSITÁLIA
Golfo Sarônico
0 1 2 3 4 5 milhas
0 5 10 km

PRÓLOGO

PIREU

Ele era o último ateniense. Isto é, se um caixão contendo uma ossada podia ser considerado um ateniense. Quando vivo, fora Temístocles, arquiteto da maior batalha naval jamais travada. Agora seus restos mortais haviam sido secretamente reenterrados aqui no solo de Atenas, talvez, segundo os boatos, na praia fora do porto de Pireu. A família de Temístocles, segundo se diz, havia desenterrado os ossos de sua primeira sepultura no estrangeiro debaixo do nariz das autoridades.

Foi um ardil que traria um sorriso à boca do esqueleto, pois entre os gregos espertos, quem seria mais espertalhão do que Temístocles? Ninguém, exceto o viajante cujo navio passou pelo local do túmulo de Temístocles nesta manhã de verão de 430 a.C. O observador foi o homem que colocou o velhaco no seu lugar, e que agora poderia agradecer aos deuses, enquanto de pé, no convés varrido pelo vento, olhava na direção do último ateniense que ele jamais veria.

Heródoto, como se chamava o observador, não via fim para os atenienses. Atenas mandava no mar, e ele passara sua vida nos canais. E aqui, do navio, Heródoto podia olhar na direção do mais ominoso campo de batalha naval. Além do canal onde jaziam os ossos do grande homem, estava o local onde, havia cinqüenta anos, Temístocles jogara a própria existência no resultado de um único dia. Heródoto só tinha que se virar para o oeste do convés e vê-la, surgindo como uma rocha: Salamina.

Parecia mais uma fortaleza do que uma ilha, separada do continente apenas por uma lista de água azul, como se fosse uma vala, o estreito de Salamina. Inicialmente independente, havia muito que a ilha pertencia a Atenas, cujo domínio se estendia além do canal. Nesse estreito, em 480 a.C. travou-se uma batalha, justamente onde Temístocles havia planejado. No início do outono, quando os dias e as noites são iguais, mil navios de guerra lutaram pelo futuro da Grécia. Uma armada invasora persa pretendia anexar a Grécia ao maior império que o mundo jamais conhecera; os nativos teimosos remavam para a liberdade ou para a morte. O dia amanhecera claro; quando o sol rubro se pôs doze horas mais tarde, os destroços remanescentes de uma frota flutuavam no estreito perseguidos pela outra.

Se a batalha tivesse tido outro resultado, a Grécia seria governada por reis e rainhas. Um era Xerxes, o Grande Rei da Pérsia, que observava a batalha da praia. Outro foi Artemísia, rainha de Halicarnasso (hoje a cidade de Bodrum na Turquia), uma rainha-capitã, que lutou no mais aceso dos combates — uma das poucas mulheres na história escrita que comandaram navios numa batalha.

Agora, cinqüenta anos mais tarde, Atenas estava sangrando. Só um artista da fuga como Heródoto poderia ter encontrado um raro navio mercante que aportasse em Pireu durante uma praga, e, ainda mais raro, um lugar a bordo. Heródoto aprendera muito mais do que um pouco de esperteza numa vida cheia de viagens. Homem cinqüentenário, tinha uma longa barba, uma pele magra curtida nas intempéries, uma cabeleira escassa que revelava uma testa rugosa. Heródoto vestia uma capa sobre a túnica, botas grossas e um chapéu de abas largas.

Quando chegou a Atenas e encontrou a cidade sitiada por um exército inimigo, Heródoto provavelmente não deu importância ao fato. Esta guerra era a última de uma série entre Atenas e suas rivais na Grécia. Heródoto sabia que havia muralhas inexpugnáveis ligando Atenas ao Pireu, a cinco quilômetros de distância. A frota ateniense dominava o mar e trazia tudo de que a cidade precisava. Peixes da Sicília, cereais da Criméia, objetos de luxo da Lídia: nada era tão distante e tão caro para resistir à atração de um porto onde brilhavam moedas de ouro, guardado por três centenas de navios de guerra. Mas Heródoto não contava com a epidemia.

Os homens estavam morrendo nos pórticos de mármore, entre as estátuas douradas e dentro dos jardins elegantes. Tendo completado o trabalho que o levara a Atenas, Heródoto conseguiu um camarote num navio mercante. Ele escapara por um fio de cabelo. Todavia, quando deu uma última olhada para Atenas, Heródoto teria sentido admiração e alívio. A vista do convés não era comum. De fato, entre o ar salgado e o cheiro de fumaça, o lamento distante dos aflitos e o barulho de remos no porto, todo o panorama deu vida ao trabalho de Heródoto.

Heródoto havia devotado sua carreira a um livro épico de pesquisas, para usar o sentido literal do que ele chamava *Historiai* e nós chamamos de *Histórias*. Alguns o chamavam o Pai da História, outros, o Pai das Mentiras. Mas à medida que continuava suas pesquisas desde a Babilônia até a Ucrânia e desde o Egito até a Itália, Heródoto lançou a luz inclemente de uma mente sem ilusões em tudo que encontrou. Ainda hoje, passados 2.500 anos, sua análise tem a força singular da alavanca de Arquimedes.

Enquanto Heródoto olhava para trás do convés do seu navio que girava na direção do leste, ele viu a cidade de Atenas, coroada por sua Acrópole. A montanha rochosa, o coração histórico da cidade, continha o então novo templo de Palas Atenas, hoje conhecido como Partenon. Ao norte da Acrópole se estendia a melhor terra arável da Grécia, mas o que chamava a atenção dos olhos do visitante eram as negras colunas de fumaça no céu azul de verão. As fazendas da zona rural de Atenas estavam ardendo. Haviam sido incendiadas por um exército grego invasor, liderado por Esparta, a arqui-rival de Atenas. Era a segunda guerra do Peloponeso (431-404 a.C.), o começo de uma sangrenta luta dos gregos pelo poder.

Do seu ponto de observação a bordo do navio, Heródoto poderia ter se voltado de novo para o oriente para ver a ilha que antes havia sido chamado de "a divina Salamina". Ali, Atenas e Esparta haviam posto de lado suas diferenças em 480 a.C. para se unir contra o invasor persa como dois bois presos à mesma canga. Depois da grande batalha naval, os vitoriosos ergueram dois monumentos na ilha de Salamina e um terceiro numa ilhota na entrada do estreito. Deram uma parte dos despojos persas, capturados durante e depois da batalha, como oferenda gratulatória aos deuses. Esta incluía três trirremes fenícias, uma das quais ainda existia no tempo de Heródoto. Na sagrada cidade de Delfos, os despojos persas financiaram uma grandiosa estátua do deus Apolo, com seis metros de altura, com a mão segurando um adereço na forma da popa de um navio capturado.

No estreito, em 480 a.C., os deuses da guerra tinham que decidir se davam seus favores à marinha persa ou à frota grega. Os persas haviam chegado com uma força esmagadora por terra e mar para punir Atenas pelo fato de ter atacado uma cidade persa na Anatólia ocidental (Turquia moderna) uma geração antes. Pelo menos esta era a desculpa; o que eles realmente queriam era conquistar a Grécia. Nos três meses que antecederam à batalha de Salamina, os persas marcharam sobre o norte e o centro da Grécia, esmagaram o exército espartano nas Termópilas, lutaram com a marinha ateniense até um impasse em Artemísio, e entraram em Atenas em triunfo. Incendiaram completamente os velhos templos na Acrópole. Com sua enorme armada os persas esperavam a vitória em Salamina, mas os deuses sempre desaprovaram um gosto excessivo pela vingança e Xerxes, o imperador persa, tinha a garganta seca quando se tratava de sangue grego.

O mundo jamais vira uma batalha assim. Num canal de apenas um quilômetro e meio estavam homens dos três continentes do Velho Mundo: África, Ásia e Europa. A frota persa incluía não somente iranianos e homens da Ásia central, mas também egípcios, fenícios, cipriotas, panfílios, lídios, cilicianos e até gregos da Anatólia e das ilhas do mar Egeu, bem como das ilhas jônias e um navio jônio da Itália.

Salamina representava um grande fato demográfico. Mais de 200 mil homens participaram da batalha. Talvez 20 mil soldados se enfileiraram nas praias do estreito, para ajudar ou perseguir os sobreviventes, dependendo do lado em que lutavam. Além disso, cerca de 100 mil homens, mulheres, crianças e velhos fugiram de Atenas como refugiados. Ao todo, 300 mil combatentes ou civis se envolveram na batalha de Salamina. Este era um número enorme de pessoas para o mundo de 480 a.C. Em proporção estatística aos dias de hoje é o equivalente a 20 milhões de pessoas.

Os marinheiros em Salamina eram certamente variados: iam desde os ruivos trácios, aos negros fenícios e aos escuros egípcios. Incluíam cidadãos e escravos, reis e plebeus, cavaleiros transformados em capitães de navios, bem como marinheiros calejados. Falavam uma mistura heterogênea de línguas, e se ouvia grego em ambos os lados. Muitos gregos lutaram tanto pela Pérsia quanto contra ela. Estes gregos rivais liam as mesmas poesias épicas e adoravam os mesmos deuses, embora rezassem pela derrota do adversário.

Nos conveses dos navios em Salamina ficavam marinheiros pesadamente armados, prontos a lutar quando os navios colidiam. Marinheiros gregos, em ambos os lados, usavam protetores peitorais e capacetes de metal e carregavam dardos e espadas. Os marinheiros persas incluíam homens de turbante e protetores peitorais de tecido, soldados equipados com foices, adagas ou lanças, machados de batalha e facões. A maioria dos contingentes também incorporava arqueiros, esperando atirar nos homens, mesmo os caídos dentro d'água.

Os atenienses insidiosos, que preparavam armadilhas com o cuidado de um cirurgião tratando de fraturas; o rei persa, que pensava arremeter no mundo aquático helênico do mesmo modo como seus cavalos galopavam nos altiplanos do Irã; a pérfida rainha halicarnassiana, que lutou pelo seu lugar num mundo de homens, mas lutou contra a liberdade de todos os outros; os eunucos, os escravos, os tocadores de flauta, os marinheiros, as esposas e concubinas em terra e as miríades de remadores nos navios; o gosto de tantas refeições salgadas e de cevada moída; os perfumes dos altos dignitários iranianos, o mau cheiro de dezenas de milhares de homens suados que raramente tomavam banho, a fedentina de tantos corpos que vieram dar nas praias. Os dias em que, numa rápida seqüência, Atenas foi evacuada, invadida e incendiada, e os navios de duas nações opostas pelo destino lutaram pelo império do estreito. Tudo ocorrera aqui, numa distância que uma trirreme veloz poderia cruzar em dez minutos. E tudo isso fora parte da vida de Heródoto desde sua infância, em dúzias de anedotas contadas e recontadas. E agora, enquanto seu navio costejava a ilha de Salamina, a história lhe fora confiada para ser contada.

Os navios em Salamina eram as estruturas de madeira mais importantes da história da Grécia desde o cavalo de Tróia. Entretanto, não seria fácil para Heródoto contar a história deles. Os memoriais da guerra eram mudos. O estado ateniense, cujos arquivos eram rudimentares, guardava poucos registros oficiais de suas batalhas e os escribas persas não publicavam seu trabalho.

Os poetas gregos, com certeza, demonstraram intenso desejo de contar a história. Assim, existia no século V a.C. uma indústria literária virtual sobre a invasão persa. O poema mais importante que sobreviveu é *Os persas*, uma peça teatral sobre Salamina escrita pelo grande trágico ateniense Ésquilo, que provavelmente tomou parte pessoalmente na batalha. Temos também um bom trecho de um poema, escrito em 410 a.C. por Timóteo de Mileto, que oferece uma imagem vívida embora extravagante da batalha. Mas pouco restou dos outros poemas que os patrióticos alunos de escola um dia souberam de cor.

Heródoto conhecia a peça de Ésquilo e lera as inscrições de Atenas. Mas ele sabia também que o melhor meio de descobrir Salamina era falar com os homens que nela haviam lutado. Apenas uma criança quando

Artemísia e seus navios retornaram para sua cidade natal de Halicarnasso, Heródoto era muito jovem para entrevistar os comandantes de 480 a.C. Mas podia encontrar seus filhos e filhas e conhecer a história da família. E teve a chance de falar com outros veteranos de ambos os lados durante suas viagens pela Grécia e pelo império persa. Ele pôde também velejar pelo estreito de Salamina e examinou os navios com os olhos de quem passara a vida viajando.

Como teria sido realmente a batalha no fatídico estreito? Como a vitória favoreceu Atenas, que se tornara menos uma cidade e mais um acampamento de duzentos navios de guerra e cem mil refugiados? Como a derrota pôde golpear os persas, que haviam saqueado Atenas e faziam tremer as montanhas e vales da Grécia?

Estas foram as questões que Heródoto remoeu. Suas respostas são extensas, mas ele não preserva cada último detalhe de Salamina. Heródoto se deu ao luxo de remexer e escolher. De tal forma que as informações de outras fontes podem ser consideradas, mesmo quando Heródoto não as menciona. Entretanto, vale a pena ser cauteloso sobre qualquer coisa que *contradiga* Heródoto, porque Heródoto era um excelente historiador. Era um dos mais perspicazes e céticos dos estudiosos do passado que jamais escreveu, e também o mais honesto. Depois de ter sido criticado durante décadas como leviano, ultimamente Heródoto tem sido novamente apreciado, como ele merece ser, como um historiador bem informado e confiável.

Nos anos depois que Heródoto terminou seu livro, depois de 430 a.C., outros escritores da Antiguidade se dedicaram a Salamina. Eles incluem um nome famoso, Plutarco, mas na sua maioria são uma coleção de escritores pouco conhecidos e obscuros. Muitos viveram no tempo dos romanos, mas alguns deles fizeram pesquisas cuidadosas dos manuscritos gregos antigos. Há uma luz lançada sobre a batalha por meio de outra prova, ainda mais extravagante, oriunda de inscrições, da arte grega e da arqueologia. Há então informações topográficas, náuticas e meteorológicas recentes sobre a área de Salamina, ainda úteis para compreender as antigas condições — os ventos, por exemplo — que pouco mudaram desde a Antiguidade.

Entrementes, muito menos dados sobre as guerras persas sobrevivem do lado persa. O grego Heródoto é nossa fonte principal de informação sobre a política e as guerras persas. Todavia, hoje em dia, estudando a história de Salamina, podemos apresentar um novo quadro da batalha. Não é que Heródoto estivesse errado. É que ele e outras fontes antigas entenderam mal. Se agora eles podem ser lidos corretamente é por três razões.

Depois de anos de subestimação, a antiga Pérsia, graças a novas pesquisas, é agora vista como Heródoto intencionava. Uma grande quantidade de dados sobre a Pérsia sobreviveu, de relevância indireta sobre a invasão persa da Grécia, e os estudiosos recentes os têm explorado em profundidade. Esta pesquisa mostra que a Pérsia não era nem decadente nem desinteressante, mas um poder formidável e inovador, do qual os gregos antigos — e o Ocidente moderno — tomaram muitas coisas por empréstimo.

Quanto aos gregos, há muito que eles são celebrados como nobres filhos da liberdade. Agora, porém, nós os conhecemos como os fundadores da democracia imperial. Podemos apreciar o conhecimento dos gregos sobre os dolorosos compromissos que uma sociedade precisa fazer para sobreviver num mundo hostil.

Finalmente, um novo foco na história militar e na experiência da batalha, bem como uma massa de provas acrescidas pela reconstrução hipotética do navio de guerra grego, nos faz compreender realisticamente o que aconteceu em Salamina. Podemos ouvir as trombetas, podemos visualizar o choque dos esporões, podemos ver o sangue na água.

A lenda conta que Heródoto leu suas *Histórias* para espectadores em Atenas, Olímpia e outros lugares. Certamente, o livro parece ter sido escrito tendo em vista a palavra falada e escrita. Assim, não é difícil imaginar que, logo antes de embarcar num navio no Pireu, Heródoto lesse para o público em Atenas. Uma grande audiência deve ter se reunido no Odeon, um anfiteatro ao sul da Acrópole, que se dizia ter sido construído de modo a parecer a tenda real de Xerxes. Os homens, distribuídos com as poucas mulheres — cortesãs e grandes damas aristocratas bisbilhoteiras, pois nenhuma mulher honrada de Atenas ousava se misturar em público com os homens —, teriam se preparado para um espetáculo cativante.

Naquela época, de guerra e peste, o auditório de atenienses queria esquecer. Eles sonhavam com o passado heróico. Enquanto o locutor se sentava no palco, os espectadores davam seus ouvidos para o velho.

O mestre se levantava e começava a recitar.

> *O que se segue é uma récita das pesquisas de Heródoto de Halicarnasso. Eu escrevo para que o que os homens fizeram não se apague com o tempo e para que os feitos memoráveis, tanto dos gregos como dos bárbaros, não deixem de ser reconhecidos; entre os assuntos tratados veremos, em particular, a causa da hostilidade entre os gregos e os bárbaros.**

*Os gregos chamavam todos os não-gregos de bárbaros, mesmo os povos civilizados.

O AVANÇO

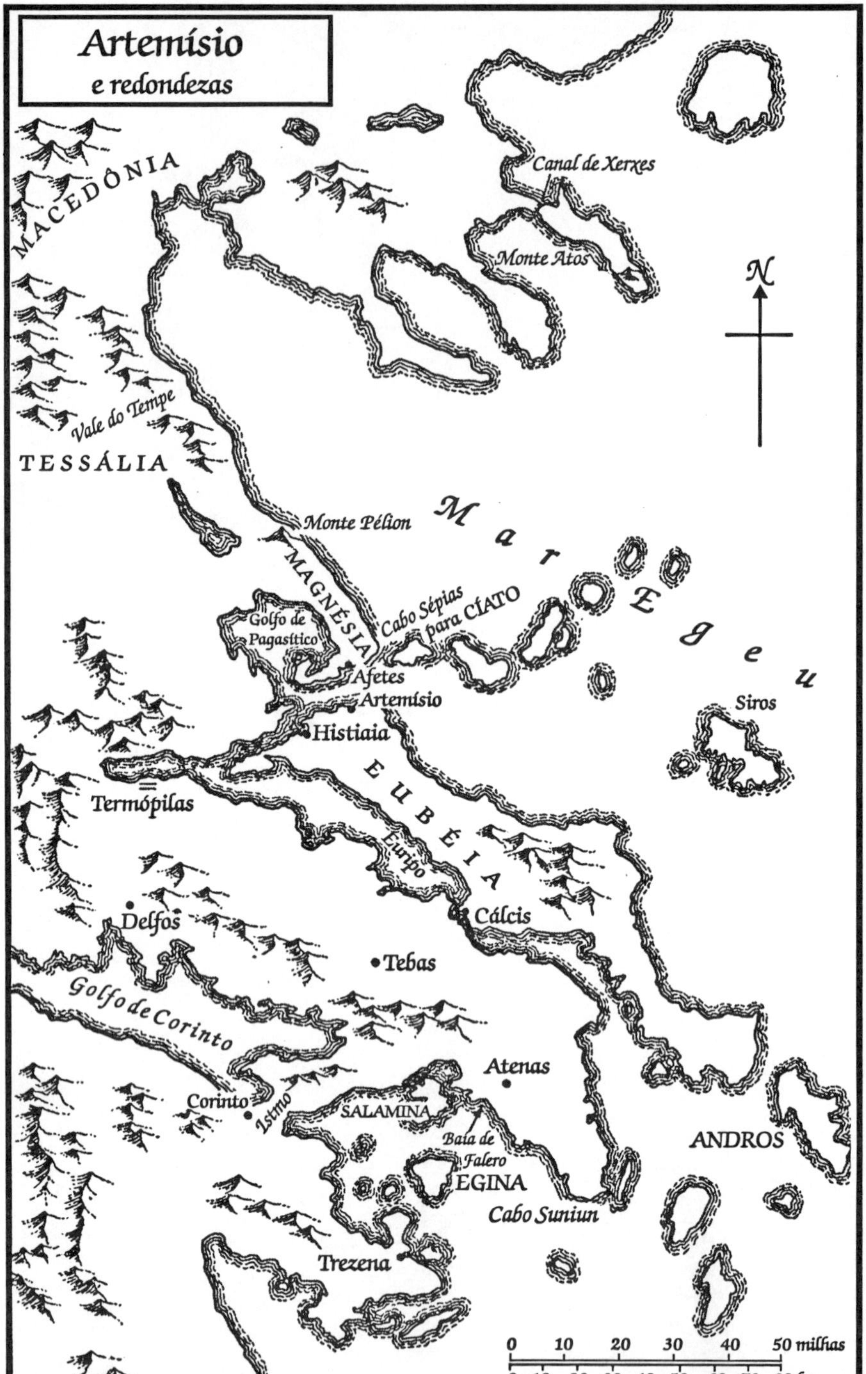
Artemísio
e redondezas
MACEDÔNIA
Canal de Xerxes
Monte Atos
N
Vale do Tempe
TESSÁLIA
Monte Pélion
Mar Egeu
MAGNÉSIA
Cabo Sépias
para CÍATO
Golfo de Pagasítico
Afetes
Artemísio
Histiaia
Siros
EUBÉIA
Termópilas
Euripo
Cálcis
Delfos
Tebas
Golfo de Corinto
Atenas
Corinto
Istmo
SALAMINA
Baía de Falero
ANDROS
EGINA
Cabo Suniun
Trezena
0 10 20 30 40 50 milhas
0 10 20 30 40 50 60 70 80 km

CAPÍTULO UM

ARTEMÍSIO

Abafada no calor de agosto, mesmo à noite, Artemísio é um centro de atividade. Iluminados pela luz das fogueiras, 50 mil homens estão trabalhando: aqui, a corrida para recuperar o equipamento danificado, ali carregando os corpos dos mortos para as piras, num ponto enchendo vasos de água e cantis nas fontes, em outro lugar deixando mensagens com desinformações para o inimigo, que está por perto, atrás deles. Alguns homens estão colocando seus capacetes de bronze, outros apertam as correias das aljavas de flechas que levam nas costas, enquanto outros seguram apenas uma almofada feita de couro de ovelha. Enquanto os homens trabalham, os cheiros típicos da área, de salmoura, tomilho e folhas de pinheiro, misturam-se com o odor do suor e a fetidez dos cadáveres.

A praia da baía está apinhada, com cerca de 250 trirremes ancoradas pela popa. De cada navio um par de escadas foi baixado e uma horda de mãos calejadas agarra os degraus enquanto os remadores sobem para seus assentos. Os resmungos dos remadores se misturam com o estalar da lenha nas fogueiras e os gritos dos contramestres dos remadores abafam os outros sons. A armada grega está saindo.

De todos os homens aglomerados na praia, somente um podia entender a cena. Estrategista-chefe dos gregos, ele planejara a guerra com a Pérsia durante anos e agora a sua hora chegara. Este homem era Temístocles.

Sua figura era impressionante naquela noite. Com cerca de 45 anos de idade, Temístocles de Atenas, filho de Néocles, era um guerreiro calejado. Ele devia estar usando um capacete de bronze, um protetor peitoral de bronze sobre uma túnica que chegava ao meio das coxas, perneiras de bronze e botas. Sem seu capacete, teria um rosto carnudo emoldurado por cabelo à escovinha e barba e bigode espessos. Sua testa era profundamente vincada, seus olhos, grandes, proeminentes e um pouco oblíquos. Os ossos salientes do rosto flanqueavam um nariz achatado. Seu queixo era dominado por uma boca que representava o triunfo da utilidade sobre a graça.

Era a face de um monge ou de um mercenário. Ficou conservada num busto antigo que identifica a expressão de Temístocles, bem longe da clássica. Não sabemos se a imagem é fiel, mas se a representação é inventada, ela é inspirada. O busto transmite uma força irresistível, de um homem poderoso e inteligente, que precisava somente de sua força de vontade para lutar contra o inimigo até sua submissão.

Por três dias, de 27 a 29 de agosto, Temístocles liderou a marinha grega no seu primeiro teste contra os muito mais experimentados persas. Os gregos estavam baseados em Artemísio, na ponta norte da ilha de Eubéia; os persas estavam a cerca de 16 quilômetros, do outro lado do canal, em terra firme. Embora inferiores em número, na proporção de dois para um, os gregos conseguiram imobilizar o inimigo. Inútil pensar em retirada, agora que as defesas do desfiladeiro das Termópilas, ali perto, haviam sido rompidas e o rei espartano Leônidas estava morto; nem pensar no problema de evacuar mais de 100 mil pessoas de Atenas; sem falar da fumaça e das ruínas no avanço persa: Temístocles tinha motivos para estar alegre.

Em três anos ele tirara Atenas de seu marasmo e a transformara na maior potência naval da Grécia, a orgulhosa proprietária de duzentas trirremes. Construíra uma frota e concebera um plano para salvar a cidade da invasão persa que ele pressentira que viria. E se tornara não somente o primeiro homem em Atenas, como também o comandante-em-chefe da marinha grega. Nada mau para alguém vindo de fora do círculo charmoso da aristocracia ateniense, um homem que assim definira rudemente o seu pragmatismo:

> *Eu posso não saber como afinar a lira ou tocar a harpa, mas sei como tomar uma cidade pequena e desconhecida e fazê-la grande e famosa.*

Nada mau para um homem que chocara a velha-guarda, um homem a respeito de quem o filósofo Platão, mais tarde, se queixou que tornara os atenienses de infantes garbosos em marinheiros grosseiros. Mas Temístocles era um campeão no jogo brutal e implacável que era a política em Atenas. Este era um novo jogo quando Temístocles era ainda um adolescente. Em 508 a.C. uma revolução transformara Atenas numa das primeiras democracias da história.

Só uma democracia poderia reunir a mão-de-obra para equipar duzentas trirremes — 40 mil homens — e a força de vontade de usá-las acertadamente. Como diz Heródoto, a democracia revigorou Atenas;

> *Quando os atenienses viviam sob uma tirania, não lutavam na guerra melhor do que seus vizinhos, mas depois que se livraram dos tiranos eles se tornaram, de longe, os primeiros. Isto prova que quando eles eram oprimidos lutavam mal de propósito, como escravos de um senhor, mas depois que se liberaram, cada um deles desejava realizar seu trabalho com esmero.*

Temístocles era aquela coisa rara numa democracia, um líder. Não tinha medo de falar as verdades para o povo. Do mesmo modo, ele sabia que uma linha reta nem sempre era a menor distância entre dois pontos. Ele era conhecido pela sua esperteza e pelas suas táticas de choque, ou o que os gregos chamavam de *deinotēs*. *Deinotēs* pode significar um comentário perspicaz ou uma catástrofe; pode se aplicar a um orador ou a um raio; pode ser usado como um elogio ou como uma crítica. Todas essas nuances se aplicavam a Temístocles.

Temístocles era brilhante, com visão ampla, criativo, infatigável, magnânimo, corajoso e eloqüente. Porém é verdade que no decurso de sua carreira ele mentiu, trapaceou, blefou e ameaçou; apropriou-se de idéias alheias; manipulou a religião; recebeu suborno e extorquiu dinheiro; foi insultuoso e vingativo; e terminou seus dias como um traidor. Em suma, Temístocles não era nenhum anjo, mas um serafim não poderia ter salvado os gregos.

Na primavera de 480 a.C., os membros da aliança grega contra a Pérsia, a Liga Helênica, se reuniu no estreito de Corinto para traçar uma estratégia. Os persas estavam chegando, invadindo a Grécia com toda a força. Era o último estágio de uma guerra que já durava uma geração.

A guerra começou quando Atenas insultou o poderoso império persa prometendo ser seu aliado em 508 a.C. mas depois renegou a promessa. O embaixador ateniense no império fez uma dádiva simbólica de terra e água, em sinal de submissão, mas o governo ateniense recusou-se a confirmá-lo. A briga piorou mais tarde quando Atenas prendeu dois embaixadores persas num calabouço de criminosos, o que provavelmente era o prelúdio de sua execução. Muito pior, Atenas depois forneceu ajuda militar à revolta jônica de 499 a 494 a.C., uma rebelião de súditos gregos e cários da Pérsia na Anatólia ocidental. Os gregos viviam na Anatólia havia séculos; os cários mais ainda e poderiam ter sido parentes dos troianos. Na revolta jônica, os atenienses capturaram por pouco tempo a capital provincial persa de Sardes e lá provocaram um incêndio que se propagou sem controle e destruiu o templo da deusa Cibele.

A Pérsia abafou a revolta jônica em 494 a.C. A batalha decisiva travou-se no mar perto de Lade, uma ilha na costa da Anatólia e perto da cidade-Estado grega de Mileto, líder da revolta. Agora era o momento de vingança contra Atenas. O rei Dario da Pérsia mandara uma armada através do mar Egeu para invadir Atenas em 490 a.C. Mas na batalha de Maratona, em território ateniense, a 38 quilômetros de Atenas, a infantaria ateniense esmagou os soldados persas e salvou seu país. Temístocles era um dos soldados na linha de frente desta batalha.

Agora, dez anos mais tarde, os persas estavam voltando, desta vez em grande número. Os gregos que se reuniram no estreito de Corinto na primavera de 480 a.C. combinaram uma estratégia de defesa com três elementos básicos. Primeiro, como a Pérsia atacaria por terra e mar, a reação dos gregos seria com um exército e uma marinha. O Peloponeso forneceria a maioria dos soldados, desde que Atenas concentrasse toda a sua mão-de-obra na sua grande marinha. Segundo, como a Pérsia estava atacando Atenas pelo norte da Grécia, em vez de pular de ilha em ilha no mar Egeu, os aliados preparariam uma defesa avançada no norte da Grécia. Seria melhor tentar deter os persas ali do que nas portas de Atenas. Terceiro, o tempo trabalhava a favor dos gregos. Por razões políticas, o rei da Pérsia queria uma vitória rápida, e por razões logísticas os intendentes persas não poderiam garantir suprimentos para seu enorme exército por muito tempo. Assim, era do interesse dos gregos prolongar a guerra até que os persas desistissem.

Os gregos começaram sua defesa pelo norte. Sua primeira linha consistia num exército de 10 mil homens para defender um passo nas montanhas conhecidas como Vale do Tempe, que atravessa a Macedônia e a Tessália. Temístocles comandaria a força. Mas quando chegou no Tempe, em junho ou julho de 480 a.C., ele descobriu duas outras passagens próximas. Como seria impossível fechar os três passos ao avanço persa, ele se retirou para o sul. Tempe foi uma falha de informações — um sinal de quão pouco os gregos conheciam seu próprio país e da falta de visão dos estrategistas antigos.

Mas Artemísio foi um triunfo estratégico. Se Temístocles não a escolheu como base, ele imediatamente percebeu sua importância. Era bastante perto das Termópilas para permitir uma estratégia de terra e mar.

A frota grega em Artemísio impediria que os reforços persas chegassem pelo mar e cortassem o exército grego que defendia as Termópilas.

Os gregos poderiam ter estacionado sua frota mais perto das Termópilas, que fica a 65 quilômetros de Artemísio. Mas a proximidade não era o único problema. Nem o campo de batalha potencial, pois o estreito de Artemísio tem 16 quilômetros de largura e os gregos preferiam lutar em águas mais estreitas, onde a Pérsia não poderia lançar todos os seus navios. Mas Artemísio oferecia outras vantagens.

Artemísio era o melhor porto da região porque era o maior, o mais protegido e rico em fontes de água potável. Ocupando-o, os gregos o negavam ao inimigo. Isto significava que os persas não poderiam desembarcar na estratégica ilha de Eubéia sem enfrentar a frota grega. Nem a frota persa poderia passar pela ilha sem enfrentar a marinha grega.

Como as trirremes eram muito frágeis e muito desconfortáveis para uma longa permanência no mar, as frotas não faziam um bloqueio no sentido moderno da palavra. Em vez disso, elas ancoravam num porto perto do inimigo e saíam para desafiá-lo. Para se manterem alerta, usavam espias tanto na terra quanto no mar para seguir o movimento do inimigo e sinalizar informações.

De Artemísio os gregos poderiam contrapor o avanço da frota persa para o sul nas duas direções. A costa leste rochosa de Eubéia é hostil para os marinheiros, de modo que os persas provavelmente a evitariam. A costa oeste de Eubéia é mais acolhedora. Seus portos dão para um canal interno entre Eubéia e o território grego, uma passagem protegida para a marinha persa do norte da Grécia para Atenas. Ele é totalmente navegável, embora, a meio caminho, o canal se estreite para 40 metros de largura, numa passagem chamada Euripo. Assim, os gregos de Artemísio aguardavam um movimento persa para o sudoeste.

Percebendo o plano dos gregos, os persas coordenaram seu ataque sobre Artemísio e nas Termópilas. Embora não tivessem planejado tão precisamente, as batalhas navais e terrestres se deram exatamente nos mesmos três dias do final de agosto de 480 a.C.

Os gregos se regozijariam se detivessem os persas mediante as ações conjuntas em Artemísio e Termópilas. Mas eles não precisariam realizar tão grande feito. Meramente sangrando os persas e retardando-os já seria um grande sucesso. As baixas forçadas e o atraso iriam abalar o moral dos persas, enquanto dariam aos gregos uma prova das táticas persas — conhecimento valioso para ser usado na próxima batalha. Assim, a marinha grega atracou em Artemísio e esperou o bárbaro.

Artemísio geralmente era um local sonolento: uma vista do azul da água, uma praia arenosa e bosques verde-escuros de oliveiras e pinheiros, salpicada em agosto com moitas de laranja e açafrão. A cidade mais próxima ficava a 13 quilômetros, mas numa colina sobre a baía (hoje em dia a baía Pevki) erguia-se um templo de *Artemis Proséoia*, isto é, Ártemis que olha para o leste, e o nome se adequava à principal base grega contra a ameaça que vinha do leste.

Entretanto, como todas as bases avançadas, Artemísio oferecia vantagens e perigos equivalentes. Se a frota grega fraquejasse, seus homens ficariam vagando em terra hostil. Isto é, se sobrevivessem. A Pérsia queria esmagar a marinha inimiga e assegurar o controle das vias marítimas em direção ao sul o que significava afundar seus navios e matar seus marinheiros. Os persas queriam matar todos os gregos, até o sacerdote espartano que mantinha aceso o fogo sagrado trazido do altar de Zeus em Esparta.

A posição exposta dos gregos era bastante arriscada, mas pior ainda era o tamanho da marinha grega. Em 480 a.C. o mundo grego se estendia da Anatólia à baía de Nápoles; havia até mesmo alguns gregos espalhados até o leste do Cáucaso e até a Espanha. Tudo somado, havia mil e quinhentas cidades-Estado gregas. Entretanto, apenas um punhado — somente 31 cidades-Estado — se uniu à coalizão contra a Pérsia.

De fato, mais cidades-Estado gregas lutaram do outro lado. A Pérsia era muito forte e a lealdade às idéias da Grécia era muito fraca para conferir poder à Liga Helênica. Atenas, Esparta e algumas cidades-Estado que enfrentavam a Pérsia falavam muito mal dos traidores gregos, mas a maioria dos gregos daria de ombros com a acusação.

Dos 31 membros da Liga Helênica, apenas 14 tripulavam os navios de guerra em Artemísio, para um total de 280 naves — 271 trirremes e 9 pentarremes. Mais tarde, Atenas enviou um reforço de 53 navios, elevando o total a 333 navios de guerra. Atenas forneceu 180 navios em Artemísio, de longe o maior contingente; os navios eram parcialmente tripulados por aliados de Atenas em Platéia. A maior unidade próxima eram 40 navios de Corinto, seguidos de 20 de Mogara, mais 20 de Atenas, com tripulação de Cálcis, 18 de Egina e oito contingentes menores.

Em oposição aos gregos singrava uma marinha numericamente muito superior. Os persas tinham nada menos do que 1.207 trirremes quando zarparam para sua expedição e outras 120 se uniram a eles à medida que ganhavam aliados durante seu avanço através do norte da Grécia em direção a Artemísio — perfazendo um total de 1.327 navios.

Ambas as frotas tinham que lidar com as complicações e problemas de uma armada multinacional. Mas as diferenças entre as cidades-Estado gregas eram pequenas comparadas aos contrastes na torre de Babel flutuante que era a frota persa. Ela combinava fenícios, egípcios, gregos, cipriotas e vários povos não-gregos da Anatólia, desde cários a panfílios. Com todas as suas diferentes línguas, a comunicação não era um pequeno problema para a frota, sem falar da coordenação das operações no mar.

Quatro nobres persas, incluindo dois príncipes, exerciam o supremo comando. Entretanto, não havia um único navio persa na sua marinha. Cada navio levava uma mistura de soldados e arqueiros, incluindo alguns persas, mas nenhum marujo era persa. Os persas não eram homens do mar.

Os gregos, ao contrário, praticamente tinham água salgada nas veias, tão ligados que eram ao mar. A *Odisséia*, essa história quintessencial de um marujo, era um dos dois poemas épicos nacionais conhecidos de cada menino grego. Mas a coalizão grega contra a Pérsia era liderada por uma potência terrestre — Esparta. Tradicionalmente a maior cidade-Estado grega, Esparta se orgulhava de suas virtudes militares. A aliança grega era conhecida como Liga Helênica. Esparta insistiu em deter o poder supremo no mar, como o fazia em terra. No interesse da unidade grega, Atenas concordou. Entretanto, com seus duzentos navios de guerra, Atenas possuía, de longe, a maior e mais forte marinha grega. Apesar de o comandante da frota grega ser um espartano chamado Euribíades, filho de Euríclides, seu principal estrategista era Temístocles.

Mas seu gênio não se evidenciou no início. No primeiro embate naval da guerra, os gregos mandaram três navios ao norte em missão de reconhecimento; eles estavam baseados na ilha de Cíato, cerca de 25 quilômetros ao nordeste de Artemísio. Um contingente persa avançou em sua direção e os navios gregos fugiram logo quando o viram. Dois foram capturados e um encalhou na praia e foi abandonado pela tripulação. O navio abandonado era ateniense e os dois navios capturados eram de Egina e Trezena. Os persas se concentraram no navio trezênio, pois era a primeira nave capturada da guerra. Escolheram o mais bonito dos marinheiros, o arrastaram até a proa e cortaram sua garganta. Eles acharam que devia dar sorte sacrificar o mais bonito dos seus primeiros prisioneiros. Além disso o nome da vítima era Leon, "leão", e era apropriado matar o rei dos animais.

A frota em Artemísio soube das notícias por meio de sinais de fogo transmitidos do cume de uma montanha em Cíato para o cume de uma montanha na Eubéia. Nos céus límpidos do Mediterrâneo os sinais de fogo eram visíveis durante o dia e como faróis de noite. Testes modernos mostram que os sinais eram visíveis entre cumes de montanhas numa distância de 250 quilômetros.

Tendo visto o sinal, a frota se retirou para o sul no canal da Eubéia, bem longe na cidade de Cálcis. Porém, deixaram sentinelas avançadas nas montanhas de Artemísio para informar os movimentos persas. As sentinelas avançadas tinham que ser bons corredores e bons cavaleiros — para as ocasiões quando havia cavalos disponíveis. Eles tinham que viajar leves e não despertar atenção, e assim poderiam estar armados apenas com uma adaga.

Onde, pergunta-se, andaria o audacioso Temístocles? Heródoto diz que a retirada grega foi puro pânico. Se ele está certo, então Temístocles presumivelmente havia sido voto vencido pelos outros generais. Mas pode haver outras explicações para a retirada grega. Talvez os gregos suspeitassem de um gesto audacioso dos persas via Cíato na costa de Eubéia e estavam correndo para chegar primeiro. Outra possibilidade pode ser que, com seu conhecimento das condições locais, os gregos previram que uma perigosa tempestade estava se formando e assim se retiraram para posições seguras.

Enquanto isso, os persas estavam singrando na direção de Artemísio, velejando na direção sul do nordeste da Grécia, oposta ao monte Pélion. A acidentada península do monte Pélion surge abruptamente do mar. Incapazes de encontrar um porto bastante grande para seus navios, os persas foram forçados a ancorar em oito fileiras paralelas à costa, perto do cabo Sépias. Isto por seu turno os deixou vulneráveis ao que Heródoto chamou de "uma tempestade monstruosa". Ela durou três dias, até que os céus ouviram as preces dos sacerdotes persas. Muitos gregos viram a tempestade como obra de Bóreas, deus do vento norte.

Durante os meses que se seguiram à tempestade, copos de prata e ouro, até arcas com tesouros, foram lançados à praia, tornando um proprietário grego de terras um milionário. Heródoto relata que, avaliando-se moderadamente, os persas perderam quatrocentos navios de guerra e incontáveis marinheiros. O tamanho da frota fora reduzido de 1.327 a cerca de 927 navios de guerra. Foi um grande revés, mas a frota persa ainda era enorme.

Tendo se recuperado, a frota persa circundou a península do Pélion e chegou num local oposto a Artemísio, um porto chamado Afetes, o legendário ponto de partida de Jasão e seus argonautas. Afetes era provavelmente mais conhecido como a base de comando naval persa; sua frota era muito volumosa para outro porto e assim provavelmente estava espalhada em diversos.

Neste momento, as sentinelas avançadas correram para dar notícias aos gregos em Cálcis sobre a desastrosa tempestade. Sem dúvida o relato foi exagerado. Convencidos de que os persas estavam arruinados, os gregos fizeram uma prece ao deus do mar, Posídon, que eles agora chamavam Posídon o Salvador. Então eles correram de volta ao norte para Artemísio. Um choque os esperava.

Quando os gregos em Artemísio olharam para o estreito e viram o tamanho da frota persa que restara, apesar da tempestade, eles entraram em pânico. Falou-se em retirada e isto galvanizou os eubeus locais. Não conseguindo convencer Euribíades a ficar o tempo necessário para evacuar as mulheres e as crianças, os eubeus se voltaram para Temístocles. Ele se dispôs a ficar — por um preço. Os eubeus lhe pagaram a enorme soma de 30 talentos de prata, dinheiro suficiente para pagar cem operários por seis anos, ou para comprar mil escravos, ou pagar a tripulação de trinta trirremes pelo trabalho de uma estação. Depois de pagar cinco talentos para Euribíades e três talentos para o comandante coríntio Adimanto, filho de Ocito, Temístocles guardou 25 talentos, fato que ele escondeu. A frota grega permaneceu em Artemísio.

Podemos dizer que os eubeus pagaram suborno a Temístocles e seus colegas, mas os gregos antigos chamaram isso de uma dádiva. Sua língua não tinha uma palavra para suborno, mas sua cultura valorizava os presentes. Os heróis de Homero acumularam ouro, bois e mulheres por suas façanhas; os políticos de Heródoto esperavam receber suborno. Os contemporâneos aceitavam essas práticas; de fato, a lei ateniense admitia que um funcionário público recebesse dinheiro privado desde que o usasse no interesse do povo.

Nesta época, os gregos em Artemísio tiveram um golpe de sorte. Quinze navios persas desgarrados aportaram em Artemísio por engano, em vez de em Afetes, caindo direto nas mãos do inimigo. Os gregos capturaram não apenas 15 trirremes, como também três comandantes persas importantes, inclusive o governador da Eólia, uma região a nordeste de Anatólia que incluía a cidade de Cime, um grande porto, bem como um tirano cário e um comandante de Chipre. Depois de interrogados eles foram enviados acorrentados ao estreito de Corinto.

Enquanto isso, os persas de Afetes prepararam um plano de batalha. Eles precisavam de um estratagema, assim pensaram, pois se apenas aparecessem e lutassem, os gregos dariam meia-volta e fugiriam. Assim, para prevenir a fuga dos gregos, os persas montaram uma emboscada. Os persas mandariam duzentos navios pela costa leste da Eubéia; uma vez passados pela ponta sul da ilha eles girariam de volta pela costa oeste e emergiriam em Artemísio. Então, a um sinal, o grosso da frota persa atacaria.

Astucioso como poderia parecer, seu plano era traído pela mentalidade persa de camponeses inexperientes em coisas do mar. Uma coisa era flanquear o inimigo em terra firme, e outra coisa bem diferente fazer o mesmo navegando ao largo da traiçoeira costa leste da Eubéia, fustigada pelos ventos. Além disso, um desertor avisou os gregos do que os persas pretendiam fazer. Cílias de Cione era um grego do norte a serviço da Pérsia conhecido como o maior mergulhador de sua época. Heródoto ridiculariza os relatos de que ele nadou o estreito de dezesseis quilômetros — debaixo d'água — para chegar aos gregos; em vez disso, diz ele, Cílias escapou e o atravessou num bote. Mas os gregos tinham *snorkels* primitivos, e talvez vindo de vez em quando à superfície Cílias nadou principalmente debaixo d'água. De qualquer modo, ele trouxe notícias tanto das perdas persas com a tempestade como do envio dos duzentos navios.

Antes de decidir o próximo passo, os gregos tiveram uma longa e quase inútil discussão. Finalmente decidiram lançar seus navios à meia-noite para confrontar o contingente de duzentos navios persas. Presumivelmente planejavam navegar na direção sul e atacar os navios isoladamente. Isto era uma má idéia, pois teria atraído sobre eles o grosso da frota persa, e por sorte os gregos não a executaram. Ao meio-dia, sem sinal dos duzentos navios persas, os gregos mudaram de idéia. Eles atacariam o corpo principal da frota persa.

Era um plano maluco, ou assim parecia. As marinhas da Antiguidade raramente lutavam sem uma praia amiga por perto, mas os gregos haviam deixado sua base em Artemísio para atravessar o canal. Além disso, os gregos tinham 271 navios; os persas, mais de 700, além dos 200 do sul. E as trirremes persas eram mais velozes do que as trirremes gregas.

Superiores em número e rapidez, os persas quase não acreditaram quando viram os navios gregos vindo na sua direção. Os persas rapidamente manobraram para enfrentar o ataque. As tripulações persas estavam seguras de seu sucesso e disputavam a honra de serem as primeiras a capturar um navio inimigo, especialmente do melhor contingente grego, o ateniense. Os gregos jônios da frota persa tinham pena de seus colegas gregos do outro lado. Do ponto de vista dos jônios, nem um único homem da marinha grega voltaria para casa.

O ataque grego foi tão louco quanto ardiloso, calculado e corajoso. Ele levava a marca inconfundível do mestre tático Temístocles. Os atenienses venceram toda a oposição e convenceram os gregos a tomar a ofensiva. Que outro homem poderia conceber um uso tão brilhante da surpresa, precisão e choque?

Temístocles preparara cuidadosamente o ataque para a noite. As marinhas antigas raramente *viajavam* no escuro, e principalmente não ousavam *lutar* às escuras, de modo que o confronto seria curto. Na verdade, seria menos uma batalha do que um ataque surpresa, e de fato uma experiência. Sob condições cuidadosamente controladas, os gregos seriam capazes de testar a capacidade guerreira do inimigo, particularmente na manobra conhecida como o *diekplous.*

Diekplous significa "remar através e para fora". Nesta perigosa manobra, uma única trirreme ou, preferivelmente, uma fileira de trirremes remava através de uma abertura nas linhas inimigas e atacava. Os conveses estariam cheios de soldados e arqueiros de prontidão, mas sua função era principalmente defensiva. A arma principal era o esporão do navio atacante: ele seria usado para abalroar a popa (parte anterior) da trirreme inimiga. Os fenícios eram especialmente bons nesta manobra, como nota uma antiga fonte:

> *Quando os fenícios estão enfileirados contra o inimigo face a face, como em ordem unida, eles avançam contra o adversário, como se fossem colidir de frente, mas em vez disso eles remam através da linha inimiga e manobram para atacar os lados expostos dos navios inimigos.*

Outra tática no *diekplous* era quebrar os remos de um dos lados de uma trirreme inimiga, pondo-a assim fora de combate. A força inercial feriria e possivelmente mataria remadores no navio inimigo. Enquanto isso, os remadores do navio atacante tinham de recolher os seus remos no último minuto crucial para evitar danificá-los.

O *diekplous* era uma dança mortal tão complexa como um balé. A frota grega precisava interromper a dança inimiga e reagir com sua manobra. O sucesso dependia da experiência, e poucos remadores na frota ateniense a haviam executado em combate real. Eles sem dúvida treinaram-no durante dois verões desde a construção da frota ateniense, mas aquilo eram apenas ensaios. E a frota grega não havia combatido junto antes. Aquela primeira noite em Artemísio marcou o batismo de fogo da frota grega — e ele foi brilhante.

Logo antes de lançar seus navios, os gregos, sem dúvida, cuidaram dos rituais costumeiros que precediam as batalhas. Os sacerdotes que faziam parte de todas as forças das cidades-Estado — como os capelães que acompanham os exércitos modernos — sacrificaram animais para obter a aprovação dos deuses. Então, enquanto eles lançavam seus navios e remavam ao encontro do inimigo, as trombetas soavam, e algumas, se não todas, tripulações uniram seus espíritos cantando um hino de batalha, ou, como os gregos o chamavam, um peã.

Uma frota remando de modo cuidadosamente coordenado deveria dar uma impressão admirável. Temístocles estava no meio dos navios. Os generais da Antigüidade não lideravam na retaguarda. Como comandante ateniense, Temístocles dirigiria o ataque a bordo de um bem indicado navio capitânia, talvez com uma bandeira púrpura desfraldada na popa. Ele se colocaria numa posição elevada no convés superior, de onde poderia observar os acontecimentos e dar as ordens. Mas era uma posição vulnerável: em outra ocasião mais tarde, um general espartano fora lançado do convés quando o navio foi abalroado e se afogou.

A responsabilidade do plano de batalha era do general, que depois devia cuidar para que os navios o levassem a cabo. Ele devia controlar o alinhamento dos navios. O general dava as ordens de avançar e retirar, espalhar ou ajuntar. Se o inimigo se comportava de modo diferente do antecipado, cabia ao general mudar os planos e informar aos seus tenentes para transmitir aos navios.

Tão surpresa com o ataque quanto desdenhosa dos gregos, a frota persa, uma força superior, adotou a reação óbvia: cercou o inimigo. Com sua superioridade numérica e um canal de dezesseis quilômetros de largura, eles poderiam facilmente superar as linhas gregas. De fato, relata Heródoto, os persas realmente cercaram os gregos. Mas eles caíram nas mãos de Temístocles.

Os comandantes gregos deram um sinal previamente combinado. Os sinais no mar eram transmitidos por reflexo de luz num escudo polido; um espelho ou um sabre podiam também ser usados. Se o sol estivesse muito baixo naquela hora avançada ou a luz fosse insuficiente para agitar um tecido branco ou escarlate — outro meio de sinalização —, então o sinal era dado pelo som de trombetas acima do barulho.

Dado o sinal, os gregos rearranjaram seus barcos num círculo defensivo. Eles podem ter realizado a manobra dando marcha a ré com duas fileiras dos remos impulsionando pela proa, enquanto a central mantinha sua posição. Assim, cada barco mantinha a proa para fora, com as popas unidas. O anel era muito apertado para que os persas penetrassem. Entrementes, os persas, confiantes, provavelmente não sentiram necessidade de manter seus navios em ordem cerrada.

Os navios das duas frotas não podiam estar mais perto uns dos outros, colocaram-se proa contra proa, ou, para usar a antiga expressão grega, boca a boca. Por outro lado, as duas frotas lutariam num espaço apertado criado artificialmente. Temístocles havia manobrado o inimigo precisamente para onde ele o desejava, onde os barcos mais pesados de Atenas poderiam causar mais danos. Só podemos especular que Temístocles também tenha escolhido o momento em que o vento era mais favorável.

No convés, os soldados e arqueiros estavam de prontidão, cuidando de não mudar de posição e desequilibrar o barco. O piloto mantinha os dois lemes frouxos, esperando pela ordem de ação. Enquanto isso, nos conveses inferiores, os remadores, dispostos em três fileiras superpostas, estavam sentados silenciosamente nos seus bancos, os remos prontos para o trombeteiro cujo ritmo eles logo deveriam seguir.

Os remadores sentados nas fileiras superiores podiam ver alguma coisa do exterior através dos orifícios dos remos e das telas de pêlo de cavalo que os protegiam das flechas inimigas. As duas fileiras inferiores de remadores só podiam imaginar o que se passava do lado de fora. Enquanto eles se dirigiam ao encontro da morte, seu mundo consistia somente em 170 homens dentro de paredes de madeira. Era um mundo permeado de odores de pinho, da resina usada para proteger o casco da água, da banha de carneiro usada para lubrificar os reforços de couro por onde passavam os remos. E por toda parte o cheiro de suor, flatulência e ocasionalmente de vômito.

Agora chegara o momento do golpe de Temístocles. Ao segundo sinal, certas trirremes gregas saíram do círculo, atingiram as desordenadas linhas inimigas, escolheram trirremes persas vulneráveis e escaparam. As táticas preferidas dos gregos eram ou abalroar uma nave persa e retroceder ou quebrar os remos de um lado do inimigo, girar e fugir. Em ambos os casos, esta contramanobra, magnificamente executada, deteve o *diekplous* inimigo e deu aos gregos trinta navios inimigos, bem como um prisioneiro importante, um nobre persa chamado Fílon, filho de Quersis, o irmão de Gorgo, rei da cidade de Salamina em Chipre (um lugar diferente da ilha grega de Salamina). Um capitão ateniense, um tal de Licômedes, filho de Escreu, da aldeia de Fila, ganhou o prêmio de valentia porque foi o primeiro grego a capturar um navio persa. Um navio grego a serviço dos persas, capitaneado por Antídoro, da ilha de Lemnos, bandeou-se para o lado grego. Os persas provavelmente nunca souberam o que os havia atingido.

Os persas, desenganados, dirigiram-se para sua base em Afetes, mas suas tribulações não haviam terminado. Naquela noite caiu uma violenta trovoada, improvável no verão grego. O tempo abalou ainda mais o moral dos persas, como relata Heródoto:

> *Cadáveres e destroços de navios foram arrastados de Afetes, onde se misturaram às proas dos navios e interferiram nos remos. As tripulações ficaram apavoradas quando souberam disso e esperaram a morte, em face dos contratempos que encontraram.*

A manhã trouxe notícias piores. A mesma tempestade que assustara os homens em Afetes também destruíra o contingente de duzentos navios persas que havia sido enviado para circundar a costa leste da Eubéia. Os sobreviventes correram de volta para Afetes com as más notícias. Não haveria emboscada contra os gregos em Artemísio.

Para tripudiar o adversário, os gregos atacaram os persas de novo naquela tarde, mais uma vez esperando para uma hora mais avançada. O estado de ânimo dos gregos foi estimulado com a notícia do desastre persa em Eubéia e pela chegada, como reforço, de 53 trirremes de Atenas. As informações eram sucintas sobre o segundo confronto em Artemísio, mas podemos especular que os gregos bateram um esquadrão persa em vez da frota persa. De qualquer maneira, os gregos destruíram alguns navios da Cilícia (uma região ao sul de Anatólia) e depois velejaram para Artemísio.

Finalmente, no terceiro dia, os frustrados comandantes persas iniciaram seu próprio ataque. Mas agora eles estavam preocupados com o fato de logo terem que enfrentar a fúria do seu rei ausente, que estava longe, dirigindo a luta nas Termópilas, mas que teria notícias de Artemísio. Eles zarparam ao meio-dia. Os comandantes exortaram seus homens: "Destruam a frota grega e conquistem a via marítima!"

Enquanto os persas remavam em ordem de batalha os gregos mantiveram a calma, embarcaram nos seus navios e ficaram perto de Artemísio. Seus generais também exortaram seus homens: "Os bárbaros não passarão sobre o coração da Grécia!"

Os persas dispuseram seus navios em semicírculo, esperando cercar e esmagar os gregos. Mas isto não deu certo. Não sabemos precisamente como eles conseguiram, mas os gregos, numericamente inferiores, superaram a quantidade numérica do inimigo com sua qualidade. Talvez a batalha tenha ocorrido na entrada da baía onde estavam ancoradas as trirremes gregas; um espaço estreito que era vantajoso para os pesados navios atenienses. Talvez os gregos tivessem posicionado seus navios numa linha dupla como defesa contra o *diekplous* do inimigo. Os navios da segunda linha tentariam interceptar qualquer navio persa que ultrapassasse antes que ele pudesse girar e abalroar um navio grego da primeira linha. Sabemos que um homem chamado Heráclides de Mílasa, um refugiado do jugo persa, usou precisamente esta tática contra navios fenícios na batalha de Artemísio. Mas Artemísio é um nome comum e não sabemos se a história sobre Heráclides se refere a *esta* batalha.

Não importa como fizeram, mas os gregos conseguiram desbaratar parte do inimigo. Ao invés de ajudar, a superioridade numérica da Pérsia atrapalhou. Os navios da enorme frota ficaram à deriva, e os barcos não podiam evitar as colisões uns contra os outros.

Ainda assim, os persas se recusavam a retroceder. Eram demasiadamente orgulhosos para recuar diante de uma frota tão pequena. A batalha continuou até o anoitecer, quando ambos os lados estavam tão danificados a ponto de quererem terminá-la. Heródoto relata que os dois adversários perderam muitos homens e navios. Mas até isso era uma notícia pior para os persas. Suas perdas eram muito superiores às gregas.

Taticamente, no terceiro dia, a batalha estava empatada, mas em termos de estratégia era uma vitória grega. Em Artemísio a Pérsia esperava colocar os gregos fora de combate. Entretanto, a frota grega havia não somente sobrevivido ao pior de que a Pérsia podia dispor e de fato ganhou nos três confrontos. Foi um golpe para o orgulho naval da Pérsia.

Haveria uma revanche entre as duas frotas, é claro, mas isso teria lugar mais ao sul, perto de Atenas ou do Peloponeso. Ali os gregos contariam com a vantagem de lutar em águas conhecidas. Os persas, ao contrário, estariam mais longe de suas bases, ainda mais dentro do território inimigo, ainda mais longe de suas linhas de abastecimento de níveres.

E por mais importantes que fossem, as perdas em Artemísio tiveram importância secundária em comparação com as tempestades que açoitaram a frota persa. Os persas haviam partido do norte da Grécia com 1.327 trirremes. Sofreram a perda devastadora de 600 navios causada pelas tempestades; adicionando-se as perdas em combate, os persas provavelmente só possuíam cerca de 650 navios depois de Artemísio. Como Heródoto comenta sobre a tempestade que destruiu 200 navios persas ao largo de Eboea, "foi tudo feito pelo deus para que a frota grega se salvasse e a frota persa não ficasse muito maior do que ela." É verdade que os persas ainda eram mais numerosos do que os gregos, mas as avarias sofridas por alguns esquadrões da Pérsia reduziram ainda mais sua vantagem numérica.

De volta a Artemísio e em Afetes, foram concedidos prêmios pelo valor na batalha. Xerxes deu honras aos seus marinheiros egípcios por terem capturado cinco navios gregos com suas tripulações. Isto é, de acordo com Heródoto: outra tradição diz que os fenícios da cidade de Sídon receberam honras dos persas por Artemísio. Os quatro navios sob ordens da rainha Artemísia de Halicarnasso também lutaram no auge da batalha. Do lado grego, Atenas ganhou o prêmio, e junto com os atenienses o lugar de orgulho pertenceu a Clínias, filho de Alcibíades, um rico aristocrata que forneceu duas centenas de marinheiros e sua trirreme à sua própria custa. Mas havia pouco tempo para celebrar. Havia muito trabalho a fazer: ambos os lados tinham que recolher seus mortos e salvar o que fosse possível dos destroços. Os atenienses sofreram avarias na metade de suas trirremes.

Mas Temístocles já pensava no futuro. Ele convocou os generais gregos e lhes disse que tinha um plano. Pensava que seria capaz de recrutar os jônios e cários que serviam o inimigo e afirmou que eles constituíam as melhores unidades na frota persa. (Os fenícios, pelo menos, não concordariam.)

Sem dúvida, muitos gregos jônios e muitos cários tinham razão para odiar a Pérsia. Por exemplo, eles sabiam como a Pérsia tratara o povo de Mileto depois da revolta jônica. A maioria dos homens foi morta, as mulheres e as crianças foram reduzidas à condição de escravos, e os homens que sobreviveram foram forçados a se instalar no golfo Pérsico.

Ou tomemos os ilhéus de Quios, cuja experiência na batalha de Lade em 494 a.C. foi uma epopéia em miniatura. Cem navios de Quios participaram da luta. Apesar de a maioria dos navios gregos ter fugido no início, os quiotas lutaram bravamente e capturaram um certo número de navios persas. Finalmente, os quiotas numericamente inferiores perderam a maioria dos seus navios e fugiram para sua base.

Mas alguns dos navios de Quios foram avariados, e o inimigo os forçou a encalhar em terra firme. Dali as tripulações caminharam até Éfeso, uma cidade grega. Agora já escurecera. Aconteceu que as mulheres de Éfeso estavam reunidas fora da cidade para celebrar um festival. Os homens de Éfeso, perplexos com o aparecimento de um grupo de estrangeiros armados, atacaram os quiotas e os mataram até o último homem. Este foi o fim trágico da sua luta pela liberdade.

Os jônios lembravam-se disso e também lembravam-se de outra coisa: a Pérsia vencera a batalha de Lade pela diplomacia e não pelo valor no mar. O principal contingente grego, que viera da ilha de Samos, concordou em desertar e virou a batalha para os persas. Em outras palavras, a frota persa não demonstrara ser suprema na batalha.

Sabendo disso, os gregos de Artemísio ficaram sem dúvida intrigados pela promessa de Temístocles de obter a deserção dos cários e jônios. Eles lhe perguntaram como conseguiria isso. Isto, disse Temístocles, era um segredo naquele momento. Ele seria revelado no devido tempo. Por enquanto, que os detalhes ficassem a seu cargo. Ele também pediu a autorização para escolher o momento no qual a frota faria a prudente retirada que agora era obviamente necessária.

Embora indóceis, os colegas de Temístocles concordaram. Talvez estivessem persuadidos pelos seus argumentos, ou talvez eles raciocinassem que ele serviria de bode expiatório conveniente se as coisas dessem errado. Ou talvez a questão tivesse sido resolvida por uma vantagem que os tentou: comida.

Ele aconselhou os generais a ordenar que seus homens acendessem fogueiras e roubassem as ovelhas e bodes que os eubeus haviam incautamente tangido para perto no fim do dia. O roubo de ovelhas na Grécia é tão velho como a *Odisséia*, mas os generais sentiram a necessidade de justificar seus atos. Se *eles* não pegassem os animais, disseram-se, os persas o fariam. Ovelha e bode eram uma iguaria, comparados a cevada moída, peixe salgado com alho e cebola. Ainda mais, os homens haviam passado pelos três dias mais difíceis de suas vidas. A maioria nunca havia experimentado antes o fragor dos navios avançando para a batalha ou visto os corpos pálidos tragados pelas ondas.

Aquela noite, enquanto a carne pipocava nos espetos de madeira na praia, o cenário parecia, a distância, como um destes festivais noturnos de que os gregos gostam tanto. As constelações da Ursa e do Arqueiro (assim as referem os gregos, nós as chamamos de Ursa Maior e Sagitário) estavam baixas e proeminentes no céu de verão, e a praia estava iluminada por milhares de fogueiras. Mas, por perto, entre os homens exaustos nada havia para celebrar. O rumor se espalhara: a marinha levantaria ferros na manhã seguinte. Temístocles escolhera seu momento. Então vieram as notícias das Termópilas. Os persas haviam atravessado o passo e massacrado os espartanos, inclusive o rei espartano.

A marinha grega tinha que deixar Artemísio em autodefesa. Mas eles também tinham que sair para proteger suas mulheres e filhos em casa, mais ao sul. Agora que as Termópilas haviam caído, a estrada para Atenas estava aberta. A principal cidade-Estado entre Termópilas e Atenas era Tebas e havia se juntado aos persas. O rei da Pérsia havia jurado destruir Atenas e agora nada havia para impedir seus exércitos de arrasá-la. Esparta havia prometido mandar um exército para defender Atenas, mas depois das Termópilas não podia fazê-lo. A frota ateniense tinha que voltar para casa e implementar o plano de defesa preparado antecipadamente.

Em vez de esperar pela manhã, os gregos começaram a sair naquela mesma noite. Depois de cremar seus mortos e entrar em seus navios, eles cuidaram de um detalhe final antes de partir, uma coisa que eles não ousariam negligenciar, pois de outra forma enfrentariam o desastre. Cada grego, especialmente marinheiro, um grupo, ali e agora profundamente supersticioso, sabia que tinha que rezar a seus deuses por uma viagem segura. Era uma cerimônia tradicional que datava dos tempos de Homero. Os gregos fizeram suas rezas, cantaram um hino e derramaram um copo de vinho da popa de cada navio como oferta às divindades. Então, finalmente, eles deixaram Artemísio.

A resolução de Atenas de bater retirada é lembrada nestas linhas, mais tarde insculpidas numa pilastra de mármore perto do templo em Artemísio:

Com numerosas tribos das regiões da Ásia
Os filhos de Atenas lutaram nestas águas
Erigindo, após vencer os medos
Para Ártemis, esta lembrança dos feitos

O poeta Píndaro assim definiu sucintamente o sentido de Artemísio:

Os filhos de Atenas erigiram a pedra
Onde a liberdade ainda permanece.

Mas a palavra final sobre Artemísio pertence a Temístocles. Enquanto os gregos se preparavam para levantar as âncoras, ele ordenou que deixassem mensagens para os persas, dizendo que logo depois tomariam seu campo. A tarefa foi confiada aos navios mais rápidos de Atenas, na expectativa de que eles alcançariam o resto da frota. Nas rochas em torno das diversas fontes do local, Temístocles os fez colocar cartazes e também pintar mensagens para as dezenas de milhares de marinheiros gregos na marinha de Xerxes. Nem todos sabiam ler, o que significava que os poucos alfabetizados leriam as declarações em voz alta, e elas ecoariam por toda a praia. De acordo com Heródoto, as mensagens diziam o seguinte:

> *Homens da Jônia, vocês estão errados fazendo guerra contra seus pais e escravizando a Grécia. A melhor coisa que vocês podem fazer é juntar-se a nós; se não o puderem fazer, vocês podem pelo menos permanecer neutros e pedir aos cários para fazer a mesma coisa. Se nada puderem fazer, mas estiverem presos por uma força tão poderosa que não os deixa se afastar, então, quando individualmente nos encontrarmos em combate, lutem mal de propósito, lembrando-se de que vocês são descendentes de nossos antepassados e de que nós herdamos de vocês o ódio aos bárbaros.*

Temístocles calculou que as mensagens teriam um ou dois efeitos: causariam deserções na frota persa ou fariam os persas desconfiar dos marinheiros gregos. Em suma, era uma propaganda insidiosa. Nada menos se podia esperar de um homem que uma vez fora chamado a serpente pérfida dos gregos.

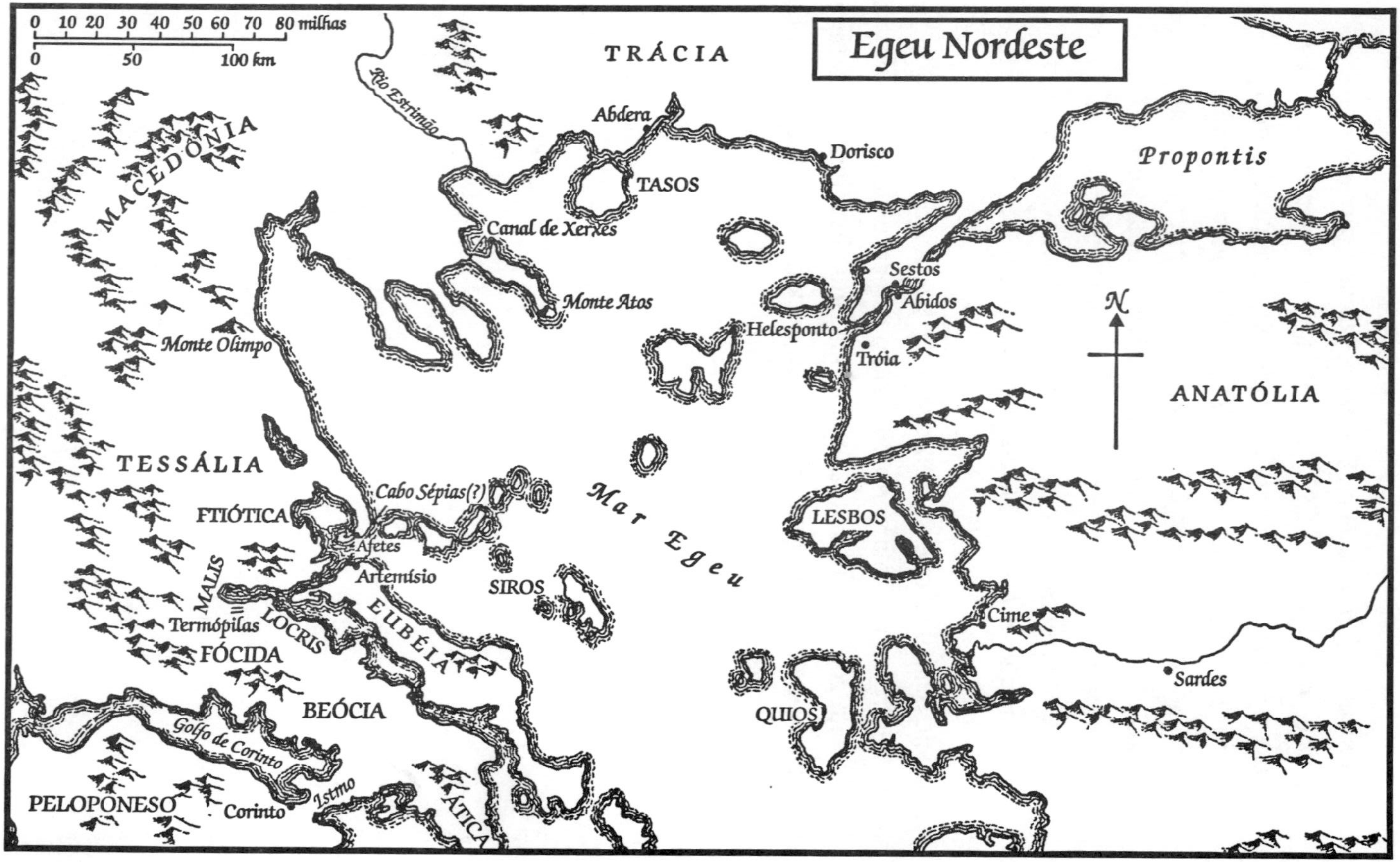

Egeu Nordeste
0 10 20 30 40 50 60 70 80 milhas
0 50 100 km
TRÁCIA
Rio Estrimão
Abdera
Dorisco
TASOS
Propontis
Canal de Xerxes
Sestos
Abidos
Monte Atos
Helesponto
Tróia
N
ANATÓLIA
MACEDÔNIA
Monte Olimpo
TESSÁLIA
Cabo Sépias(?)
Mar Egeu
LESBOS
FTIÓTICA
Afetes
Artemísio
SIROS
MALIS
Termópilas
LOCRIS
EUBÉIA
Cime
Sardes
FÓCIDA
BEÓCIA
QUIOS
Golfo de Corinto
Istmo
ÁTICA
PELOPONESO
Corinto

CAPÍTULO DOIS

TERMÓPILAS

Sem o seu capacete, a cabeça de Leônidas está emoldurada por seus longos cabelos. A pele curtida de sua face de guerreiro, agora sem cor, ressalta contra sua barba curta e pontuda. A poeira da batalha possivelmente cobre Leônidas, e há uma abrasão vermelho-escura no seu queixo manchado do pouco sangue que restou. Pedaços esfarrapados de tecido e osso rasgam a pele do seu pescoço decepado, e moscas e mosquitos pousam em sua pele. Se os olhos do rei morto pudessem ver, poderiam olhar para o caminho de Atenas, a estrada agora aberta para a Pérsia.

Leônidas, filho de Anaxandrides, rei de Esparta, comandante-em-chefe da resistência grega nas Termópilas, morreu numa última e heróica defesa. Depois da batalha, Xerxes, filho de Dario, o Grande Rei da Pérsia, percorreu o campo de batalha, viu o cadáver de Leônidas e ordenou a decapitação do corpo e a empalação da cabeça numa estaca. Um dos que sem dúvida viram a cabeça cortada de Leônidas foi o antigo rei de Esparta, Demarato, agora aliado dos persas.

Três reis estavam presentes no final da batalha das Termópilas. Um sentava-se no maior trono do mundo, o segundo havia sido deposto e exilado, o terceiro estava morto. Entretanto, as ações do homem morto, como explicado pelo exilado, quase desviaram o monarca governante do seu curso e mudaram a história inteira da invasão persa da Grécia. Leônidas quase impediu que a batalha de Salamina acontecesse.

Termópilas foi a batalha decisiva. Depois dela tudo mudaria. Xerxes aprendeu que o preço da vitória seria alto, se a Pérsia quisesse pagá-lo.

Uma humilhação para os persas, Termópilas fora para Leônidas o ponto culminante de sua vida. Ele conseguiu deter os persas por três dias. Menos de oito mil gregos, com trezentos espartanos na primeira linha, bateram-se ferozmente contra um exército persa com uma superioridade numérica talvez de vinte para um. Os homens decididos a morrer pelo Grande Rei enfrentaram a máquina mortal mais eficiente da história.

De um lado estava o soldado espartano. Com seu elmo de bronze, sua couraça e perneiras, cada espartano parecia revestido de metal. Havia bronze também recobrindo seu escudo, que era grande, circular e convexo. Uma túnica carmesim sem mangas se estendia dos ombros até as coxas. As tranças de seu cabelo longo caíam além do seu elmo encimado por uma pluma de pêlo de cavalo. O cabelo comprido, uma marca espartana, tornava-o medonho. Cada espartano andava de pés descalços, em si um símbolo de força bruta, e levava uma espada curta de ferro e uma lança. Esta última, sua arma principal, era uma vara de freixo com cerca de três metros de comprimento com a ponta aguçada de ferro e uma base pontuda de bronze. Em ordem unida na falange, os escudos colados um no outro, os espartanos se lançavam contra o inimigo com suas lanças em riste.

Do outro lado ficavam os soldados das infantarias persa e meda, oriundos dos principais povos do Irã. Comparados aos espartanos, eles pareciam mais vestidos para uma parada do que para o campo de combate. Cada iraniano vestia uma túnica de mangas longas de colorido brilhante, sobre a qual uma couraça de ferro protegia o torso, mas não usava nem capacete nem perneiras. Cobriam-se com um chapéu de feltro ou turbante e a parte inferior do seu corpo era protegida por um manto ou uma calça. Usavam jóias de ouro, mesmo na batalha. Seus pés eram protegidos por sapatos. Seu escudo era menor do que o grego e feito de vime, em vez de madeira ou folha de bronze. A lança persa era muito menor do que a espartana, o que a colocava em desvantagem contra um inimigo com a lança mais comprida. A adaga carregada pelo iraniano não poderia competir com a espada espartana. Ao contrário do infante espartano, o soldado iraniano típico carregava uma aljava cheia de flechas de bambu com pontas de bronze ou ferro e um arco com as pontas em forma de cabeças de animal. Mas as flechas persas causavam pouco dano contra uma parede de escudos gregos ou uma carga de infantaria coberta de bronze. Não é de admirar que a lenda diga que os espartanos nas Termópilas não se incomodavam se a barragem de flechas era tão espessa que bloqueava a luz do sol, pois preferiam lutar na sombra.

Mas o equipamento era apenas parte da história. As Termópilas foram o triunfo da ciência militar grega contra a incompetência dos persas. Leônidas escolheu o seu terreno sabiamente e as suas táticas com lógica. Ele calculou que no desfiladeiro das Termópilas — uma garganta que em certo ponto tem apenas cinco metros de largura — um pequeno número de homens poderia deter os persas. Ondas e ondas de persas poderiam atacar, mas cada uma se quebraria nas longas lanças e no duro treinamento dos soldados gregos.

Os espartanos possuíam o único exército permanente da Grécia. Seu treinamento suplantava tudo que os homens do Grande Rei — ou outros gregos — passavam. Com exceção dos reis, cada cidadão espartano era criado com uma rígida educação militar chamada apenas de "adestramento". Somente espartanos treinados e enrijecidos poderiam ter levado a cabo uma manobra como nas Termópilas: dando meia-volta e recuando de modo ordenado e então, quando os persas iludidos avançavam sobre eles, fazendo nova meia-volta instantânea e esmagando o inimigo.

Durante dois dias o massacre continuou. Então, no terceiro dia, os persas flanquearam os gregos por um caminho nas montanhas. Mais uma vez, como no passado, a traição salvou os persas. Nas Termópilas, o traidor era um nativo da região, Efialtes, filho de Euridemo de Traquine. Em troca de dinheiro, ele guiou os soldados de elite de Xerxes através da trilha íngreme, estreita e difícil de seguir.

Alertado do movimento persa pelas suas sentinelas, Leônidas dispensou a maioria das tropas aliadas antes que o inimigo pudesse fechar a retaguarda do passo. Cerca de mil gregos ficaram com os espartanos. A estratégia de Leônidas não está clara. Talvez ele planejasse deixar seus homens defendendo a retaguarda e então escapar no último momento, mas não conseguiu fazê-lo ou talvez planejasse desde o início resistir e lutar até a morte. De qualquer maneira, quando os persas atacaram, os gregos primeiramente lutaram com suas lanças, e quando as lanças quebraram eles usaram as espadas. Quando as espadas acabaram eles caíram em cima dos persas com unhas e dentes. Quando Leônidas finalmente tombou, os gregos conseguiram repelir os persas quatro vezes e recuperar seu corpo. Antes de serem finalmente massacrados pelas lanças e dardos persas, os gregos mataram dois meios-irmãos de Xerxes, Abrocomes e Hiperantes.

Os homens de Xerxes finalmente limparam o passo, mas a imagem da cabeça de Leônidas permaneceu gravada nas suas mentes. À luz mortiça do verão grego ele era uma lembrança da fraqueza dos persas. Como os persas normalmente se orgulhavam de tratar seus inimigos com respeito, eles não teriam insultado o corpo do adversário caído como Leônidas se não estivessem enfurecidos pela força de sua resistência. A cabeça de Leônidas era uma lembrança de que a conta de carniceiro por ter matado quatrocentos gregos (os outros escaparam) era de 20 mil persas. Mais vitórias como esta e os persas estariam arruinados.

O Grande Rei esperava vencer a guerra na Grécia central. Seu exército e sua marinha esmagariam os gregos pela força dos números persas e pelas deserções gregas. Mas a marinha foi derrotada por uma combinação de audácia dos gregos, erros estratégicos dos persas e o próprio tamanho da frota, grande demais para encontrar um porto protegido durante as tempestades. O exército persa teve mais sucessos, mas a um custo elevado. A guerra de Xerxes não estava indo de acordo com o plano.

O Grande Rei da Pérsia havia cruzado o Helesponto para a Europa três meses antes, em maio. Durante a maior parte do tempo, a expedição de Xerxes havia sido menos uma guerra do que um gigantesco piquenique. Cidade após cidade o festejava, juntamente com seus homens, mas ele é que pagava a despesa.

Xerxes havia marchado com seus exércitos através das regiões norte da Grécia na Trácia e Macedônia, pelo monte Olimpo até a Tessália. Ele os fez marchar pela Grécia central, através de Ftia, a terra lendária de Aquiles, por Malis, onde a lenda dizia que Héracles passara seus últimos anos. Enquanto isso, a frota persa velejava por perto, ao largo da costa. O exército havia parado no passo das Termópilas, que encontrou bloqueado pelos gregos. A marinha parou a cerca de oitenta quilômetros ao norte, em Afetes, oposta à marinha grega em Artemísio.

Então a guerra chegou. Xerxes devia ter saboreado o momento, pois levara quatro anos se preparando. Mas não poderia ter previsto a semana de agosto que acabara de agüentar. Durante aquela semana terrível, sua marinha não apenas o frustrara no seu plano de destruir a frota grega, mas havia perdido duzentos navios numa tempestade ao largo da ilha de Eubéia, e talvez mais setenta em combate. Adicionando a perda de quatrocentos navios numa outra tempestade, no cabo Sépias, em território grego, na semana anterior, a frota persa estava reduzida a cerca da metade do seu tamanho original. Enquanto isso, nas Termópilas, o exército de Xerxes tinha sido batido por uma força insignificante da infantaria grega — e diante dos seus olhos. Ele tinha de reconhecer que, em se tratando de soldados, possuía "muita gente mas poucos homens". Ou é o que diz Heródoto, mas os reis não desistem facilmente de suas ilusões.

Que o rei da Pérsia tenha liderado pessoalmente a invasão da Grécia não era surpresa. Xerxes podia se dar ares de faraó, mas ele era persa e os persas faziam guerra. Ele anunciava heroísmo no seu próprio nome: Xerxes é a palavra grega para o persa *Khsha-yar-shan*, o nome do trono do rei, que significa "governante de heróis". Alto e vistoso, Xerxes tinha a aparência de um rei. E seguia os passos de Ciro, o Grande, fundador, em 550 a.C. do império aquemênida (assim chamado em virtude de Aquêmenes, o semilendário fundador do clã de Ciro). Cada rei, depois de Ciro, havia liderado uma invasão, e cada um havia conquistado novos territórios.

Xerxes tocara uma corda sensível na alma dos persas quando declarara, numa inscrição: "Sou capaz nas mãos e nos pés. Como cavaleiro, sou um bom cavaleiro. Como arqueiro, sou um bom arqueiro, tanto a pé como a cavalo. Como lanceiro, sou um bom lanceiro, tanto a pé como a cavalo."

Nas Termópilas, Xerxes ficara perto do combate o bastante para inspirar seus homens, mas longe do limite do perigo. Cercado de guardas reais, ele se sentara num trono de espaldar alto, de onde se diz que ele saltou horrorizado três vezes, ao ver a mutilação infligida a seus soldados. Não que a posição de Xerxes fosse livre de riscos. Os gregos sustentam que mandaram atacantes no campo dos persas à noite, que penetraram até a tenda real antes de serem repelidos. A história é tão improvável que pode ser verdadeira. De qualquer modo ela sublinha os riscos que os líderes reais assumem.

O caminho das Termópilas começara na Anatólia oriental um ano antes. Ali, em 481 a.C., Xerxes havia reunido as tropas do Irã e das províncias orientais e começara a longa marcha na direção oeste. Eles chegaram a Sardes no outono, e depois de passarem ali o inverno, saíram em abril de 480 a.C. Mas os preparativos para a guerra — a imensa organização de homens e armas, navios e suprimentos, a construção de pontes e a escavação de canais — já estava em andamento havia três anos. Na verdade, a guerra já estava no horizonte antes de novembro de 486 a.C., quando Xerxes sucedeu seu pai, Dario. Quando morreu, Dario, com 65 anos, já se preparava para invadir a Grécia, para se vingar da derrota da Pérsia em Maratona, em 490 a.C. O novo rei, provavelmente com 32 anos, tinha que decidir se lutaria e qual seria o tipo de guerra que faria.

Xerxes governava o que era, sem exagero, o maior império da história da humanidade até aquela data. Seu domínio se estendia, no oriente, até o que hoje é o Paquistão, no ocidente, através da Ásia central e ocidental, e até a Macedônia no norte e através da península do Sinai, e no sul até o Egito. Seria necessário percorrer 6.500 quilômetros para ir de um extremo a outro do império. O império cobria cerca de cinco milhões de quilômetros e abrangia talvez 20 milhões de pessoas, o que o faz tão grande como a parte continental dos Estados Unidos da América. Entretanto, com a população mundial, em 500 a.C., estimada em 100 milhões de habitantes, o império de Xerxes continha talvez um quinto da população do planeta.

A imensa majestade da paz persa trouxe ordem e prosperidade para uma enorme variedade de povos e culturas. Administradores e construtores admiráveis, os persas construíram estradas e palácios, hotéis e até parques — conhecidos em grego como *paradeisoi*, de onde vem a nossa palavra *paraíso*. Estabeleceram governos provinciais e codificaram as leis. Criaram o primeiro sistema de cunhagem, que se mostrou conveniente para cobrar tributos (impostos) que eles impuseram nas diversas províncias.

Xerxes nasceu, com esta estupenda herança, provavelmente em 518 a.C. Era filho de Dario, e pela sua mãe, Atossa, neto de Ciro, o Grande. Ser herdeiro de alguém como Dario era uma bênção e uma maldição. Dario era um homem de valor que se apoderou do poder mediante um golpe de Estado: tornou-se um grande conquistador, um administrador brilhante, um visionário religioso e um gênio da arquitetura. De fato, Dario foi um dos maiores reis na longa história do Oriente Próximo. Dario governara como Grande Rei por 36 anos, quando morreu.

Os persas davam grande importância à impressão que causavam a seu rei, e não deixavam nada fora do controle. As crianças reais eram cuidadas por eunucos, enquanto os reis adultos eram servidos por cabeleireiros, artistas maquiladores e perfumistas — estes últimos seguiam o rei até em campanhas militares. Os monarcas mantinham a sua aparência cobrindo-se de linimentos de sementes de girassol, misturadas com açafrão, vinho de palmeira e gordura de um dos raros leões encontrados no território persa. O rei sempre tinha um bigode e uma longa barba; no caso de a natureza negá-los, dispunha de perucas e bigodes falsos. Para manter a dignidade, o rei nunca cuspia, assoava o nariz ou olhava para trás em público.

Em ocasiões formais, Xerxes provavelmente se vestia como os seus sucessores, que usavam um longo manto de púrpura, "entremeado de branco no centro, com sua capa rendada de ouro com um motivo dourado de gaviões se atacando com seus bicos." Outras descrições mencionam fileiras de leões dourados bordados no manto real. A espada do rei, com a bainha cravejada com pedras preciosas, pendia do seu cinturão dourado. E usava um diadema real emoldurado por uma fita azul com pintas brancas.

Era mais fácil parecer do que ser um rei. Xerxes enfrentava a tarefa formidável de se afirmar como um digno filho de Dario. Poucas coisas poderiam fazer Xerxes ser mais respeitado do que vingar seu pai contra os gregos. "Isto é de fato minha capacidade: que meu corpo é forte. Como lutador de batalhas eu sou um bom lutador de batalhas." Assim Xerxes proclamou numa inscrição. Mas ele teria que prová-la.

E teria que esperar. O Egito se revoltou nos últimos meses da vida de Dario e coube a Xerxes sufocar a insurreição. Em 485 a.C., Xerxes foi pessoalmente ao Egito para esmagar a rebelião. Esta sua primeira campanha foi uma vitória decisiva, e em janeiro de 484 a.C. o Egito era novamente uma província persa fiel. Houve também tumultos na Babilônia, na mesma época (o ano exato não está claro), mas foram facilmente reprimidos por um general mandado por Xerxes. Em 484, com o Egito de volta ao império, o Grande Rei retomou a questão da Grécia. E a guerra com os gregos era uma questão complexa. Havia pressão sobre Xerxes de vários lados para invadir, entretanto havia boas razões para adiar.

O principal falcão guerreiro da corte naquele ano era o primo de Xerxes, Mardônio, filho de Góbrias e da irmã de Dario. O pombo da paz principal era o tio de Xerxes, Artabano, filho de Histaspes, irmão de Dario. Ambos eram experientes. O tio Artabano havia aconselhado Dario, em 515 a.C., a não invadir a Cítia (mais ou menos onde hoje é a Ucrânia) e ele estava certo: a invasão foi um desastre. Artabano servira como comandante na Cítia. O primo Mardônio conhecia a Grécia, pois ali dirigira uma armada em 492 a.C., dois anos antes de Maratona, que fora destruída por uma tempestade no norte do Egeu. Depois Dario retirou Mardônio do seu comando.

Um homem ambicioso, Mardônio, em 484 a.C., procurou tanto reverter seu primeiro revés como ganhar o poder como primeiro governador da Grécia. A maioria dos outros cortesãos compartilhava a sua linha dura. Nem mesmo os eunucos do rei estavam neutros: um deles, uma vez, trouxe para Xerxes figos de Atenas para sobremesa, para lembrar o rei da expedição que ele deveria liderar.

Tanto Artabano como Mardônio apresentavam argumentos poderosos. Um deles enfatizava a oportunidade, o outro, o perigo. Um sustentava o preconceito de que os gregos ignorantes nada sabiam além de mandar seus exércitos brutalmente para a morte. O outro citava a vitória da Grécia em Maratona. Um agarrava a chance de esmagar uma potência emergente, o outro se preocupava com um contra-ataque.

Xerxes hesitou. Ele era um rei novo e relativamente jovem que dependia dos seus conselheiros e eles estavam divididos. O Grande Rei tinha tantas solicitações e tão pouco tempo que lhe era difícil ser um estrategista. Apesar de sua agenda cheia, por exemplo, ele tinha que se lembrar do festival anual no qual — sozinho na corte — dançava e se embriagava. Ele tinha que plantar árvores nos parques reais com as próprias mãos — sem dúvida um símbolo de fertilidade e prosperidade. Ele tinha que saber a quem deveria honrar com um assento à sua direita e quem à sua esquerda, de quem receber de presente uma poltrona de prata e de quem um pára-sol cravejado de pedras preciosas, e tinha que saber que boas ações deveriam ser registradas pelo seu secretário, e que boas ações deveriam ser esquecidas.

Todavia, depois de hesitar sobre a Grécia, Xerxes precisava primeiro tomar uma decisão e depois colocá-la em prática com toda a sua força. Ele precisava ser a rocha entre a ambição de Mardônio e o pessimismo de Artabano, ser o raio que poderia galvanizar o lento aparato do Estado persa. Em vez disso, Xerxes reagiu com fineza. Comportou-se mais como político do que como comandante.

Xerxes não ousava abandonar a guerra de seu pai contra a Grécia, mas não queria fazer a guerra diante da oposição pública de Artabano. Para resolver o problema, Xerxes apelou para um sonho. Os antigos acreditavam que os sonhos continham mensagens dos deuses. O sonho de Xerxes trazia a ameaça de ruína se ele não prosseguisse com a invasão. Artabano recuou; de fato disse que também tivera o mesmo sonho. Como muitos políticos habilidosos na história, Xerxes usou uma revelação para impor o consenso.

Então, em 484 a.C. foi tomada a decisão de invadir a Grécia. Mas o Grande Rei e seus conselheiros ainda tinham que planejar a estratégia da guerra e suas táticas. E tinham que fazê-lo no calor da forja em vez de no agradável salão do seminário.

Como a política, a guerra é a arte do possível. Nem mesmo o Grande Rei podia se dar ao luxo de escolher no vazio a estratégia da guerra. Xerxes tinha que levar em conta muitas coisas. O rei e seus conselheiros deviam realizar um estudo detalhado das forças e das fraquezas da Grécia e da Pérsia. Precisavam levar em conta as limitações da política interna persa. E antes de tudo, definir os objetivos da missão.

De acordo com Heródoto, Xerxes disse aos líderes persas que planejava incendiar Atenas, mas isto seria apenas o começo. Seu exército também conquistaria o Peloponeso. No fim "fariam que o território da Pérsia só tivesse fronteiras com o céu, que pertence ao próprio Zeus"; fariam "de todas as terras um único território". Sem dúvida Xerxes disse algo assim, pois estava de acordo com a ideologia persa de reinado universal. Mas não quer dizer que ele acreditasse nisso. Ele deve ter prometido a conquista do mundo, mas seu objetivo era conquistar a Grécia.

Este era um alvo ambicioso mas comensurável, pois grande parte do norte e do centro da Grécia já estava em suas mãos. Dario havia acrescentado ao império a Trácia e várias ilhas do mar Egeu e fizera da Macedônia um aliado. Xerxes tinha aliados na Tessália que apoiavam intensamente seus planos de invasão. Assim, as ordens da Pérsia abrangiam uma linha a 300 quilômetros de Atenas, e Esparta estava somente a 200 quilômetros mais adiante. Um cavaleiro persa poderia cobrir a distância em poucos dias.

Mas aqueles 500 quilômetros poderiam se tornar a maior distância do mundo se defendidos pelo exército e a marinha gregos. A Pérsia era fabulosamente rica em bens e mão-de-obra; dispunha de incomparável capacidade em engenharia e logística; superioridade tanto em suprimentos como em cavalaria; navios magníficos, portos e aliados marítimos; e capacidades diplomáticas e psicológicas. Somente ela seria um Estado capaz de reunir os recursos da mais antiga civilização mundial e desencadeá-los. Mas a Grécia possuía uma infantaria melhor e marinheiros melhores do que a Pérsia, bem como linhas de suprimento muito mais curtas e conhecimento superior do território.

Teria feito sentido para a Pérsia reagir com a força multiplicadora de táticas inovadoras e oportunísticas. Um ataque ao porto desprotegido de Atenas, por exemplo, ou um ataque de cavalaria na Grécia central, que destruísse colheitas, poderia sublevar traidores simpatizantes em Atenas. A Pérsia ganharia a guerra a um custo reduzido.

Gerações antes, sob Ciro, o Grande, a Pérsia se destacava justamente por esta guerra não-convencional. Agora, entretanto, ela era considerada abaixo da dignidade do Rei dos Reis. Os comandantes do maior império do mundo, que governavam de uma capital cerimonial situada num terraço de 1.500.000 metros quadrados, na cidade real de Persépolis, gostavam de pensar em grandes coisas. Assim, a Pérsia recorreu ao multiplicador menos eficiente e mais dispendioso: números.

A política interna deve ter tido um papel nesta escolha. Os próprios homens de Xerxes, não menos que o inimigo, precisavam ficar impressionados. E mais ainda, eles queriam empregos. "Eu pago bem aos homens leais", Xerxes havia gravado na pedra — e ele fazia isso. Um grande exército oferecia muito mais meios para o Grande Rei recompensar a lealdade do que uma pequena força de ataque.

O alto-comando do exército persa que invadiu a Grécia, para se tomar um caso como exemplo, era uma questão de família. Nada menos do que dez dos irmãos e meios-irmãos de Xerxes serviram como oficiais, como fizeram pelo menos dois filhos dos irmãos de Dario, dois filhos de irmãs de Dario, um genro de Dario, o sogro de Xerxes e pelo menos dois outros membros do clã aquemênida.

Então seria um ataque de números maciços, tanto por terra quanto por mar. Depois de cruzar o Helesponto a armada persa contava com 1.207 trirremes em junho. Em meados de agosto, cerca de uma semana antes de Artemísio, os persas haviam adicionado mais 120 navios de guerra de aliados no norte da Grécia, num total de 1.327 trirremes. Os gregos não podiam chegar nem perto desses números colossais. O número 1.207 vem de Heródoto e Ésquilo; tem sido muitas vezes questionado, mas não deve ser. Ele concorda com o grande número de navios em Lade em 494 a.C. e com a ênfase persa em logística e suprimentos em 480 a.C. Heródoto diz que as trirremes eram acompanhadas por 3 mil navios mercantes, grandes e pequenos, carregando mantimentos, suprimentos e talvez reforços de remadores.

Mas a grande frota enfrentava enormes problemas. As unidades desta marinha multinacional variavam muito em qualidade e seria muito difícil torná-la uma força única de combate. Alguns dos aliados navais da Pérsia, especialmente os jônios, eram de lealdade duvidosa. Além disso, uma frota tão grande teria dificuldade em encontrar portos para se abrigar.

Em terra, a Pérsia se orgulhava de uma magnífica cavalaria, arqueiros extraordinários e supremacia em petrechos de assédio. Os 10 mil soldados de elite de infantaria, que Heródoto chama de Imortais (talvez um erro de tradução para a expressão persa designando Seguidores), eram intensamente treinados. Infelizmente eles não eram fortes contra a coesão e as armaduras pesadas dos melhores soldados gregos de infantaria. Quanto à cavalaria, o terreno montanhoso da Grécia oferece poucas oportunidades para cargas de cavalaria. E uma vez que os gregos tomassem a dura decisão de não defender suas cidades, os sapadores e os construtores de aparelhos de assalto seriam de pouca valia.

Uma coisa certa sobre o contingente de soldados que marchavam sob as ordens de Xerxes é que eles eram muito numerosos. Numa inspeção do exército em Dorisco, na Trácia, em junho, a infantaria consistia em 47 unidades de grupos étnicos diferentes de todo o império. Eles vestiam tudo, desde armaduras de bronze a peles de leopardo, e estavam armados com lanças e espadas, flechas com pontas de pedras afiadas até porretes de madeira com pregos. A cavalaria consistia em dez diferentes unidades étnicas e até incluía um corpo de camelos.

Nenhum camelo e poucos homens participaram de qualquer luta, a cargo inteiramente de tropas iranianas, isto é, os persas e seus vizinhos. A maioria dos homens estava ali somente para desfraldar a bandeira e salvar o pescoço da vingança do carrasco do rei, que certamente executaria os indolentes. Na verdade, o que Xerxes promoveu em Dorisco foi a maior reunião de empolgação da história.

Heródoto diz que 1,7 milhão de soldados e 80 mil cavaleiros se reuniram em Dorisco. Mas estes números são muito maiores do que o que as condições da Antigüidade permitiam, e os modernos estudiosos os reduziram. A estimativa mais provável para o exército de Xerxes dá uma conta de 75 mil animais e cerca de 200 mil homens no total — 150 mil combatentes e 50 mil oficiais, escravos, eunucos, concubinas, familiares e outros dependentes.

Passando dos números às táticas, os persas não apreciavam a guerra convencional, mas entendiam de diplomacia e de psicologia. Sabiam que os gregos só faziam bem a guerra quando unidos, de modo que o trabalho da Pérsia era dividi-los. A Pérsia já conseguira fazer isto antes: tanto em Lade em 494 a.C., e antes em Chipre em 497 a.C., os comandantes persas convenceram líderes gregos importantes a se tornarem traidores e então esmagaram os demais. A mesma tática quase funcionou em Maratona em 490 a.C. Graças aos traidores dentro das portas da cidade, os persas quase tomaram Atenas apesar da derrota no campo de batalha.

Em resumo, a chave para a vitória persa contra a Grécia foi a traição. Xerxes compreendeu isso em 480 a.C. e tentou obter a rendição das cidades-Estado gregas mediante suborno ou ameaças. Era um trabalho fácil, pois poucos gregos estavam prontos a resistir.

Há uma possibilidade intrigante, a de que os diplomatas de Xerxes foram ainda mais longe. A outra grande invasão de 480 a.C. foi o ataque de Cartago nas cidades gregas da Sicília. Cartago, a grande potência naval e militar do norte da África, foi originariamente uma colônia fenícia, por seu turno aliada da Pérsia. A invasão levada a efeito por Cartago ocupou as cidades-Estado da Sicília e as impediu de ajudar seus irmãos da Grécia. Então Xerxes tinha o incentivo para ajudar Cartago, mas os relatos de cooperação ente a Pérsia e Cartago em 480 a.C. podem ser apenas uma dedução.

O que é certo é que a Pérsia usou ardis de guerra psicológica na preparação da invasão — e usou de forma maciça. Os persas misturavam lisonja com intimidação. Por exemplo, eles construíram grandes depósitos de alimentos para suas tropas em pontos selecionados na rota de invasão da Trácia e da Macedônia. Construíram uma ponte perto da foz do rio Estrimão na Macedônia. Além disso, Xerxes ordenou que seus homens iniciassem um gigantesco projeto de engenharia no norte da Grécia: eles escavaram um canal através de um pequeno estreito — dois quilômetros de largura — na península do monte Atos e construíram quebra-mares protetores em cada extremidade. O projeto levou três anos para ser concluído, com o objetivo de permitir à sua marinha evitar a tempestuosa e perigosa ponta da península do monte Atos.

Escavações arqueológicas recentes na península encontraram vestígios do canal de Xerxes. A ausência de estruturas de edifícios, instalações portuárias ou organismos marinhos nos sedimentos, tudo indica uma conclusão: o canal foi abandonado logo que os navios passaram. Os escavadores escreveram que os indícios "sugerem que Xerxes construiu o canal tanto pelo prestígio como uma demonstração de força quanto puramente pelo seu papel funcional."

Quase a mesma coisa pode ser dita a propósito das pontes de Xerxes através do Helesponto. O Helesponto é uma fita estreita de água, cerca de 23 quilômetros de extensão, separando a Anatólia da Europa continental. Xerxes decidiu construir uma ponte no canal perto do seu limite sudoeste, perto da cidade de Abidos, onde o Helesponto tem somente cerca de 1,5 quilômetro de largura. Equipes de engenheiros egípcios e fenícios ficaram encarregadas do projeto.

A leitura do relato de Heródoto sobre a construção é exaustiva. Em cada ponte, cerca de trezentos navios de guerra (uma mistura de pentarremes e trirremes) ficaram ancorados depois de terem sido amarrados usando cabos — de linho para os fenícios, de papiro para os egípcios. Uma abertura foi deixada entre os dois pontos para passagem de barcos pequenos. Foram construídas passagens em cada ponte, pavimentadas com terra e muradas em ambos os lados para que os animais não olhassem e se assustassem. Cabos foram fortemente fixados à terra e enrolados em polias de madeira. E tudo isso ocorreu na segunda tentativa: as pontes estavam quase concluídas quando uma tempestade as destruiu.

Depois que as primeiras pontes foram destruídas, Xerxes ordenou que os construtores fossem decapitados e que as águas recalcitrantes fossem punidas: o Helesponto receberia trezentas chibatadas, um par de grilhões e possivelmente seria marcado com ferros em brasa. Heródoto ridiculariza tudo como o supra-sumo da arrogância bárbara. Entretanto, é possível que os homens executados fossem culpados de negligência criminosa e as chibatadas no Helesponto fizessem parte, sem dúvida, de um ritual religioso.

A questão das pontes é objeto de discussão. Artabano temia que elas fossem alvo para os gregos que poderiam destruí-las, como os citas quase destruíram as pontes de Dario sobre o Danúbio. A logística persa não precisava das pontes, pois suas forças seriam transportadas por barcaças no Helesponto. Mas neste caso o público se veria privado do espetáculo do exército persa atravessando as pontes. Heródoto relata as cerimônias no dia do início da expedição.

Na alvorada, os homens queimaram especiarias perfumadas e cobriram as margens das estradas com ramos de murta. Ao nascer do sol, Xerxes derramou uma oferenda de vinho de um copo de ouro no Helesponto e pediu a proteção do Deus Sol. Então lançou o copo, um vaso dourado e uma espada persa nas águas. A travessia levou sete dias e sete noites e somente o uso intensivo dos açoites fazia o exército se mover. Mais de 200 mil homens e 75 mil animais devem ter atravessado naquela ocasião.

A maioria dos comandantes gosta de manter em segredo o tamanho e a força do seu exército, mas não era o caso de Xerxes. Ao contrário, quando seus homens encontraram espiões atenienses em Anatólia, Xerxes os liberou e mandou-os de volta para casa. Igualmente, quando suas trirremes capturaram uma flotilha de navios mercantes carregados de grãos, rumando para a Grécia, ele não os confiscou. Comentando que eles transportavam grãos para quando seus homens chegassem em Atenas, ele deixou os navios passar. Xerxes não queria surpreender o inimigo; ele queria abarrotar o inimigo de informações.

Parece que Xerxes usou a mesma tática com seus aliados, se um relato da era romana sobre estratagemas pode ser digno de confiança:

> *Quando estava em campanha contra a Grécia Xerxes reuniu muitas nações, espalhando agentes para dizer que os líderes gregos haviam concordado em trair seu país. Como parecia menos uma batalha do que uma expedição lucrativa, muitos dos bárbaros se tornaram voluntariamente seus aliados.*

Números, psicologia e politicagem, tudo se combinou em abril de 480 a.C. quando o Grande Rei marchou de Sardes em procissão. Os serviços auxiliares, os animais de carga e as tropas não-persas vieram primeiro. Então, depois de um intervalo, vieram 1.000 cavaleiros de elite e 1.000 lanceiros de elite, todos persas. Depois veio a carruagem sagrada puxada por uma junta de cavalos de Nicéia, uma região do Irã famosa por seus cavalos. Era seguida pelo próprio Xerxes na sua carruagem real, também puxada por cavalos de Nicéia. Então vinham mais grupos de cavalaria e lanceiros de elite, cada um com 1.000 persas, seguidos por 10 mil soldados de infantaria e 10 mil cavaleiros persas. Depois de outro intervalo, seguia o resto do exército, todo misturado. Todos marcharam entre as duas metades do cadáver do desafortunado filho de Pítio.

Pítio, o lídio, era um senhor local, que havia recebido Xerxes e suas forças em Anatólia de braços abertos em 481 a.C. Pítio se ofereceu para alimentá-los fartamente, a um custo enorme, e ainda mais, contribuir com grande parte de sua fortuna para o tesouro de guerra de Xerxes — e a fortuna de Pítio quase rivalizava com a do rei. Xerxes reagiu de forma cavalheiresca: não somente recusou a oferta, como também aumentou a riqueza de Pítio com um presente do tesouro real. Mais ainda, fez de Pítio o que Heródoto chama seu amigo hereditário — talvez *bandaka* deva ser entendido assim. Os *bandaka* do Grande Rei eram seus dependentes, ou literalmente "aqueles que usam o cinto (*banda*) de vassalagem".

O pobre Pítio perdeu a cabeça. Alguns meses depois, em Sardes, na primavera de 480 a.C. pediu um favor a Xerxes. Pítio havia mandado seus cinco filhos para o exército de Xerxes. Depois, pensando melhor, e para assegurar um herdeiro, pediu a Xerxes para liberar seu filho mais velho — o favorito — do serviço.

Xerxes ficou furioso; este derrotismo da parte de um *bandaka* do Grande Rei tinha que ser punido. Em consideração à generosidade anterior, Xerxes pouparia quatro dos seus filhos, mas o rei ordenou aos seus servidores que "encontrassem o filho mais velho de Pítio e o cortassem ao meio, e depois de fazê-lo, colocassem uma metade do lado direito da estrada e a outra metade do outro lado esquerdo, para que o exército marchasse entre elas".

Então, como sinal de sua ferocidade, Xerxes lançou a maior força militar que jamais marchara e zarpou. As pontes através do Helesponto, a gigantesca magnitude das forças, o canal escavado através da península do monte Atos, os enormes depósitos de mantimentos na rota antecipada eram ferramentas de uma guerra psicológica e física. Dividindo seus inimigos e aterrorizando-os com demonstrações de força, a Pérsia os domaria. O número maciço de soldados e navios do Grande Rei tomaria conta do resto.

E isso, de fato, era a fragilidade do plano: o resto. Se os gregos declinassem do papel de nativos aterrorizados diante do que se constituía como os navios armados, então a invasão da Pérsia seria esmagada diante das muralhas de bronze e madeira. A questão intrigante é se Xerxes sabia do risco que estava assumindo.

Heródoto descreve uma notável conversa no Helesponto na primavera de 480 a.C. entre Artabano e um confidente de Xerxes. Artabano lembrara antes a Xerxes as famosas derrotas de sua dinastia. A derrota de Ciro para os massagetas do Cazaquistão em 530 a.C., que lhe custou a vida; a campanha fracassada de Cambises contra os etíopes em 524; a expedição de Dario contra os citas em 513, e o desapontamento de Dario em 490 em Maratona. A terra e o mar eram ambos inimigos da Pérsia, supõe-se que Artabano tenha dito. O mar não tinha nenhum porto bastante grande para abrigar a frota de Xerxes em caso de tempestade. A terra favoreceria o avanço do exército, mas quanto mais longe ele fosse, mais precárias seriam suas linhas de abastecimento. Artabano também duvidava da confiabilidade dos jônios na frota da Pérsia: não era uma apreensão infundada, pois os jônios eram, com os fenícios, as melhores divisões da marinha persa.

Xerxes não levou em conta tais objeções, de acordo com Heródoto. E mandou Artabano de volta à Pérsia para proteger "a casa e o governo tirânico de Xerxes", como único guardião do cetro real. Xerxes demonstrou sua habilidade política afastando astuciosamente um derrotista, e ao mesmo tempo mostrando-lhe respeito. Mas o rei também deu atenção às palavras de Artabano. Ele convocou uma reunião dos líderes persas e os exortou a se prepararem para não envergonhar sua herança gloriosa. Os gregos eram corajosos, disse ele, e os persas tinham que ser mais bravos se quisessem prevalecer.

Em Abidos, cerca de maio de 480 a.C., antes de os seus homens cruzarem o Helesponto, Xerxes encomendou um trono de mármore que foi colocado numa colina. Dali o rei tinha uma vista panorâmica das planícies, praias cheias dos seus soldados e do Helesponto atulhado com seus navios. Ele ordenou uma corrida de trirremes que se realizou imediatamente; os vencedores foram os navios fenícios da cidade de Sídon. Xerxes regozijou-se com o esplendor de suas forças, e então fez uma coisa estranha. O Grande Rei começou a chorar.

Heródoto relata a razão das lágrimas de Xerxes. Subitamente ocorreu ao rei que, num século, ele escreve, nenhum dos homens que ele vira estaria vivo. Tão curto o nosso tempo na Terra. Mas talvez houvesse outra razão para suas lágrimas. Talvez ele houvesse refletido nos grandes riscos que tinham pela frente seu magnífico exército e marinha, e talvez fosse isso que fizesse Xerxes chorar.

O Grande Rei poderia ter se lembrado dessas lágrimas depois das Termópilas. Talvez tivesse que lutar, segundo uma conversa que teve depois da batalha com um dos seus mais surpreendentes conselheiros: Demarato, o rei exilado de Esparta.

Demarato não vira Esparta em sete anos. Era um homem de meia-idade que ansiava pelo seu trono perdido, mas não parece que Demarato tivesse ilusões sobre a vontade de Esparta receber de volta um traidor. Mas como ele era espartano e, como pensava, um descendente do próprio Héracles, pode ser que não se importasse. Demarato era um homem que apreciava a vingança. E como Heródoto assinala, quem quer que desafiasse Demarato terminava mal.

Os espartanos eram os melhores soldados de infantaria no antigo Mediterrâneo. Demarato sabia disso, mas foi preciso a batalha das Termópilas para convencer os persas. Xerxes não podia mais negar o que seus homens teriam que enfrentar. Nem ele podia dar pouca importância ao espartano residente.

Segundo Heródoto, Demarato fez o papel do exilado sábio que diz ao rei a dura verdade, com risco da própria vida. Demarato avisa Xerxes que os gregos vão lutar; que os espartanos lutarão mais ferozmente; e que o Grande Rei deve desistir de sua estratégia e fazer um novo plano de guerra. É uma boa história, lisonjeira para Demarato, mas muitos estudiosos duvidam dela. Aventam que Heródoto ouviu a história de um dos filhos de Demarato e a passou adiante.

Mas o historiador não era tolo. Ele pode ter entrevistado os descendentes de Demarato mas não se deixaria iludir. Ao contrário, desacreditando a conversa de Demarato, Heródoto revela o espartano como um espertalhão. Foi preciso um exilado como o historiador para expor o embuste de um rei vira-casaca, deposto e fugitivo, como Demarato.

Demarato era um veterano inescrupuloso de intrigas políticas, como só a teimosa sociedade espartana sabia produzir. Seus comentários da corte persa, de que ele temia mais a lisonja do que o insulto e o suborno mais do que a repulsa, têm o sabor amargo do conhecimento pessoal. Numa reconstrução aproximada, Demarato reinou em Esparta por mais de vinte anos, de 515 a 491 a.C. Depois de uma luta encarniçada pelo poder, Demarato foi deposto, brigou com o novo rei e finalmente fugiu de Esparta. Depois conseguiu se aproximar do homem conhecido como o amigo dos sem amigos: o Grande Rei.

Era cerca de 487 a.C. e a Pérsia tornara-se um refúgio para os perdedores das lutas de poder na Grécia. Dario recebeu Demarato com grande pompa, fazendo Demarato seu *bandaka*, e um favorecido no posto. Dario sabia que Demarato era uma fonte valiosa de informações e um aliado potencial se restaurado ao poder.

Mas as qualidades de Demarato como conselheiro militar eram duvidosas. Por um lado, como antigo rei, Demarato conhecia a política de Esparta e havia comandado o exército. Por outro, não havia prova de que tivesse participado em alguma batalha, à exceção de um informe, tardio e questionável, de que comandara o exército contra as muralhas de Argos — quando elas eram defendidas por mulheres! Os homens, parece, haviam sido massacrados em combate por uma força espartana liderada por um rival de Demarato. Chefiadas pela poetisa argiva Telesila, as mulheres argivas teriam ultrapassado as muralhas e derrotado Demarato e seus homens.

Ao que se sabe, portanto, Demarato não era um grande guerreiro. Nem seus conselhos para Xerxes atestam seu gênio militar. Heródoto relata três conversas, durante a invasão da Grécia, entre o Grande Rei e o exilado espartano: uma em Dorisco e duas nas Termópilas.

Eles deviam fazer uma dupla estranha, o Rei dos Reis, no seu manto de púrpura e jóias de ouro, e o espartano austero, criado num país cujos cidadãos dormiam em leitos de madeira dura e palha e só permitiam aos seus filhos ter uma capa por ano. Não que Xerxes se tratasse mal na estrada. A tenda real era um palácio em miniatura. A julgar pelas cópias posteriores, tinha cerca de 15 metros de altura e 75 metros de circunferência. Possuía alfaias rendadas, decoradas luxuosamente com motivos de animais e metais preciosos por toda parte. Repastos requintados eram servidos em mesas de ouro e prata para jantares em sofás decorados com ouro e prata. Havia até bridas de ouro e manjedouras de bronze para os cavalos.

Em Dorisco, Demarato avisou Xerxes de que, independentemente do número superior de adversários, os espartanos lutariam. E os espartanos, ele enfatizou, eram grandes guerreiros. Eles obedeceriam ao comando de sua lei e lutariam até a morte.

Nas Termópilas, Demarato apareceu em cena para decifrar um estranho relatório trazido do campo grego por um espião persa. O espião vira espartanos ao ar livre em ordem unida, mas realizaram manobras que o deixaram perplexo. Enquanto alguns espartanos se exercitavam nus, outros penteavam os cabelos. Xerxes também achou este procedimento estranho, mas Demarato explicou que os espartanos tinham o hábito de cuidar dos cabelos logo antes de arriscar a vida. O que o espião vira, portanto, era um sinal de ferocidade mortal espartana.

Depois da batalha das Termópilas Xerxes convocou Demarato de novo. O espartano previra corretamente a resistência de Esparta, então Xerxes lhe pediu informações e conselhos. Quantos espartanos ainda havia? E como a poderosa Pérsia podia derrotá-los?

Demarato deve ter ficado lisonjeado com essas perguntas, porque abriam uma porta para ele se vingar de Esparta. Disse a Xerxes que Esparta tinha oito mil guerreiros, tão bons como os que haviam lutado nas Termópilas. Para derrotá-los, aconselhou o rei a mudar sua estratégia. Xerxes deveria forçar os gregos a dividir seus exércitos mandando uma força para atacar o território de Esparta e assim compelir o exército espartano a voltar para casa. Entrementes, as forças principais da Pérsia poderiam derrotar o resto dos gregos.

Demarato já tinha um plano pronto: mandar centenas de trirremes — a metade da frota persa — para Citera, uma ilha na costa sul do Peloponeso. Usando Citera como base, os persas poderiam atacar o território espartano e talvez provocar a revolta dos trabalhadores servos de Esparta, os hilotas. Estes trabalhadores, sempre prontos a se rebelar contra os senhores que os maltratavam, representavam o calcanhar-de-aquiles de Esparta.

"Saltando de ilha em ilha", disse Demarato, "você assustará os espartanos. E com uma guerra externa na sua própria terra, eles não serão mais destemidos e, mesmo com o resto da Grécia sitiada, eles não virão ajudá-la com sua infantaria. Quando o resto da Grécia for escravizado somente restará uma Esparta fraca."

Se Xerxes tivesse seguido o conselho de Demarato, o Grande Rei nunca teria arriscado toda a sua marinha em uma única batalha. Depois de suas perdas de navios e homens para o vento e para os gregos em Artemísio, Xerxes não queria afrontar este perigo. E se sua marinha permanecesse intacta poderia ganhar a guerra. Mas Demarato delineara uma estratégia deficiente. Se os persas a houvessem adotado, não teriam enfrentado uma batalha naval de vida ou morte: teriam enfrentado *duas* batalhas navais de vida ou morte.

A frota persa, com cerca de 650 trirremes, ainda era maior do que a dos gregos, que não podiam reunir mais de 350. Mas os gregos tinham a vantagem do conhecimento do mar nas proximidades da sua costa, linhas curtas de suprimento e grande agilidade marítima. Se a Pérsia dividisse sua frota, então os gregos podiam igualar os números e atacá-los em dois estágios. Os persas se arriscariam a perder tudo.

O irmão de Xerxes, Arquêmenes, comandante da frota, estava presente à reunião e se enfureceu com a proposta de Demarato. Depois de assinalar sua fragilidade estratégica, acusou Demarato de traição e inveja, o que ele disse serem características tipicamente gregas.

Xerxes ofereceu uma ligeira defesa do seu *bandaka* embora concedendo a Arquêmenes o ponto sobre a inveja. Mas Demarato era hóspede de Xerxes e Arquêmenes devia se afastar do espartano. Mesmo assim, o Grande Rei aceitou o conselho político de Arquêmenes. A frota continuaria unida. Não haveria expedição contra Citera.

Este foi o momento-chave da guerra. O alto-comando persa considerou uma estratégia alternativa e rejeitou-a. Como a maioria das decisões militares, a escolha não foi feita por razões militares mas no calor e na poeira da arena política.

Em seu três diálogos com Xerxes, Demarato mostrou a mentalidade estreita de um homem desiludido. Seus espartanos eram homens de três metros. Antes das Termópilas ele fez dos espartanos super-homens. Depois da batalha, fez com que representassem o único obstáculo à vitória persa na Grécia. Não tinham importância os atenienses e a sua marinha: o foco era Esparta e ganhar a guerra. Este era menos o conselho de um estrategista do que a obsessão de um vingador.

Os soldados espartanos representavam uma ameaça para as tropas de Xerxes. Mas a melhor estratégia de Xerxes contra Esparta era destruir a marinha grega. Depois disso, a Pérsia poderia transportar seus soldados em navios e desembarcá-los à vontade em qualquer ponto da Grécia. A Pérsia destruiria a aliança grega e pegaria seus inimigos um por um. Assim, Xerxes manteve a frota indivisa e ordenou que seguisse para Atenas. Tudo agora dependia de ele tomar as decisões certas ali, mas, sem uma frota unida, não teria a menor chance.

Um rei espartano morrera tentando deter a marcha persa em direção ao sul e outro colocara sua vida na frente, num esforço para desviá-la.

Leônidas seria lembrado como um herói grego, Demarato, como um traidor, mas nenhum dos dois conseguira afastar Xerxes do seu curso determinado. Se era a vontade dos deuses ou a teimosia do Grande Rei, os persas não seriam afastados do seu encontro em Atenas.

Um dia depois de seus homens conseguirem ultrapassar as Termópilas e Artemísio, Xerxes deu a ordem. A poderosa força começou a marchar, velejar e remar no seu caminho para o sul. Todos os olhos agora se voltaram para Atenas.

CAPÍTULO TRÊS

ATENAS

Apesar de ser grande e ter os membros longos, ele é gorducho. Tem a pele lisa e imberbe, e um cabelo abundante e espesso que usa com tranças curtas. É um homem adulto, mas conserva a voz aguda de um menino. E faz parte da comitiva de Xerxes quando o Grande Rei entra em Atenas, juntamente com generais, políticos, sacerdotes, embaixadores, guarda-costas, secretários, agregados, concubinas e filhos ilegítimos.

Como outros dignitários da corte persa, ele está vestido com um longo manto bordado. Sua posição é elevada aos olhos de Xerxes e seu casaco pode ser um presente real, tingido na cor púrpura real ou escarlate. Seu vestuário se completa com um chapéu de pano, sandálias e muitas jóias de ouro: braceletes, colares, um cinto dourado e — um toque final — um par de brincos finamente trabalhados, talvez uma gargantilha de ouro e contas de faiança. É claro que ele usa perfume.

Seu nome é Hermótimo e ele é um eunuco. Esta descrição de sua aparência é um palpite de estudioso, baseada em indícios da Antigüidade. Mas muita coisa é certa sobre Hermótimo. Castrado quando menino, fora mandado como presente a Xerxes em Susa, a capital de inverno dos reis persas. Hermótimo servira tão bem ao Grande Rei que agora era o primeiro eunuco real. Os eunucos tinham uma reputação de intrigantes, mas aparentemente a compensavam com sua operosidade e atenção para detalhes. Como os eunucos não tinham filhos, os reis persas os valorizavam por sua lealdade. Os eunucos inspiravam confiança especial na Pérsia, como gerentes, espiões e porteiros dos palácios reais, e especialmente do harém, onde eles serviam às esposas e aos filhos reais.

Foi provavelmente em 20 de setembro que Hermótimo entrou em Atenas, cerca de três semanas depois da batalha das Termópilas. A distância entre as Termópilas e Atenas, pelo caminho mais curto nas antigas estradas, era de pouco mais de 220 quilômetros. Os persas sem dúvida queriam logo perseguir rapidamente os seus inimigos. Mas o melhor que podiam fazer era enviar uma força avançada, provavelmente formada de cavalaria e tropas de elite. O grosso do grande e heterogêneo exército de

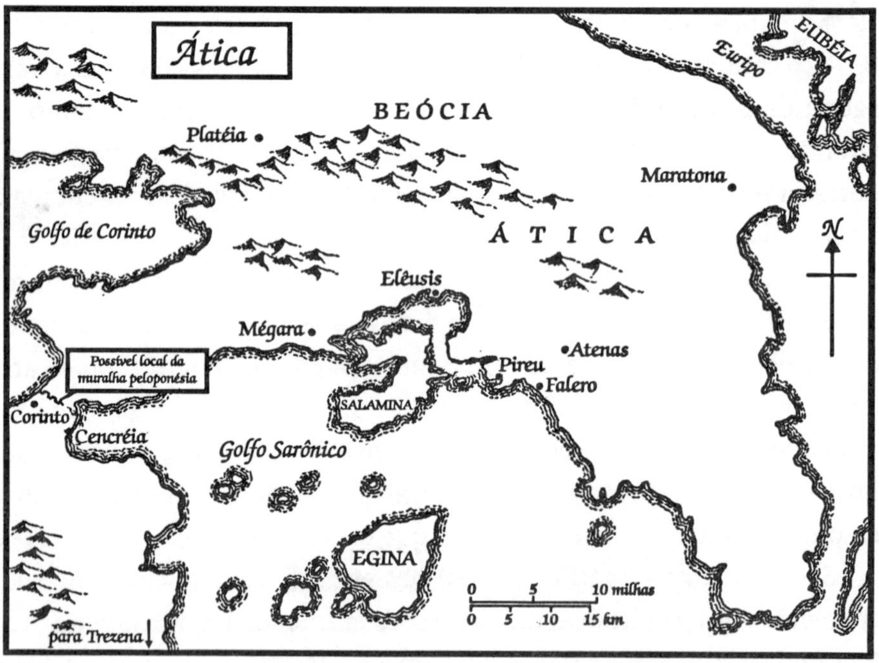

Xerxes se deslocava muito lentamente, talvez numa média de 16 quilômetros por dia, incluindo um dia de repouso a cada sete para descanso dos animais. Atrasando ainda mais o exército havia a necessidade de conquistar Fócida e Beócia antes de chegar à Ática.

O exército completo de Xerxes provavelmente levou mais de duas semanas para chegar a Atenas. Presume-se que perdeu alguns dias para se reagrupar depois das Termópilas. O exército podia ter começado sua marcha em direção ao sul no começo de setembro e chegado em Atenas cerca de 20 de setembro.

Heródoto sugere que a frota persa chegou ao porto principal de Atenas, na baía de Falero, nove dias após o fim das batalhas em Artemísio e nas Termópilas. Ele dá ainda a entender que o exército persa havia chegado a Atenas antes da frota. Supondo-se que o exército, neste caso, significa a guarda avançada, então as primeiras forças terrestres persas chegaram a Atenas por volta de 5 de setembro, enquanto a frota chegou a Falero em 7 de setembro. O grosso das forças persas estava bem atrás.

Juntamente com Xerxes e seus homens, Hermótimo seguira para o sul, das Termópilas pelas regiões montanhosas da Dórida e da Fócida. Seus guias eram gregos da Tessália, homens pró-Pérsia que odiavam mais seus vizinhos da Fócida do que qualquer invasor. Guiados por eles, os persas prosseguiram seu caminho entre os vales rochosos da Fócida, saqueando e incendiando propriedades, inclusive o templo de Apolo. A maioria dos habitantes fugira para a segurança das montanhas, mas algumas almas infelizes caíram nas mãos dos persas. As mulheres foram estupradas tão violentamente que morreram. A região da Dórida foi poupada por ser amiga tanto da Tessália quanto da Pérsia.

Na fronteira da região da Beócia, Xerxes separou o exército em duas divisões. A menor seguiu na direção oeste para o oráculo de Apolo em Delfos, o mais rico e prestigioso santuário do mundo grego. A divisão maior, comandada por Xerxes, dirigiu-se em carroças ao sul através da Beócia até Atenas. Delfos estava abarrotada de ouro e prata, ofertas dos fiéis, incluindo uma estátua de um leão de ouro, pelo que se supõe pesando 250 quilos. Diz-se que Xerxes queria levar para casa estes troféus, mas os fabulosos tesouros escaparam. O exército foi atingido pelos raios de uma violenta tempestade nos arredores de Delfos, causando um desabamento de rochas no monte Parnaso, o que fez os homens supersticiosos entrar em pânico e recuar.

As cidades beócias de Platéia e Téspias não tiveram sorte. Somente elas, na planície beócia, haviam apoiado a causa da Grécia. As outras cidades, lideradas por Tebas, se juntaram aos persas. Os gregos tinham um verbo para isto, "medizar", originário dos medos, um povo iraniano distinto dos persas mas bastante próximo dos gregos: os gregos eram sempre ambíguos a respeito de quem eles chamavam de bárbaros.

Sendo um povo militar, os beócios sabiam como um soldado sente vontade de saquear quando vê uma cidade brilhando ao sol, e não queriam correr o risco de provocar o exército persa. Assim, por cautela, quando "medizaram", receberam os embaixadores macedônios, homens mandados pelo amigo fiel de Xerxes, o rei macedônio Alexandre (um ancestral de Alexandre, o Grande). Não tendo esses protetores, os téspios tiveram seu território devastado e Platéia foi incendiada. Os habitantes de ambos os locais já haviam se refugiado no Peloponeso.

Em seguida, o exército de Xerxes marchou sobre o passo nas montanhas no território ateniense. Na carroça em que ele sem dúvida viajou, o que Hermótimo pensou ao passar pelas altas montanhas, de onde avistou pela primeira vez o território de Atenas, pode ser apenas deduzido. Mas não nos surpreenderíamos se seu pensamento se voltasse à vingança. Xerxes estava pronto a castigar os atenienses por terem incendiado Sardes e humilhado os soldados reais do seu pai em Maratona, para não falar do fato de terem renegado sua promessa de submissão. Hermótimo sabia, como poucos outros, que a justiça exige o pagamento na mesma moeda. Heródoto diz que, de fato, ninguém fez um melhor trabalho de ajuste de contas do que Hermótimo.

Hermótimo era oriundo de Pedasa, uma cidade da Cária, localizada a alguns quilômetros de Halicarnasso, a cidade natal de Heródoto. Pedasa era habitada pelos léleges, um povo não grego do qual pouco se conhece hoje em dia. Um fato importante é a lenda de que, em tempos de aflição, cresciam barbas nas sacerdotisas de Palas Atena em Pedasa, talvez como símbolo do desejo das mulheres de lutar e defender sua terra.

Voluntariosos, guerreiros e encastelados nas suas bem fortificadas cidades, os pedasianos resistiram à conquista inicial dos persas em 546 a.C. e lutaram valorosamente quando se juntaram à revolta jônica em 499 a.C. Talvez tenha sido então, quando a Pérsia reprimiu a rebelião, ou talvez no curso de algum ataque pirata não registrado, que o jovem Hermótimo foi capturado e escravizado. Acontece que ele era um menino extremamente bonito, e vinha de uma região, Cária, que era conhecida pela abundância de meninos bonitos.

Xerxes trouxe Hermótimo com ele para a Grécia em 480 a.C. O rei confiava tanto no eunuco que, no seu retorno à Anatólia, fez de Hermótimo o guardião secundário de alguns de seus filhos ilegítimos que o acompanharam na expedição. A rainha Artemísia de Halicarnasso tinha a seu cargo levar os meninos para casa em segurança. Não era raro para membros da casa real acompanhar o rei em campanha. Entre os filhos ilegítimos de Xerxes na Grécia estava presumivelmente Titraustes, que, quatorze anos mais tarde, em 466, comandou uma grande marinha persa contra os gregos na batalha do rio Eurimedonte, na Anatólia. Em Atenas em 480 a.C. ele deveria ficar satisfeito por observar.

A planície de Ática, como se chama o território da cidade-Estado de Atenas, se estende sob as montanhas. A maior parte da Ática era formada por terras aráveis e florestas; o espaço urbano de Atenas em 480 a.C. era reduzido, uma distância que levaria uma hora para percorrer andando a pé de um extremo a outro. Na luz clara de setembro, a guarda avançada dos persas podia divisar as colunas da Acrópole ateniense, o centro da cidade de Atenas. O som do vento soprando as árvores poderia levá-los a imaginar o quadro das camas macias da cidade, que iriam substituir os catres de pinho onde eles dormiam acampados.

As águas do golfo Sarônico e as distantes montanhas do Peloponeso serviam de pano de fundo. À vista dos persas e muito próxima estava a ilha de Salamina, separada da cidade de Atenas somente por um estreito canal. Quando os persas atingiram o ponto culminante das montanhas da Ática poderiam ter imaginado que a vitória estava ao alcance das mãos. O maior obstáculo eram trezentas trirremes, a frota grega que se havia reagrupado no porto de Salamina depois da batalha de Artemísio. A marinha persa zarpara para a costa oeste de Eubéia, saqueando tudo no caminho. Os persas tinham um piloto grego para guiá-los através dos meandros, um certo Salgeus de Beócia. Mas estavam tão preocupados com a largura reduzida do estreito de Euripo que o executaram, pensando que ele os enganara — erradamente, pois esse era de fato o melhor rumo.

A frota persa finalmente circunavegou a ponta da Ática no cabo Suniun, e agora estava ancorada em Falero, a cerca de 18 quilômetros ao sul da Acrópole. Entrementes, a cerca de 60 quilômetros a sudoeste de Atenas, um exército grego se apressava em construir uma muralha no delgado estreito de Corinto para deter os persas em terra. Mas isso tudo parecia bem longe na manhã em que os homens do Grande Rei marchavam sobre Atenas para se vingar.

Atenas fica a apenas cinco quilômetros do mar, mas não se considera um porto. Em vez disso, as antigas colinas da cidade — a das Musas, a das Ninfas, a do Areópago, e é claro, a da Acrópole — lembram ao visitante as montanhas em cujo sopé Atenas se situa. Na verdade, a cidade é envolta em montanhas: a sudoeste o monte Himeto, a nordeste o monte Pentélico, a noroeste o monte Parnes, a sudoeste o monte Egaleu. Só pelo sul Atenas é aberta ao mar. Ali, na praia a cinco quilômetros, o viajante entra num mundo diferente, o do ar fresco das ilhas gregas.

Atenas deve ter lembrado Hermótimo de sua cidade natal. A antiga Pedasa havia sido identificada com um local conhecido hoje como Gökçeler Castle, a alguns quilômetros ao nordeste do antigo local de Halicarnasso. Gökçeler Castle está no alto da península de Bodrum, situada num panorama clássico do Egeu. Sua acrópole é uma montanha íngreme, defensável. A linha imponente de muralhas fortificadas, com suas pedras maciças bem trabalhadas, ainda é visível, apesar do crescimento selvagem das árvores e da vegetação. Era bom terreno para pastagem de ovelhas e cabras e para o cultivo de oliveiras em terraços, e boa para caça de aves. Quieta nas montanhas, Pedasa parece um mundo longe do mar, embora a água, apenas a alguns quilômetros, seja visível na distância, do cume da cidadela.

Em Atenas, Hermótimo deve ter levado os príncipes reais para visitar a cidade, ou o que dela sobrara. Ele poderia ter mostrado os sinais da pilhagem persa como prova de que a vingança é doce. E Hermótimo poderia citar o seu próprio caso como exemplo.

Alguns meses antes, quando estava em Sardes no inverno de 481-480 a.C., o eunuco havia feito uma rápida viagem para a cidade grega costeira de Atarneu. Ali ele encontrou, por acaso, um grego da ilha de Quios, chamado Paniônio. Era o homem que, anos atrás, havia castrado Hermótimo. De fato, Paniônio castrava profissionalmente meninos bonitos. Agora era o momento para a vingança de Hermótimo. Ele mentiu para Paniônio, dizendo que não guardava rancor, pois a faca de Paniônio abrira o caminho do poder e da riqueza na corte persa. Hermótimo até convidou Paniônio para partilhar do seu sucesso mudando-se de Quios para Atenas — Paniônio e toda a sua família.

Paniônio caiu na cilada e mudou-se com toda a sua família e neste ponto Hermótimo agiu. Ele revelou sua verdadeira raiva de ter sido castrado. Paniônio, disse Hermótimo, fizera dele "um nada". Hermótimo revelou então seu plano de vingança. Forçou Paniônio a castrar seus quatro filhos e fez que os filhos fizessem o mesmo com o pai. Heródoto dá uma indicação de que foi mais do que um talião. Enquanto Hermótimo perdeu somente seus testículos, Paniônio e seus filhos ficaram somente com um orifício para urinar. Este ato selvagem de retaliação demonstra um tipo de justiça sangrenta — ou o tipo de punição — que Xerxes pensava fazer com os atenienses.

No fim do seu sexto ano de reinado e quatro meses depois de cruzar o Helesponto, o Grande Rei finalmente entrou em Atenas. Sem dúvida os persas planejaram a punição para os rebeldes e recalcitrantes. Os homens de Atenas seriam passados pelo fio da espada, as mulheres seriam estupradas, as crianças, seqüestradas. Seriam feitas caçadas humanas; longas filas de soldados percorreriam o interior fazendo prisioneiros. Então, dezenas de milhares de sobreviventes da vingança persa seriam encaminhados ao Oriente, bem longe do Egeu, para locais no golfo Pérsico ou montanhas da Ásia Central, para servir à glória do Grande Rei. Ali eles atormentariam as gerações futuras por sua incapacidade de transmitir aos seus descendentes as nebulosas lembranças de Atenas.

Era um padrão comum agora, desde o massacre sangrento até o desenraizamento e as lamentações. Foi esse o destino, após a revolta jônica, de algumas ilhas como Quios e Lesbos e das cidades de Erétria e Mileto, e muito antes, de outras cidades do antigo Oriente Próximo. Mas nunca acontecera com Atenas, porque quando os persas chegaram quase não havia mais ninguém. A maior parte de todo o território da Ática, uma área de 1.600 quilômetros, que é mais ou menos igual ao território do estado americano de Rhode Island, ou do condado britânico de Hampshire, ficara sem seu povo. Das montanhas de Maratona às terras baixas do Elêusis, das minas de prata de Láurio ao porto de Pireu, a Ática estava quase vazia.

Não era fácil evacuar uma cidade-Estado grega. Uma outra cidade havia tentado, com resultado duvidoso. Para não se submeter à Pérsia em 540 a.C. o povo de Focéia, na Jônia, votou pela mudança, com todos os seus pertences. Mas houve tanta resistência que eles tiveram que lançar um pedaço de ferro ao mar e todos juraram que nunca voltariam a Focéia até que ele flutuasse — isto é, nunca mais. Eles também rogaram praga aos que ficaram. Mesmo assim, mais da metade da população renegou seu juramento, resolveu enfrentar a maldição e voltou para casa para se tornar súdita da Pérsia. Os remanescentes acabaram se estabelecendo na Itália, depois de muitas vicissitudes.

Os atenienses em 480 a.C. enfrentavam tentações similares e problemas maiores. Focéia era um lugar pequeno; Atenas era a maior cidade do mundo grego. Havia provavelmente 150 mil homens, mulheres e crianças na Ática em 480 a.C. E a maioria fugiria.

Eles iriam a três destinações. As mulheres e crianças atravessariam o golfo Sarônico para Trezena, uma cidade-Estado na costa leste do Peloponeso, mas alguns também foram para a ilha Egina, no golfo Sarônico. Egina e Trezena ficam ambas a cerca de um dia a vela de Atenas. Os homens atenienses em idade de lutar — nesta emergência possivelmente entre 18 a 59 anos — se dirigiram para Salamina; esta ilha era, ao que parece, a destinação preferida também dos mais velhos e dos móveis e utensílios que pudessem ser transportados. Salamina fica na costa da Ática, a cerca de um quilômetro e meio de distância.

Como Egina e Trezena, Salamina é acessível pelo mar. Pelo que se sabe, Atenas foi evacuada por mar. Os veteranos de Artemísio não tiveram tempo de descansar antes de voltar ao mar, levando seus compatriotas para um lugar seguro. Quanto aos refugiados, existem histórias sobre lágrimas derramadas no porto quando da escolha do que levar ou deixar.

Trezena era uma escolha lógica para a realocação ateniense porque a cidade mantinha relações antigas com Atenas. A mitologia fazia de Trezena a cidade natal de Teseu, o legendário rei-herói de Atenas. A ilha de Egina não era uma destinação óbvia, pois, até a invasão de Xerxes, fora uma arquiinimiga de Atenas. Mas Egina cerrou fileiras com os gregos contra a Pérsia, e talvez agora, em 480 a.C., a ilha quisesse emendar o seu passado. As boas-vindas aos refugiados gregos foram um bom começo.

Salamina era a chave da estratégia de Atenas. Ao contrário de Trezena e Egina, era território ateniense. Originalmente independente, Salamina possuía uma localização estratégica, próxima da Ática e da cidade vizinha de Mégara, o que a fez muito cobiçada pelos seus vizinhos no continente, antes de ser finalmente conquistada por Atenas em 600 a.C. Com o tempo, famílias atenienses se estabeleceram na ilha. Alguns anos antes de 480 a.C. nasceu um dos filhos mais famosos de Salamina: Eurípides, o trágico ateniense.

A vista da Acrópole de Atenas deixa claro o valor estratégico de Salamina. O estreito canal que separa Salamina do continente fica a oeste da Acrópole. O contorno acidentado da ilha se eleva atrás de um segmento de água. Da Acrópole uma pessoa sente-se quase como se pudesse tocar na ilha. Evacuando para Salamina, os atenienses encontraram uma base à vista de casa.

Embora a realocação ateniense já tivesse começado antes de 480 a.C., ela se acelerou com a notícia da queda das Termópilas. Os peloponésios haviam prometido que, se tivessem que se retirar do passo, eles montariam uma resistência na Beócia. Em nenhuma circunstância deixariam Atenas desprotegida. Mas os peloponésios renegaram sua promessa. Seus exércitos estavam formando uma linha de defesa no estreito de Corinto, entrada do Peloponeso, a 60 quilômetros a sudoeste de Atenas. Os aliados haviam abandonado Atenas. Os atenienses tiveram que aceitar um acordo com os peloponésios, segundo o qual, depois de Artemísio, a frota grega se reagruparia em Salamina, em vez de num porto ou num estreito. Mas os peloponésios, que ansiavam voltar para mais perto de casa, não prometeram realmente lutar uma batalha em Salamina. Como isso era precisamente o que os atenienses queriam, e como Atenas tinha a maior frota da Grécia, o futuro lhes reservava desentendimentos.

Sozinhos e abandonados no continente, os atenienses decidiram evacuar a cidade e montar uma defesa em Salamina. O plano não era precipitado ou de última hora. Havia sido decidido antes que a frota ateniense seguisse para o norte em Artemísio, talvez um ano antes. E havia sido aprovado pela assembléia ateniense onde seis mil homens, ou mais, se encontraram, debateram e votaram o plano de ação, que se tornou um decreto. "Foi decidido pelo Conselho e pela Assembléia do Povo", assim começavam todos os decretos atenienses. Enquanto a assembléia tomava a dura decisão de votar a partida em massa, ocorreu a coisa mais rara naquele barulhento parlamento: silêncio.

O povo ateniense votara o seu próprio exílio. Mas atrás da estratégia estava um homem. Temístocles era o líder constante das atas oficiais e o político a ser recriminado se no fim tudo falhasse.

Um documento gravado na pedra, conhecido como Decreto Temístocles, nome do homem que o propôs, confirma o relato de Heródoto, enquanto acrescenta vários detalhes importantes. Datada de 300 a.C., a inscrição pode realmente ser baseada no documento original aprovado pela assembléia ateniense. O Decreto Temístocles mostra que a evacuação de Atenas começou bem antes de Artemísio, em agosto de 480 a.C. Também demonstra como o povo ateniense a planejou com antecedência.

Eles usaram Salamina de várias maneiras. Por exemplo, todos os políticos no ostracismo foram chamados de volta no interesse da unidade nacional, mas como alguns deles que haviam sido condenados ao ostracismo por causa de serem pró-Pérsia, ficaram por perto na ilha de Salamina.

A religião não foi negligenciada. Antes da partida da frota, por exemplo, as autoridades deveriam fazer sacrifícios para Zeus Todo-poderoso, para Atenas da Vitória e para Posídon, o Protetor; isto é, para o rei dos deuses, para a padroeira da cidade e para o deus do mar. Poder, vitória e segurança eram os temas atuais.

O decreto mobilizador da mão-de-obra militar é ainda mais incisivo. Não apenas os atenienses residentes mas também os estrangeiros foram recrutados. Tomaram-se cuidadosas medidas para balancear remadores calejados com camponeses de infantaria para cada um dos duzentos navios da frota ateniense. Os nomes de todos os membros da tripulação de cada navio foram postos na pedra para que todos vissem.

Cada nome sinalizava a sagacidade política de Temístocles. Xerxes fizera da sua vingança contra Atenas uma campanha de conquista, mas Temístocles a transformara numa guerra do povo. Isto combinava sua malícia com a sua genialidade, pois a evacuação motivava os atenienses e deixava os persas frustrados, o que preparava a cena para uma batalha sangrenta.

Agora os atenienses se voltaram para os deuses, e o deus que o povo mais queria ouvir era Apolo. Eles consultaram seu prestigioso oráculo (literalmente "porta-voz") em Delfos, mas sua resposta não foi animadora. A data certa de quando os atenienses consultaram o oráculo não se sabe, mas provavelmente foi no final de 481 ou começo de 480 a.C.

Os gregos acreditavam cegamente que os deuses ofereciam sinais do futuro se os homens conseguissem decifrá-los. A pseudociência da adivinhação era portanto vital para a religião grega. Seus ramos incluíam a interpretação dos sonhos, a observação dos pássaros, sacrifícios, sinais de augúrio como espirros, e consulta com os representantes dos deuses nos santuários dos oráculos. De todos, nenhum era mais prestigioso do que o de Delfos, onde o deus falava por intermédio de uma sacerdotisa em transe. O prestígio de Delfos não se fundava apenas em piedade ou autopromoção, mas na sólida reputação de bons conselhos que o oráculo acumulara no decorrer dos anos. Isto, por seu turno, refletia a grande rede de comunicações que o oráculo mantinha. O conselho do oráculo muitas vezes era baseado em fatos dignos de atenção.

Aristonice, sacerdotisa de Apolo em Delfos, disse aos atenienses: "Ó miseráveis", perguntou ela, "por que estão parados?" Seu conselho: "Fujam para o fim do mundo, deixem suas casas e as alturas de sua cidade", pois "coisas terríveis estão a caminho." Vendo que os clientes de Apolo estavam, digamos, insatisfeitos com esta resposta, uma das autoridades em Delfos sugeriu aos gregos que tentassem de novo. Desta vez eles deveriam abordar as sacerdotisas como suplicantes e levando ramos de louro. Sem dúvida ficou entendido que eles teriam que pagar a paciência de Apolo com um presente mais valioso.

Desta vez a sacerdotisa deu mais um pouco de esperança. Ela disse que embora tudo o mais em Atenas fosse ser capturado pelo inimigo,

Zeus, que vê longe, concede a Atenas três vezes nascida uma
muralha de madeira,
O único lugar que não será saqueado, ajudará vocês e suas crianças,
Não esperem pelo grande hóspede vindo do continente,
Cavaleiros e soldados a pé, dêem as costas e se afastem do inimigo.

No final, vocês ficarão contra eles.
Ó divina Salamina, você destruirá os filhos das mulheres
No tempo do plantio ou da colheita.

Certamente os deuses se movem de forma misteriosa, mas é difícil não concluir, de uma resposta tão detalhada, que os sacerdotes de Apolo haviam estudado as opções políticas ponderadas por Atenas. O oráculo ofereceu alguma coisa para todos, como a acalorada discussão em Atenas demonstrou.

Quase todos queriam lutar; a questão era como. Alguns atenienses, em particular os da velha geração, entenderam como "parede de madeira" uma paliçada com a qual a Acrópole deveria ser defendida. Mas outros diziam que "paredes de madeira" significavam navios, isto é, a frota ateniense. Todos os esforços deveriam se concentrar em preparar para a batalha a nova marinha começada em 493 a.C. Mas seus opositores levantaram uma objeção: Salamina.

Se Apolo havia encorajado os atenienses a lutar no mar, ele não deveria ter referido a destruição em Salamina; ao contrário, ele estava dizendo para evitar Salamina. Assim disseram os apreensivos, e eles eram liderados pelos cobradores do oráculo. Estes homens, adivinhos profissionais que vendiam livros de previsões, tinham muitos seguidores em Atenas. Eles eram derrotistas; em vez de resistir a Xerxes queriam que os atenienses emigrassem como os focenses haviam feito. Mas Temístocles conseguiu enganá-los.

Longe de desencorajar os atenienses, o deus os estava dirigindo para a "divina Salamina", disse Temístocles. Certamente Apolo teria se referido à "desgraçada Salamina" se quisesse afastar os atenienses do mar. Os "filhos das mulheres" que seriam destruídos seriam os persas, disse ele. Note também que o oráculo profetizara uma batalha na primavera (tempo de colheita em Atenas) ou outono (quando as sementes são plantadas em Atenas). Na guerra, como em tudo, o momento é o mais importante; este detalhe, como ficará claro mais tarde, é altamente significativo.

Nenhum político vence sem aliados. Nenhum aliado é mais valioso do que um ex-inimigo, especialmente um inimigo famoso. Foi precisamente o que Temístocles encontrou em Cimon, filho de Milcíades. Milcíades fora o vencedor de Maratona em 490 a.C. e não era amigo de Temístocles. Depois da morte de Milcíades, de gangrena, em 489 a.C. seu manto passou ao seu filho mais moço. No final de 481 ou início de 480, Cimon poderia ter acusado Temístocles, mas em vez disso fez o contrário, e da maneira mais pública possível.

No auge do debate sobre o oráculo, Cimon liderou uma procissão pública. Ele era um aristocrata e membro do que se considerava um dos clubes mais exclusivos de Atenas, a cavalaria. Podia-se sempre reconhecer um cavaleiro em Atenas pelos seus cabelos longos e roupas elegantes, uma combinação de rigidez espartana com o conspícuo consumo jônio. Alto e com cabelos encaracolados, Cimon veio à frente de seus colegas cavaleiros. Eles marcharam do extremo da cidade e através das ruas até a Acrópole. Ali, no mais sagrado santuário de Atenas, o templo de Palas Atena, Cimon dedicou à deusa a brida do seu cavalo. Então ele pegou um dos escudos pendurados no templo, fez uma oração para Atena e marchou até o mar.

Num grande gesto de teatro político, o rei não-coroado dos conservadores de Atenas deu seu apoio público aos radicais. O que Cimon disse, de fato, é que a emergência nacional havia abolido a diferença entre os aristocráticos cavaleiros e as classes baixas que se sentavam nos bancos dos remadores. Pelo tempo que durassem as guerras persas, todos seriam remadores. Cimon havia proclamado, com efeito, uma união sagrada. Era um gesto de estadista de tamanha audácia que seria tentador ver Temístocles de alguma forma como seu inspirador, ao menos pelo conhecimento de que ele era o único patriota astucioso de Atenas. Cimon merece crédito por sacrificar o partido em favor do país.

Temístocles ganhou o debate sobre a estratégia. Heródoto relata que os atenienses votaram a favor de aguardar a invasão bárbara da Grécia mantendo toda a sua mão-de-obra dedicada aos navios. Como acertado pela Liga Helênica, reunida no estreito, os outros aliados dos gregos defenderiam o país por terra. Eles tentariam deter os persas no norte, mas, se isso falhasse, os atenienses resolveram que evacuariam a Ática e lutariam em Salamina. Os religiosos ficaram satisfeitos pela resolução de deixar a cidade aos cuidados da sua deusa padroeira, Palas Atena.

Nada foi tão ateniense como a maneira de eles deixarem a terra. Diante da crítica à democracia como dócil e submissa, vale a pena avaliar o preço que a Atenas democrática estava pagando por sua liberdade. A assembléia ateniense votou não somente por mandar seus jovens para a batalha, mas também por desenraizar seus velhos, mulheres e crianças. E a marcha da população de Atenas para os navios de refugiados — a população de uma cidade tão antiga que seu nome é mais velho do que a própria língua grega —, os passos voluntários de uma gente que não sabia se voltaria para casa, deve ter sido um espetáculo tão magnífico como a procissão de sete dias dos exércitos de Xerxes através das pontes no Helesponto.

As gerações posteriores honrariam a decisão do exílio e a inscreveriam repetidamente na pedra. Enquanto a maioria dos gregos se rendeu, enquanto seus aliados do Peloponeso tentaram abandoná-los, os atenienses acharam ser uma grande honra resistir aos persas. Em vez de fugir da Grécia, diz Heródoto, "eles ficaram e esperaram corajosamente que o inimigo invadisse sua terra". No dia em que foi aprovada a moção para evacuar Atenas, os atenienses decidiram que não somente os soldados e remadores deveriam ficar nas torres de sentinelas da história; todos eles ficaram.

Numa reconstrução provável, os atenienses resolveram realizar a evacuação em duas fases. A data do decreto pode ser de meados de junho de 480 a.C. As mulheres, crianças e velhos provavelmente saíram primeiro, enquanto os jovens ficavam para tripular a frota.

A evacuação final somente começou quando os homens voltaram de Artemísio, em 1º de setembro. A frota ateniense ancorou no seu porto em Falero, três dias depois de deixar Artemísio, uma distância de cerca de 340 quilômetros. A frota persa permanecera ao norte de Eubéia por seis dias após a batalha, para reparar os navios, receber reforços das ilhas gregas e ver o campo de batalha nas Termópilas. Isto significava que os atenienses tinham menos de uma semana para levar a cabo o principal de sua evacuação. Com certeza, nem a marinha persa nem a guarda avançada do exército persa, que chegou à Ática em 5 de setembro, poderiam rastrear toda a Ática, o que significa que havia ainda tempo de escapar até que todas as forças persas chegassem, por volta de 20 de setembro. Mas a primeira visão dos persas na Ática sem dúvida assustou os poucos atenienses desgarrados.

A evacuação resultou mais espontânea e caótica que a assembléia ateniense planejara. A lei e a ordem eram deuses espartanos; os atenienses adoravam a liberdade. Eram famosos por seu individualismo e suspeita das autoridades, e sem dúvida muitos ignoraram as ordens de sair. Outros saíram, mas como os persas demoraram a aparecer, retornaram a Atenas. Assim, o êxodo de setembro de 480 a.C. incluiu mulheres e crianças que, em princípio já deviam ter saído para Trezena. Alguns foram para Trezena, alguns para Egina, o resto para Salamina.

Nem mesmo com as notícias de Artemísio e das Termópilas foi fácil convencer os atenienses a sair de casa. O incentivo veio pelo conselho de antigos magistrados de Atenas, o Areópago, assim denominado pela colina perto da Acrópole, onde se reunia. O Areópago autorizou para cada marinheiro uma verba de oito dracmas, dinheiro para comprar comida por oito semanas. Provavelmente o dinheiro veio do tesouro do estado. Os navios gregos clássicos carregavam o mínimo de suprimentos. Os marinheiros deviam comprar comida nos mercados locais, o que tornou a verba essencial para a maioria.

Temístocles era membro do Areópago, mas uma história alternativa nega a sua habilidade de convencer o conselho a liberar fundos do estado para a frota. Em vez disso, os fundos dependiam de um plano secreto seu. Na confusão da partida, alguém roubou a cabeça de ouro da górgona da estátua de Atena na Acrópole. Com a desculpa de procurar esta preciosa relíquia,

Temístocles conseguiu abrir as malas das pessoas. Assim, ele confiscou todo o dinheiro que encontrou e pagou os homens. Não sabemos qual a história verdadeira, nem se a cabeça da górgona foi achada mais tarde.

Pode ser que a cidade de Trezena também tenha encorajado a evacuação. Ao menos nos anos posteriores, os trezenianos dizem que aprovaram uma lei para ajudar os refugiados de Atenas com dinheiro público. Cada família ateniense realocada em Trezena receberia um subsídio modesto; suas crianças tinham permissão de colher frutos de qualquer árvore e contrataram-se também professores para elas.

Um outro impulso veio da Acrópole. Os antigos acreditavam que, quando uma cidade enfrentava a destruição, seu deus padroeiro saía primeiro. A padroeira de Atenas era a deusa Palas Atena, que se revelava de muitas maneiras, uma das quais uma grande serpente que vivia num templo na Acrópole. Ninguém vira a serpente, exceto, dizia-se, os zeladores do templo, que afirmavam ter prova da sua existência. Uma vez por mês a sacerdotisa de Atenas, a guardiã da cidade, deixava um bolo de mel que de alguma maneira desaparecia. A serpente, supunha-se, o comia. Naquele mês, todavia, o impossível aconteceu: o bolo de mel fora deixado intocado. A sacerdotisa concluiu que Palas Atena havia abandonado a cidade. Ela chegou também à conclusão de que os persas iriam destruir Atenas e informou aos atenienses.

Por detrás da sacerdotisa, sussurrou-se, estava a serpente na pessoa do presidente Temístocles. A história do bolo de mel e da serpente, falava-se à boca pequena, era tudo sua invenção. Temístocles teria convencido a sacerdotisa a divulgar o conto do bolo de mel rejeitado para manipular a opinião pública. Se Temístocles negociou com a sacerdotisa ela provavelmente não era uma simplória. Mulher madura de uma família conceituada, ela dirigia o culto mais importante da cidade. Seu cargo era vitalício e ela morava na Acrópole. Ela certamente era não somente religiosa como uma política ardilosa.

De qualquer modo, a sacerdotisa informou a cidade da fuga de Palas Atena, mas nem todos os atenienses a seguiram. No interior, onde a maioria dos atenienses morava, o que parecia um esconderijo seguro estimulou os que não queriam sair. Os persas os capturaram e mandaram quinhentos prisioneiros para a ilha de Samos no mar Egeu. Quantos atenienses foram mortos não se sabe.

Era a suprema emergência na história da nação. A democracia em Atenas durou 250 anos e na maior parte desse período Atenas foi uma potência naval. Essa foi uma de apenas duas ocasiões quando todos os homens disponíveis foram convocados para servir na marinha; a outra ocasião veio mais tarde, no ponto baixo das guerras do Peloponeso. Poucas coisas na história do governo pelo povo testaram a democracia como naquele momento.

Se funcionasse, a evacuação de Atenas seria celebrada como uma das supremas retiradas estratégicas na história das guerras. Se falhasse, seria lamentada no exílio.

Poucos dos atenienses de sangue azul desejavam correr o risco de ser capturados por Xerxes. Entre as fileiras dos evacuados havia um adolescente chamado Péricles, filho do aristocrata Xantipo, filho de Arifon, da vila de Colarges. Um dia Péricles seria o maior homem de Atenas. Em 480 a.C., porém, pela segunda vez nos seus 14 anos, Péricles e sua família, incluindo seu irmão e sua irmã, estavam seguindo para o exílio. Em 484 a.C. Xantipo havia sido condenado ao ostracismo, e sua família deixara Atenas, possivelmente para a cidade de Sicione, no norte do Peloponeso, onde tinha parentes. Este foi um drama familiar, mas em 480 a.C. toda a Atenas partilhou da experiência de inquietude.

São abundantes as histórias da saída. Uma, por exemplo, diz que o cachorro de Xantipo era tão devotado que nadou atrás da trirreme do seu dono através da distância de um quilômetro e meio do estreito de Salamina, chegou à outra praia e imediatamente morreu de exaustão. Diz-se que um local em Salamina, conhecido séculos depois como o Túmulo do Cachorro, marca sua sepultura.

A partida de um guerreiro grego era sempre marcada por uma cerimônia. Tipicamente, as mulheres da casa usariam um pequeno vaso para uma libação, oferecendo vinho aos deuses, na esperança de um retorno seguro. Mas quem fazia a libação quando toda a família partia, como a maioria das famílias fez em setembro de 480 a.C.? Quem quer que presidisse talvez ecoasse os sentimentos do grande poeta grego Teógnis de Mégara:

> *Que Zeus, que habita no céu sempre, coloque sua mão direita sobre esta cidade para livrá-la do mal, e que os outros abençoados imortais façam o mesmo, e que Apolo preserve nossa língua e nossa mente.*
>
> *...depois de oferecer libações satisfatórias aos deuses vamos beber...*
>
> *não temendo a guerra dos medos.*

Os refugiados atenienses carregavam o pouco que podiam para o exílio. O resto eles deixavam, desde pratos de cerâmica, teares, vasos, moedas, jóias enterradas no quintal, objetos de bronze de todos os tipos — panelas, conchas, tigelas, tripés, pesos decorados com golfinhos. Os mais ricos deixavam lápides com estátuas, incluindo imagens de cavaleiros, de atletas, de emigrantes, de soldados de infantaria, de leões, de ursos, de esfinges, de coroas e flores. Deixaram lembranças de defuntos, como o epitáfio de um tal Anaxilas de Naxos, que morreu em 510 a.C., ficando a família "cheia de dor, tristeza e lamentação". Deixaram para trás túmulos contendo anéis de ouro, brincos e colares; espadas de ferro e pontas de lanças; brinquedos de cerâmica; ossos da falange; vasos decorados de todas as formas e tamanhos, com desenhos e pinturas de deuses e heróis, de amantes e conquistadores, de galos e esfinges, de atletas e guerreiros, de tecelões, sátiros e golfinhos.

À medida que prosseguiam pela Ática, na sua maior parte deserta, os persas saquearam o que puderam e demoliram tudo que pudesse ser destruído. A vingança que lhes fugira em Maratona agora estava ao alcance das mãos.

O que pensaram os persas dos atenienses enquanto arrebentavam seus vasos? Eles pararam para olhar as pinturas? Notaram que as imagens mostrando bebedores, jogadores, adoradores eram mais numerosas do que as de lutas? Consideraram o sentido de todas aquelas cenas de guerreiros armados de lanças, perfurando e golpeando-se até a morte e depois lutando sobre os cadáveres — tendo, é claro, arrancado suas armas?

O que os persas pensaram dos atenienses quando derrubaram suas estátuas? Notaram, por exemplo, a estátua de Apolo segurando um arco? Aquela figura alta, forte, espadaúda lembra mais um desordeiro do que o deus da luz. O que pensaram de Ártemis com sua aljava e de Palas Atena com seu capacete de bronze e couraça peitoral de pele de cabra com motivos de serpentes?

Ocorreu aos persas que eles haviam tomado uma nação de matadores? Ou eles apenas descartaram os gregos como selvagens desgarrados? Provavelmente a última hipótese, pois os soldados raramente pensam na sua própria morte. Não importa o que tenham encontrado na Ática, os persas provavelmente preferiram a imagem de um selo cilíndrico iraniano do período. Este objeto, feito de calcedônia, uma pedra semipreciosa, seria rolado sobre argila umedecida para estampar um documento, resultando uma imagem da Pérsia triunfante. Mostrava o Grande Rei lanceando um soldado de infantaria grego.

Quando os persas chegaram em Atenas encontraram-na vazia. Não se encontrava vivalma à exceção da Acrópole. Os homens que ali restaram não eram muito numerosos mas eram diferentes. Um grupo de cerca de várias centenas, na maioria ricos tesoureiros do templo de Palas Atena; homens muito pobres ou fracos para se agüentar em Salamina; ou apenas os que se recusavam a acreditar que "muralha de madeira" significava navios e não uma paliçada de madeira na própria Acrópole. Lutaram melhor do que seria de esperar.

A Acrópole de Atenas é uma fortaleza natural, com uma íngreme inclinação, escarpada como um precipício. Com a forma de paralelogramo, compreende um espaço de cerca de 300 por 150 metros —

aproximadamente três vezes mais longo e três vezes mais largo do que um campo de futebol americano. Os defensores erigiram barricadas de portas e toros de madeira na Acrópole, que presumivelmente retiraram do templo. Provavelmente construíram a barricada na entrada de pedra da Acrópole.

Entrementes, os persas acamparam no vizinho Areópago, ou na colina de Ares, uma elevação rochosa que se encontra a 50 metros de altura. Dali os arqueiros persas atiraram flechas incendiárias na barricada que os gregos haviam construído. Amarrada em cada flecha havia uma fita de cânhamo embebida em líquido inflamável, como resina de pinheiro, que era acesa antes de ser lançada.

Antes, os persas chamaram os exilados atenienses que os acompanhavam e os mandaram à Acrópole para parlamentar com os defensores. Os exilados eram herdeiros do antigo tirano Hípias, visto em Atenas pela última vez em 490 a.C., por ocasião da batalha de Maratona. Os guardiães da Acrópole não se impressionaram. Responderam rolando grandes pedras sobre os persas que tentavam escalar a Acrópole.

Isso deteve os persas — durante o que Heródoto chama de "longo tempo" — talvez vários dias. Então eles encontraram um meio de escalar por uma trilha passando por uma fissura da rocha na parte noroeste da Acrópole, uma passagem tão íngreme que fora deixada sem sentinelas. Quando os defensores viram os persas chegarem ao topo da Acrópole, alguns se suicidaram lançando-se no precipício. Os outros se refugiaram no templo da deusa. O assassinato num santuário era um crime terrível na lei grega. Entretanto, diz Heródoto, os persas foram direto ao templo e "abriram as portas e mataram todos os asilados". Não houve sobreviventes.

Os guerreiros desconhecidos de Atenas não poderiam parecer menos galantes: homens pobres demais para possuir armamento ou cumprindo deveres que os impediam de se reunir à frota em Salamina, ou muito fracos para andar sem muletas. Entretanto, como os espartanos nas Termópilas, esses atenienses defenderam o solo grego até a morte. Ao que se sabe, nenhum monumento foi erigido em sua memória, mas como disse Péricles, não muito depois, os homens bravos têm toda a terra como sepultura.

Depois de massacrar os atenienses, os persas pilharam os tesouros dos templos e incendiaram toda a colina. Os pilares de madeira dos seus edifícios de pedra arderam, deixando ruínas calcinadas.

Os persas destruíram a Acrópole, mas não a Acrópole que conhecemos. A Acrópole de Atenas, cujas ruínas são hoje tão famosas, são principalmente o produto das gerações posteriores às guerras persas. O edifício mais conhecido da Acrópole, o templo de Palas Atena, a deusa virgem — o Partenon —, foi concluído em 432 a.C.

A Acrópole ateniense de 480 a.C. não era o ícone da arte ocidental que mais tarde se tornaria. Sua arte e arquitetura eram exuberantees, experimentais e até grotescas — tudo menos tranqüilas. Os velhos templos da Acrópole eram cheios de estátuas de leões e monstros marinhos, de górgonas e serpentes pintadas, homens com barbas negras bem-cuidadas, mulheres de longos cachos usando longos vestidos plissados, e jovens com cabelos trançados e encaracolados.

O bricabraque do espaço atulhado da velha Acrópole refletia mais os séculos de acréscimos do que um único projeto clássico. Antes de os atenienses reconstruírem a Acrópole, como fizeram, começando em 440 a.C., tinham primeiro que demolir os velhos prédios e estátuas. Os incêndios provocados pelos homens de Xerxes em 480 a.C. terminaram por ser um ato de destruição criativa, embora não parecessem assim para os gregos daquela época.

Ao contrário, parecia o fim do mundo. Os persas haviam destruído a soma total da fé religiosa do povo. Tudo quanto os atenienses haviam acumulado paciente e piedosamente durante séculos foi aniquilado numa tarde. Para os gregos antigos, o que os persas fizeram representava um crime contra os deuses. A luta contra os bárbaros, daí em diante, não era meramente um ato de legítima defesa; era um ato piedoso.

Agora Xerxes controlava Atenas. Ele mandou um cavaleiro às pressas para Susa com as boas novas para Artabano, tio do Grande Rei, seu regente e elemento moderador nos debates antes da expedição. Xerxes tinha razão de aceitar as congratulações que seus homens agora certamente lhe dariam. Hermótimo era sem dúvida um deles.

Na Pérsia, no palácio de Dario em Persépolis, entalhada numa porta, existe uma escultura em relevo de um criado sem barbas. Bem vestido, cuidadosamente arrumado e bem-apessoado, é geralmente reconhecido como um eunuco. Na sua mão direita traz uma garrafa de perfume, um longo frasco redondo tubular fechado com uma tampa. Leva uma toalha nos braços. Marcha com passos longos, como se estivesse levando estes objetos para o Grande Rei.

Assim podemos imaginar Hermótimo, depois da queda da Acrópole, esperando por Xerxes. Como primeiro eunuco real, Hermótimo trazia ao rei palavras melosas em vez de roupas e cosméticos, mas o princípio era o mesmo: devoção. Hermótimo não desejaria perder uma oportunidade de lisonjear o Grande Rei.

Mas o eunuco, um conhecedor da vingança, olharia de modo cético para as chamas sobre Atenas. A frota grega ainda estava no canal de Salamina, à vista dos persas vitoriosos na Acrópole. Hermótimo desejava nada menos do que ver os navios inimigos destroçados.

Os gregos não se renderam. Atenas estava ocupada, Atenas ardia em chamas, mas os atenienses não se curvaram. O saque da Acrópole infundiu, sem dúvida, terror em alguns atenienses, mas principalmente aumentou seu apetite pela batalha.

De fato, o maior inimigo dos gregos naquele momento não eram os persas, mas eles próprios. A questão oscilava deste modo durante os violentos desentendimentos no quartel-general da marinha grega. Os gregos haviam abandonado Atenas, mas sua marinha estava apenas a um quilômetro e meio de distância. A frota estava ancorada em Salamina, o porto do outro lado do canal que separava o continente, agora em mãos do inimigo. Desta frota dependia o futuro da Grécia.

CAPÍTULO QUATRO

SALAMINA

Ele veste uma roupa rústica, longa, apertada no corpo. Cobrindo seus ombros, uma capa carmesim se estende até as coxas. Madeixas cuidadosamente trançadas dos seus longos cabelos chegam até o tronco e costas. Seu capacete de bronze tem um brasão transversal como marca de posto elevado. Carrega um bastão de madeira como sinal de seu cargo. Seus pés estão descalços.

A face, ou o que se vê sob seu capacete, tem a aparência seca de toda uma vida de duro treinamento. Se seus olhos transmitem alguma expressão, é provavelmente a indiferença que os espartanos consideravam ser quase sempre apropriada, exceto quando eles estavam pranteando a morte de um membro da família em combate, caso em que deveriam sorrir de orgulho. Os espartanos eram um povo paradoxal, e no caso de Euribíades, filho de Euríclides, suas ironias chegavam ao máximo. Esta descrição que se faz dele é um palpite de estudioso, mas as preocupações que o afligiam eram reais.

Ele era comandante-em-chefe da armada grega, e em Salamina, em 23 de setembro, seu trabalho era forçar uma estratégia comum entre seus

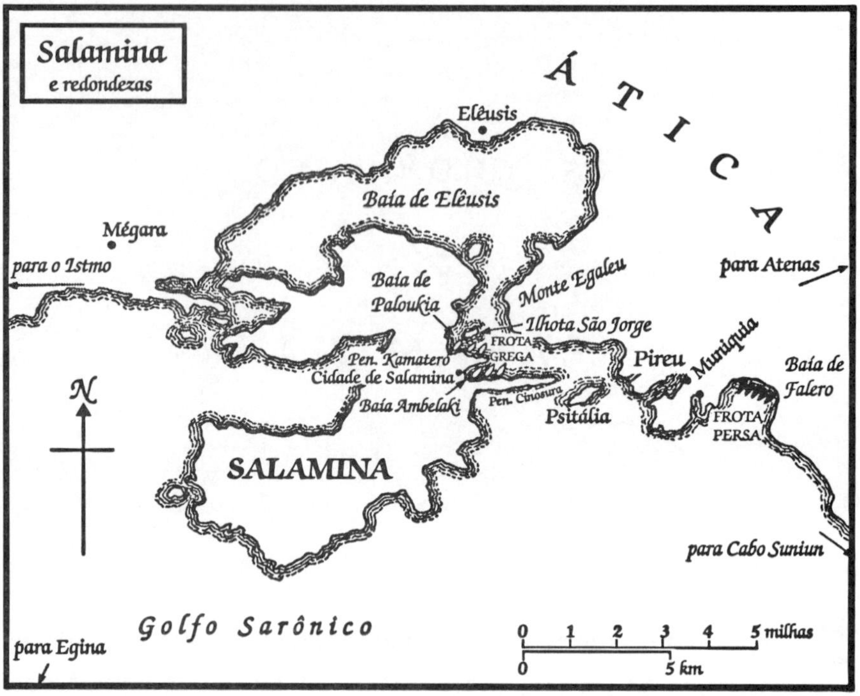

aliados divergentes. Em Salamina as cabras estavam pastando e os gregos se debatiam. O papel de conciliador não era fácil para um espartano, mas também não o era o papel de comandante. Os espartanos eram uma nação de homens de infantaria. A marinha de Esparta era pequena e irrelevante, uma mera concessão ao acidente geográfico pelo qual o território de Esparta se estendia até o mar. Entretanto, como *navarch*, "comandante", Euribíades exercia um poder que lhe teria sido negado em terra. Só um rei podia comandar um exército espartano e Euribíades era um plebeu.

Euribíades era um homem ambicioso, mas um administrador fraco. Até onde podemos dizer, ele não tinha opiniões fortes nem compreensão profunda. Não iria unir os gregos briguentos em Salamina com o açoite. Mas era um patriota e possuía um toque de grandeza de saber quando dar lugar a um homem melhor.

A guerra havia inflado a população de Salamina. Em tempo de paz havia cerca de 5 mil a 10 mil habitantes na ilha. Subitamente, chegaram mais 100 mil a 150 mil pessoas. Isso incluía o pessoal de mais de trezentas trirremes da frota grega, bem como uma grande porção dos refugiados civis de Atenas. E havia momentos nos quais cada grego em Salamina estava em desacordo com os demais. Os habitantes locais, sem dúvida, estavam cansados dos visitantes, mesmo quando os ilhéus menos escrupulosos tentavam espremer algumas moedas extras deles. Os remadores reclamavam dos seus capitães. O comandante de cada contingente de uma cidade-Estado reclamava dos contingentes das outras cidades-Estado. Cada um parecia ter a sua própria estratégia e estava pronto a defendê-la até a morte. Entrementes, os gregos olhavam através do istmo para o interior vazio da Ática e esperavam pelos bárbaros. Por duas semanas as forças persas estavam se movimentando pesadamente, desde o primeiro cavaleiro veloz ao último dos agregados.

"Açoitada pelo mar", como Sófocles chama Salamina, e pobre de terra arável, a antiga ilha, como sua contrapartida moderna, deve ter abrigado pescadores em cada enseada. Toda manhã, pela madrugada, quando a água ainda estava calma e menos propensa a emaranhar suas redes, eles se dirigiam ao mar. Mas mesmo que cada pescador em Salamina dobrasse sua pesca, os ilhéus não poderiam alimentar os emigrantes. Sem dúvida que os atenienses transportavam comida e outros suprimentos para a ilha, mas havia um limite ao que eles podiam fornecer. Nem era prático trazer água potável, que normalmente é rara na Grécia.

Os refugiados tinham razão para estarem assustados, os marujos tinham razão para estarem vigilantes, e todo mundo tinha o direito de estar cansado. Os civis haviam sido desenraizados; o pessoal da marinha estava remando e lutando por mais de três semanas. Durante esse tempo, os marinheiros tinham que consertar os navios, cremar os mortos, treinar manobras e montar uma nova evacuação. E com todos esses trabalhos, a maioria deles havia viajado oitocentos quilômetros ou mais. E ainda havia a grande batalha pela frente.

Isso era Salamina no início da quarta semana de setembro de 480 a.C., um porto transformado em abrigo seguro e um local isolado transformado em base naval. A base grega se localizava em Salamina graças a um estratagema de Temístocles. Depois de Artemísio, quando os atenienses souberam que não haveria nenhuma resistência de infantaria na Beócia, eles pediram a seus aliados que fizessem uma escala em Salamina na direção de Egina, no Peloponeso, ou na ilha de Ceos. Os atenienses precisavam evacuar seu povo da Ática. Depois seria conveniente encontrar seus aliados em Salamina para planejar o novo objetivo da frota. Os aliados concordaram. Enquanto isso, navios de reforço, que não haviam estado em Artemísio, se reuniram em Pogono, perto de Trezena, na parte oeste do golfo Sarônico. Eles também foram para Salamina.

Salamina era inicialmente apenas um ponto de encontro. Nenhum dos aliados havia concordado em combater ali uma batalha. Ao contrário, a manobra óbvia seria deslocar a frota para um porto no Istmo de Corinto. O exército da aliança grega estava se preparando para resistir e certamente fazia sentido ter a marinha por perto.

No final de agosto, os espartanos receberam notícias do desastre nas Termópilas. A lua cheia de 19 de agosto havia marcado o fim dos Jogos Olímpicos, bem como os das Carnéias, um festival espartano. Durante o festival os escrúpulos religiosos, somados aos argumentos dos espartanos moderados, atuaram contra a mobilização em larga escala. Mas agora que já haviam satisfeito os seus deuses, e as Termópilas haviam caído, os espartanos imediatamente reuniram seu exército com força total e marcharam para o Istmo. Ali, reunidos com tropas de Corinto e com mais doze outras cidades-Estado do Peloponeso, bloquearam a estrada principal e começaram a construir uma muralha no Istmo, na sua parte mais apertada, com menos de oito quilômetros de largura. Trabalharam dia e noite na obra, usando pedras, tijolos, madeira e cestos de areia.

Corinto tinha um excelente porto no golfo Sarônico, não longe da muralha, um local chamado Cencréia. É compreensível que os coríntios e outros peloponésios preferissem lutar ali a lutar em Salamina.

Mas a frota estava em Salamina e qualquer movimento pareceria um recuo. Temístocles, que queria lutar em Salamina, sabia disso, do mesmo modo como sabia que as trezentas trirremes de Atenas eram mais da metade da marinha grega. Isso dava muito poder de decisão para o lado de Atenas.

Salamina é uma ilha de dimensões modestas. Tem uma área de cerca de sessenta quilômetros quadrados, menos de 25 vezes o tamanho da Ática. É uma ilha com poucas elevações, cujo ponto culminante é uma colina no sul que se eleva a 320 metros.

Salamina é uma ilha em forma de ferradura, contendo cerca de 100 quilômetros de costa, com seu lado mais baixo no oeste. Perto da costa ocidental da África, Salamina se estende no oeste até Mégara, a cidade-estado entre Atenas e Corinto. Na costa oposta a Salamina, ao norte, entre Mégara e a cidade de Atenas, está a cidade ateniense de Elêusis, onde o mar se abre num golfo. Elêusis era consagrada a Deméter, deusa da agricultura, e sede dos mistérios eleusinos, um ritual anual que oferecia esperança de vida além-túmulo.

No canto nordeste de Salamina está a longa e fina península de Cinosura. Em grego Cinosura significa "rabo de cachorro". Cinosura se projeta no mar, como uma adaga apontada em direção nordeste para o Pireu e a cidade de Atenas logo atrás. Logo a nordeste de Cinosura fica a ilhota de Psitália; juntas, a ilhota e a península bloqueiam a ponta leste do estreito de Salamina do golfo Sarônico. Viajando a leste no estreito, a cinco quilômetros a oeste de Psitália, chega-se a outra ilhota, conhecida hoje como São Jorge. Entre as duas ilhotas, no lado nordeste de Salamina e oposta à terra firme ateniense, existe o porto da antiga cidade de Salamina.

Este porto, hoje conhecido como baía Ambelaki, é um excelente ancoradouro natural. Com cerca de quatrocentos metros de largura na sua embocadura, está sempre calma. A península Kamateró ergue-se para o norte, protegendo o porto do vento norte, enquanto ao sul do porto a península de Cinosura oferece abrigo tanto do vento sul quando das ondas do golfo Sarônico.

Podemos imaginar que, em 480 a.C., parte da frota grega estava baseada na baía Ambelaki. Como cidade clássica, a baía Ambelaki teria um porto para receber navios. Mas a frota era grande e seus navios poderiam também aportar na próxima baía Paloukia, mais ao norte. Abrigada dos ventos pela península Kamateró e pela ilha São Jorge, a baía Paloukia é cheia de praias arenosas, ideal para atracar trirremes.

A mitologia fez de Salamina a casa do rei Ájax, filho de Télamon, um baluarte do exército grego em Tróia. Um homem enorme, Ájax era conhecido como "a muralha". Como herói, Ájax representava o triunfo dos músculos sobre o cérebro, isto é, o oposto do seu arquiinimigo, o ardiloso Odisseu. Embora baseados na ilha de Ájax, os gregos tinham que imitar Odisseu para derrotar a Pérsia. E precisariam transformar suas palavras em ações.

Alguns dos refugiados estavam, sem dúvida, amontoados nas casas e edifícios públicos de Salamina, mas não havia lugar para muitos. Os capitães poderiam ter ficado a bordo dos seus navios, mas uma trirreme era muito apertada para acomodar mais do que cerca da metade de sua tripulação para dormir. Muitos, senão a maioria dos recém-chegados a Salamina, teriam de acampar ao ar livre.

As condições não seriam luxuosas. Em tempos normais, seria considerado escandaloso para um capitão dar folga aos seus remadores para se lavarem nos banheiros públicos, o tipo da coisa que os amoleceria para a batalha. Na emergência de 480 a.C. não havia tempo para tais extravagâncias, e se houvesse um banheiro público, não daria sequer para uma fração dos homens atulhados na ilha.

Os remadores se lavariam no mar ou ficariam sujos. Mas se os atenienses tivessem planejado antecipadamente de forma correta não passariam fome. Como os líderes de Atenas esperavam usar Salamina como base, provavelmente teriam armazenado muito suprimento para a frota grega.

Vinte e duas cidades gregas estavam representadas em Salamina, num total de mais de trezentos navios. Do Peloponeso, seis cidades forneceram navios: Esparta, Corinto, Sicione, Epidauro, Trezena e Hermíone. Da Grécia central, contribuíram com navios Atenas e Mégara, enquanto Ambrácia e Leucas representavam a Grécia noroeste. Das ilhas, havia navios de Cálcis, Erétria e Estira, das cidades-Estado da Eubéia, e de Egina, ilha do golfo Sarônico. Das ilhas Cíclades, enviaram navios Ceos, Naxos, Cítnos, Serifo, Sífnos e Melos. Crotona, na Itália, foi a única cidade grega do leste a participar. Ela mandou uma trirreme, mas sua tripulação podia toda já ter residido na Grécia: refugiados políticos, eles estavam ansiosos para encontrar um patrocínio que os ajudasse a voltar para sua terra e dominar seus inimigos.

Vários desses estados forneceram apenas um pequeno número de navios. Leucas, por exemplo, mandou só três trirremes; Cítnos, Sífnos e Serifos mandaram só pentarremes — duas de Melos, uma de Sífnos e uma de Serifos. Com sua deserção em Artemísio, Lemnos forneceu uma trirreme. Estes números falam eloqüentemente da pobreza financeira e demográfica e da lealdade à causa grega. Platéia, que havia mandado homens para Artemísio para ajudar a completar os remadores das trirremes gregas, não estava representada em Salamina. Depois de Artemísio, os platenses correram para casa para levar seus bens e sua família para a segurança.

Vários desses estados estavam sendo engolfados pela maré persa. Platéia, Cálcis, Erétria e Estira haviam caído. Atenas estava em processo de evacuação, e quando os persas chegassem a Atenas, nada os impediria de tomar Mégara, a próxima cidade-Estado a oeste. Trezena estava atulhada de refugiados atenienses. À exceção de Serifos, Sífnos e Melos, os outros navios das ilhas Cíclades vieram de estados que se haviam submetido aos persas. Os comandantes desobedeceram suas ordens e se juntaram aos gregos.

Mesmo assim, os aliados poderiam ter ficado desapontados com a incapacidade de atrair mais navios para Salamina. Havia uma ausência importante. Os corcireus haviam prometido aos embaixadores da Liga Helênica que lutariam pela Grécia e contra a escravidão. A ilha de Córcira (hoje em dia Corfu) havia lançado sessenta trirremes, uma frota somente menor do que a de Atenas em tamanho. Mas os corcireus mandaram os navios somente até o cabo Tênaro no sul do Peloponeso para não irritar Xerxes — o provável vencedor da guerra, eles estavam certos. Para os gregos eles deram a desculpa dos ventos etésios, o poderoso vento de nordeste que às vezes sopra no outono e impede por completo a navegação.

Havia então a Sicília. Sua principal cidade-Estado era Siracusa, governada em 480 a.C. por um tirano chamado Gelon. A Liga Helênica pedira ajuda a Gelon contra a Pérsia. Ele prometeu um grande número de navios e homens mas pediu um preço alto demais: o comando supremo. Tanto que os embaixadores espartanos e atenienses que foram vê-lo recusaram. Além disso Gelon estava a braços com uma guerra com Cartago. No fim, Gelon mandou só um representante a Delfos, carregando um tesouro que daria de presente a Xerxes se o Grande Rei vencesse.

Os três maiores contingentes em Salamina eram os de Egina, com 30 navios, de Corinto, com 50 navios, e Atenas, com 180 navios, cerca da metade das trirremes da frota grega; Esparta contribuiu com somente 16 navios.

Os gregos tinham 368 navios em Salamina, como uma leitura razoável dos indícios faz concluir. Para citar apenas fontes do século V a.C.: o dramaturgo Ésquilo diz que os números gregos em Salamina "chegavam a trinta dezenas de navios e mais dez navios de elite"; o historiador Tucídides relata uma alegação de que os gregos tinham 400 navios, dos quais dois terços (isto é, 267) eram atenienses. Os números de Ésquilo são imprecisos e poéticos; os de Tucídides também são imprecisos e atribuídos a um orador fanfarrão, cinqüenta anos após a batalha. Os números de Heródoto são melhores, embora problemáticos.

Heródoto diz que os gregos tinham 378 navios, dos quais 180 atenienses. Ele também acrescenta que dez navios persas desertaram para o lado grego, arredondando o número para 380. Infelizmente, quando Heródoto cita os números de navios cidade-Estado por cidade-Estado, a soma chega apenas a 366 navios. Heródoto também especifica que a frota grega em Salamina era maior do que a frota grega em Artemísio, que contava com 333 navios. Presumindo que a soma de Heródoto cidade por cidade é mais precisa do que seu total, pareceria que os gregos tinham 368 navios (366 mas dois desertores) no dia da batalha de Salamina.

Esparta tinha sido escolhida para indicar o comandante da frota aliada, provavelmente na reunião em Corinto, no outono de 481 a.C., quando a Liga Helênica se formou. O comandante natural da frota seria um ateniense, presumivelmente Temístocles, mas os outros gregos se ressentiam do novo poder naval de Atenas e temiam uma demonstração de força dos atenienses. Eles insistiram num comandante espartano ou dissolveriam a frota. Os atenienses aceitaram e o governo espartano nomeou Euribíades.

Egina e Corinto, duas cidades-Estado, provavelmente lideraram a carga contra um comandante ateniense. Egina é uma ilha no golfo Sarônico, ao sul de Salamina, com uma área de cerca de 50 quilômetros quadrados. Localizada a cerca de 30 quilômetros de Atenas, Egina e sua montanha cônica (cerca de 520 metros de altura) são claramente visíveis da Acrópole. Como muitos vizinhos na Grécia antiga, Atenas e Egina eram antigos rivais. Anos mais tarde, Péricles expressou o desprezo habitual de Atenas pelo seu vizinho, descrevendo Egina como "o argueiro no olho do Pireu", referindo-se ao principal porto de Atenas depois de 479 a.C. Argueiros nos olhos, é claro, têm que ser retirados, e no governo de Péricles Atenas esmagou o poder de Egina de uma vez por todas. Em 480 a.C., entretanto, a rivalidade ainda era intensa.

Embora pequena, Egina, antes da época de Temístocles, era um poder naval maior do que o de Atenas. Os eginetas eram um povo marítimo que adotou a tartaruga como símbolo na sua moeda. Por duas décadas antes de 480 a.C., Egina e Atenas tiveram uma guerra muito violenta. Em 490 a.C., na véspera do desembarque persa em Maratona, só a intervenção de Esparta impediu Egina de se juntar aos atacantes contra Atenas. Os dois estados deixaram de lado suas diferenças em 481 na conferência que estabeleceu a Liga Helênica; sem dúvida que o avanço de Atenas na corrida armamentista, decidindo, em 483, construir uma marinha de duzentos navios, encorajou Egina a aceitar a paz.

Corinto sofreu danos mais leves. Rivais tradicionais, Atenas e Corinto haviam evitado uma guerra total. Mas Temístocles não melhorou a imagem de Atenas para Corinto quando arbitrou uma disputa entre Corinto e Córcira a favor desta última. Córcira era uma potência naval e uma antiga colônia de Corinto que tinha pouca simpatia pela cidade-mãe. Olhando mais para o oeste, Temístocles também fortaleceu as conexões de Atenas com as cidades-Estado gregas na Itália e na Sicília.

Nada deste interesse grego pelo oeste poderia agradar Corinto, que havia muito possuía conexões marítimas na zona. Pelas estradas modernas, Atenas e Corinto distam 90 quilômetros. A Corinto antiga era uma cidade opulenta que enriqueceu com o azeite das oliveiras que o seu solo fértil produzia, com seu comércio marítimo e com a prostituição. Abrigando, havia muito tempo, uma tirania que era conhecida pelos seus vícios, Corinto, em 480 a.C., era uma oligarquia que preferia vender o vício aos outros. Os coríntios tinham inveja e suspeita de uma Atenas que uma vez fora atrasada, mas havia superado Corinto, primeiro como centro comercial e recentemente como potência naval.

O comandante coríntio em 480 a.C. era Adimanto, filho de Ocito. Corinto era um aliado de Esparta, mas Corinto amava seus luxos, e Adimanto era sem dúvida mais bem vestido do que Euribíades. Neste particular, ele provavelmente se vestia melhor do que Temístocles. Diversamente de Atenas, os oligarcas de Corinto não precisavam parecer homens do povo. Podemos imaginar Adimanto num elegante manto creme de linho trançado com bordas de púrpura escura. Seu protetor peitoral de bronze sem dúvida continha uma musculatura em relevo. Seu capacete, também de bronze, era feito de uma lâmina única de metal e certamente era trabalhado em estilo coríntio: justo e feito sob medida, com um protetor de nariz e abertura para os olhos. Os lados inferiores do capacete deviam ser decorados com uma delicada borda espiral gravada. O capacete suportaria um golpe sem rachar e o acolchoado interno amorteceria o impacto. Adimanto devia usar um tecido sob suas perneiras para evitar assaduras. Seu escudo devia ser decorado com a imagem de Pégaso, o cavalo alado que era o símbolo de Corinto.

Entre o retorno da sua primeira frota de Artemísio e a chegada dos persas, os atenienses tiveram somente cinco ou seis dias para completar a evacuação. Não sabemos se os navios aliados em Salamina ajudaram os atenienses na evacuação de Atenas ou se eles se imobilizaram e esperaram. Sem dúvida, um fluxo constante de última hora de transporte de gente, bens e suprimentos através do estreito canal da Ática a Salamina ainda estava em andamento quando se ouviram os primeiros ruídos das ferraduras dos cavalos inimigos. De qualquer modo, antes que o inimigo tivesse aparecido, Euribíades chamou os generais dos estados aliados para um conselho de guerra em Salamina. A data era cerca de 23 de setembro.

Uma marinha na qual os comandantes se odiavam cordialmente. Um comandante-em-chefe naval que vinha de um país famoso pelo seu desinteresse por navios. Uma base naval cheia de refugiados que não podiam ser alimentados por muito tempo. Um grupo de aliados que ansiavam por sair da zona de guerra. Era com este material desbaratado que os gregos precisavam forjar uma estratégia para a vitória. Como havia vinte comandantes em Salamina, eles precisavam de um grande espaço para suas deliberações. Presumivelmente se reuniam numa grande casa particular ou num edifício público. Cada cidade grega tinha sua ágora, um espaço aberto no centro da cidade que combinava mercado aberto e foro político. A ágora era geralmente cercada por uma *stoa*, um pórtico coberto que abrigava contra o sol, o vento e a chuva.

Podemos imaginar os generais em Salamina encontrando-se num pórtico coberto da ágora, talvez à vista da estátua do grande ateniense Sólon, discursando para o povo, com seu braço modestamente coberto pelo manto. Talvez eles se encontrassem até mesmo no templo de Ájax, um santuário do grande herói.

É uma questão aberta se os gregos teriam usado seu tempo de lazer para discussões, se houvesse disponibilidade. Os gregos eram tão famosos como debatedores e argumentadores que havia quem duvidasse de sua capacidade para a ação. Ciro, o Grande, da Pérsia, por exemplo, uma vez descartara o exército espartano dizendo que os gregos eram homens que haviam construído um local no centro da cidade onde poderiam praguejar e trapacear, referindo-se à ágora.

Os gregos reunidos em conselho em Salamina teriam a oportunidade de provar que Ciro estava errado, mas teriam que se mover rapidamente. Embora o exército persa completo demorasse das Termópilas até Atenas, eles iriam agir depressa quando chegassem.

Euribíades abriu a reunião pedindo recomendações sobre a estratégia. Qual das terras sob seu controle deveria ser a base para as futuras operações navais contra o inimigo? Ele explicitamente excluiu a Ática, pois os gregos não a estavam defendendo. Uma exposição tão absurda dos fatos deve ter exasperado Temístocles. É verdade que Euribíades não excluía Salamina como base, mas também não a favorecia.

Várias opiniões foram ouvidas, todavia o argumento mais comum era que a frota deveria se deslocar na direção oeste para o estreito de Corinto. Talvez Temístocles tenha argumentado que Salamina não era mais longe do Istmo, cerca de 40 quilômetros, do que Artemísio distava das Termópilas, cerca de 60 quilômetros. Em resumo, os gregos se haviam saído bem em Artemísio. Se Temístocles tratasse do assunto ele ficaria chocado com a reação.

Heródoto relata o ponto de vista majoritário entre os oradores no conselho e aparentemente os peloponésios predominavam. Eles deixaram claro que sua preocupação era menos a serventia de Salamina como base para a vitória do que como ponto de encontro depois da derrota. Se a frota grega fosse batida no Istmo, os marinheiros peloponésios só teriam que nadar até a praia e voltar a pé para casa, se necessário. Se a frota grega fosse batida em Salamina, entretanto, os marinheiros ficariam cercados numa ilha.

Em resumo, os comandantes peloponésios eram derrotistas. Sua atitude sombria aumentou quando um mensageiro ateniense interrompeu o conselho com notícias de que os persas estavam na Ática e haviam incendiado tudo. Pior, eles haviam tomado a Acrópole. Esta última informação, dada pessoalmente, poderia ser confirmada por meio de sinais. A fumaça dos edifícios seria visível das montanhas de Salamina e a cidade poderia ser avistada por um sinal anteriormente combinado, talvez por reflexos de escudos.

O resultado foi o caos. Heródoto o descreve como *thorubos*, um barulho infernal, uma confusão generalizada. Alguns dos comandantes saíram rapidamente. Voltaram para os seus navios e ordenaram que as velas fossem içadas para partir. Os demais permaneceram na reunião e aprovaram uma moção no sentido de combater os persas no Istmo. Em qualquer caso, o resultado era o mesmo: Salamina, o último pedaço de território ateniense independente, devia ser abandonada. Os gregos estavam em pânico, e Xerxes não poderia querer um resultado melhor se o houvesse planejado.

Os comandantes deixaram a conferência e voltaram para os seus navios. Já era noite, dificilmente uma hora normal para se ir a bordo. Os gregos tinham muito o que fazer se deviam ficar prontos para zarpar para o Istmo ao amanhecer — e certamente estavam ansiosos para partir o mais cedo possível. Os armamentos e suprimentos tinham que ser carregados, os equipamentos tinham que ser testados, e havia sempre reparos a serem feitos nos barcos de madeira, especialmente as frágeis trirremes. Os remos se despedaçam, as cordas se rompem, as velas se rasgam, os orifícios para os remos cobertos de couro vazam, os bancos quebram e assim por diante. No século IV a.C. uma trirreme levava trinta remos sobressalentes, o que é um sinal de como era comum os remos se partirem. Normalmente os reparos deveriam ser feitos à luz do dia, e sem dúvida muitos haviam sido feitos depois de Artemísio, mas o tempo gasto ajudando a evacuação dos atenienses diminuíra o tempo disponível para o reparo dos navios. Agora os homens teriam que trabalhar sob a luz mortiça das lanternas portáteis de barro.

Temístocles também retornou à sua trirreme, que provavelmente estava ancorada na baía de Paloukia. Podemos imaginar que, naquele momento, ele estava deprimido. Até os heróis têm instantes sombrios quando seus planos fracassam, e ele sem dúvida havia meditado longamente sobre a estratégia da luta em Salamina. Naquela hora, Mnesífilo subiu a bordo procurando Temístocles. Mnesífilo era um político ateniense, aparentemente um homem mais velho e colega, da região de Deme, que Temístocles conhecera quando jovem. Agora Temístocles era o mais proeminente dos dois. Mas Mnesífilo não era tímido nem temia a controvérsia, como se vê das repetidas tentativas atenienses de votar-lhe o ostracismo (que ele evitou, ao que sabemos). Assim que ele soube por Temístocles o que acontecera no conselho para causar o tumulto na praia, Mnesífilo deu seu conselho.

Mnesífilo disse francamente a Temístocles que ele tinha que convencer Euribíades a mudar de idéia e reabrir o debate sobre a estratégia. Sem dúvida Temístocles já sabia disso, mas precisava ouvir de alguém. E Mnesífilo foi mais além. Se a frota deixasse Salamina, disse ele, desistiria da luta por uma pátria grega única. Uma vez que os navios deixassem Salamina, cada unidade de cidade-Estado cuidaria dos seus próprios interesses e voltaria para casa. Nem Euribíades nem quem quer que fosse seria capaz de reuni-los de novo. Era um argumento astucioso. Criaria um muro entre Euribíades e os outros comandantes, jogando com a arrogância de Esparta. Como Euribíades estava certo da superior virtude de sua cidade, ele suspeitaria o pior das demais.

Em resumo, Mnesífilo sugeria um subterfúgio digno de Temístocles. Era o empurrão de que Temístocles precisava. Ele não disse uma palavra, embora ficasse entusiasmado com o raciocínio de Mnesífilo. Temístocles saiu imediatamente ao encontro de Euribíades no navio capitânia. Podemos imaginá-lo às pressas entre a baía de Paloukia e a baía de Ambelaki, onde a frota espartana provavelmente estava atracada, talvez amarrada ao cais. Quando Temístocles chegou à trirreme espartana mandou avisar Euribíades de que queria falar-lhe sobre assunto de interesse comum. A mensagem foi transmitida por um ajudante ao comandante-em-chefe, que replicou que, se quisesse, Temístocles poderia subir a bordo. O ateniense, como podemos imaginar, subiu a escada de madeira e juntou-se a Euribíades no convés. Ali sentou-se ao lado de Euribíades. Provavelmente sentaram-se na popa, talvez sob uma cobertura de lona, talvez em tamboretes articulados ou no chão de madeira do convés. Eles provavelmente conversaram à luz de lampiões de barro a óleo.

À primeira vista, Temístocles e Euribíades formavam uma dupla desigual. O ateniense tipificava uma sociedade livre e impetuosa, enquanto o país de Euribíades era lento e sóbrio. Todavia, Atenas e Esparta eram ambas grandes potências e ambas inimigas da Pérsia, e sobretudo Temístocles e Euribíades eram ambos patriotas. Embora não possuísse os longos cabelos espartanos, a face de buldogue de Temístocles transmitia a severidade espartana. E enquanto Temístocles tinha um estilo imprevisível, Euribíades era pragmático.

"De todos os homens que conhecemos", disse o ateniense, anos depois, os espartanos "são os mais conspícuos ao considerar o que é agradavelmente honroso e apropriadamente justo." Euribíades sem dúvida achava desagradável reconvocar o Conselho de Guerra, mas seria ainda mais desagradável se apresentar no Istmo sem uma frota coesa. Isto meramente confirmaria o preconceito dos seus compatriotas contra a potência marítima. Seria muito melhor para Euribíades trazer para Esparta uma vitória naval. Euribíades havia aprendido em Artemísio o quanto aquela vitória fora o resultado de ter dado ouvidos aos conselhos de Temístocles.

Então havia Termópilas. Em vez de entregar um centímetro ao inimigo, Leônidas sacrificara sua vida e as dos seus homens. Como espartano, repugnava a Euribíades o simbolismo de rendição que significaria retirar-se de Salamina.

No seu encontro com Euribíades, Temístocles repetiu o argumento de Mnesífilo sem identificar a fonte. Assumindo o crédito, Temístocles glorificou-se e evitou o perigo de Euribíades descartá-lo pelo fato de ser uma linha de raciocínio proveniente de um mero oficial de patente inferior. Temístocles então acrescentou vários dos seus argumentos. Não se sabe o que ele disse, mas Temístocles conseguiu misturar adulação e intimidação na proporção adequada. Euribíades concordou em reconvocar os comandantes.

Provavelmente não era fora de comum para um Conselho de Guerra se reunir à noite, pois os comandantes estavam sobrecarregados durante o dia, especialmente no fim de setembro, quando as horas de luz do sol já estavam diminuindo. Era entretanto extraordinário para um Conselho de Guerra reconsiderar um plano que acabara de ser aprovado. Antes que alguém pudesse levantar uma questão de ordem, mesmo antes que Euribíades explicasse por que havia convocado de novo a sessão do conselho, Temístocles começou a se dirigir aos seus colegas. E Temístocles estava em estado de exaltação.

Adimanto, o comandante coríntio, interrompeu. "Nos jogos, Temístocles, os que começam antes do sinal recebem uma paulada da vara do juiz." Era um insulto astucioso, ao mesmo tempo jocoso e ameaçador de violência.

"Sim", replicou Temístocles em sua defesa, "e os que ficam para trás não ganham a coroa do vencedor."

O que se seguiu foi uma disputa épica entre o ateniense e o coríntio. Egina poderia partilhar o desdém de Corinto por Atenas mas não apoiaria um recuo do Istmo, pois isto deixaria Egina atrás das linhas persas. Então tornou-se uma batalha entre dois oradores. Heródoto, que aprendera com Homero o que era um confronto de egos, sem dúvida alivia a tensão com sua narrativa, mas até um relato neutro revelaria o drama da ocasião.

Como espartano, Euribíades não era um estrangeiro ao confronto de egos em público. Ele via homens competir com todas as armas do arsenal da retórica grega: honra, vergonha, humilhação, humor, dor, ameaça e, logo abaixo da superfície de civilidade, violência — violência que era ainda mais perigosa porque controlada.

Mas os discursos espartanos eram bondosamente curtos e agudos: lacônicos, como a forma preferida de discurso era chamada, por causa da Lacônia, o nome geográfico do território de Esparta. Em comparação, os outros oradores gregos pareciam prolixos. Há um relato segundo o qual durante a reunião um Euribíades frustrado levantou sua bengala e ameaçou golpear Temístocles.

"Bata, mas ouça", disse Temístocles. O espartano sem dúvida apreciou a resposta lacônica: de qualquer modo ele baixou a bengala e deixou o homem falar.

Tendo descartado Adimanto com relativa gentileza, Temístocles dirigiu seus argumentos a Euribíades. No conselho ele nada disse sobre o perigo de a frota se dissolver se deixasse Salamina, pois isso equivaleria a acusar os colegas de traição, face a face — um insulto mortal. Em vez disso, ele enfatizou as vantagens da luta em Salamina.

No Istmo, disse Temístocles, eles teriam que lutar uma batalha naval "ao largo, em mar aberto". Isso seria prejudicial aos gregos, pois mesmo que os gregos vencessem um confronto, os persas voltariam e os cortariam em pedaços com seu número. Em contraste, continuou Temístocles, seu plano armava um cenário para uma batalha naval no estreito, onde os persas não poderiam valer-se da sua superioridade numérica.

"Lutar uma batalha no estreito é bom para nós e no mar aberto é bom para eles", foi como ele explicou de modo bem claro. Lembrou aos generais as mulheres e crianças atenienses em Salamina, jogando assim com suas emoções. E insistiu que os persas não avançariam no Peloponeso a menos que os gregos os atraíssem para lá. Finalmente, Temístocles lembrou que o oráculo prometera vitória em Salamina — sem dúvida aludindo ao debate em Atenas sobre o significado da resposta do oráculo. Terminou lembrando aos seus colegas que os deuses ajudam a quem se ajuda.

O argumento de Temístocles sobre a necessidade de navios mais pesados para lutar no estreito não era pouca coisa. Se Atenas havia construído suas novas trirremes propositadamente pesadas, então ela precisava lutar em espaço reduzido onde não havia possibilidade de serem derrotadas por navios menores, mais leves e mais velozes, e de preferência lutar com vento moderado, que balança os navios menores e quase não afeta os navios pesados. Daí a insistência de Temístocles em lutar em Salamina. O estreito de Salamina era apertado, e como ficou claro naquele momento, tinha ventos favoráveis.

Os acontecimentos demonstrariam que Temístocles foi um profeta sobre uma batalha naval no estreito. E ele estava certo quanto ao mar aberto fora do Istmo: nem se poderia comparar com o espaço fechado do estreito de Salamina. Mas Temístocles estava errado sobre o avanço dos persas no Peloponeso, pois a Pérsia estava pronta para avançar sem qualquer encorajamento dos gregos em Salamina.

Adimanto tinha o direito de se orgulhar do desempenho guerreiro de Corinto pela causa grega. Como Xerxes não tinha contendas com Corinto, os coríntios poderiam decidir se "medizar". Em vez disso, seus homens lutaram em todas as principais batalhas da guerra, enquanto suas mulheres rezavam aos deuses, não para que seus rapazes voltassem para casa, mas que deixassem seus guerreiros vencer.

Mas Adimanto perdeu a oportunidade de refutar o raciocínio imperfeito de Temístocles. Em vez disso insultou-o. Adimanto disse a Temístocles que ficasse em silêncio porque não tinha pátria. Então o coríntio voltou-se para Euribíades e insistiu que Temístocles não tivesse voto pois era um homem sem país. Que Temístocles conseguisse uma cidade para ele antes de dar mais conselhos.

Temístocles agora estava furioso, ou fingia estar. Ele voltou-se ao comandante eretriano que tentara refutá-lo, "o que *você* está argumentando sobre guerra? Vocês são como lulas, sem casca e sem tripas". Temístocles se referia tanto à anatomia quanto à numismática: os moluscos têm um bico e um vestígio de casca interna, e Erétria usava o símbolo do polvo (da mesma família da lula) na sua moeda.

Adimanto involuntariamente despertara simpatia para o ateniense com seus comentários grosseiros. Temístocles transformou a emoção em temor. Depois de abusar de Adimanto e de Corinto, ele lembrou aos seus colegas que, com duzentas trirremes totalmente armadas, Atenas era uma cidade melhor do qualquer outra no conselho. De fato, nenhuma cidade na Grécia poderia se defender contra um ataque ateniense.

Então ele se virou para Euribíades. *Se ficar aqui*, disse Temístocles,

> você será um homem de coragem e honra. Se não, você destruirá a Grécia. Pois os navios carregam todo o peso da guerra para nós. Lembre-se bem de minhas palavras. Se você não fizer o que eu aconselho, colocaremos nossas famílias nos navios e os levaremos para Siris, na Itália, que é nossa possessão há muito tempo, e os oráculos dizem que estamos destinados a estabelecer ali uma colônia.

Temístocles jogara sua última cartada. Ele ameaçara liderar Atenas no que poderia se chamar a opção focense: deixar a Grécia e realocar-se no sul da Itália. Heródoto acredita que foi a credibilidade desta ameaça que fez Euribíades mudar de opinião. O espartano sabia que sem os navios de Atenas os gregos não poderiam enfrentar a frota persa. Assim, Euribíades concordou.

Aparentemente Euribíades tinha o poder de mudar o voto do conselho, pois foi o que ele fez. Decidiu que a frota ficaria em Salamina e que lutaria no mar. "Eles haviam torneado com palavras sobre Salamina", diz Heródoto, e então Euribíades ordenou aos comandantes que se preparassem para lutar com seus navios. Eles obedeceram, mas sem o entusiasmo que se seguiria se houvessem votado a favor da decisão. O único voto registrado era por uma retirada pelo Istmo, e ficava em aberto a questão sobre se os outros gregos continuariam a obedecer o decreto do seu comandante-em-chefe.

Era a alvorada por volta de 24 de setembro. Heródoto supõe que o conselho havia durado toda a noite ou sua maior parte. Haveria muito pouco tempo para qualquer comandante dormir. A noite de drama foi substituída pelo choque final da luz do dia. Cerca de uma hora depois da alvorada sentiu-se um terremoto em terra e no mar. Os gregos viram nisto um sinal dos céus. Os comandantes decidiram rezar aos deuses e invocar os filhos — isto é, os descendentes — do herói Éaco, para lutar ao seu lado. Na mitologia grega, esses descendentes incluíam Ájax e seu pai, Télamon: presume-se que os gregos rezaram no templo de Ájax em Salamina. Infelizmente, os outros filhos bem como o próprio Éaco estavam representados por estátuas no templo de Egina, a dez quilômetros. Os gregos imediatamente mandaram um navio para trazer as estátuas.

Assim, a batalha de Salamina, a batalha acidental, a batalha que quase não aconteceu, a batalha pela Grécia, à qual muitos dos gregos foram levados contra a sua vontade — a batalha agora estava pronta a se travar. Isto é, assim disse a Liga Helênica, ou pelo menos parte dela. Os persas, entretanto, ainda não haviam usado o peso da sua força. Tudo agora dependia do que eles decidissem fazer.

A ARMADILHA

CAPÍTULO CINCO

FALERO

Ela está envolta numa esvoaçante túnica de linho púrpura. De sua pele exala um perfume de óleo de íris. As faces foram avermelhadas com cinabre e as sobrancelhas, tingidas de negro. O cabelo, penteado para trás, é apanhado no alto num caprichado coque sustido por fitas vermelhas.

Nas orelhas, no pescoço, nos punhos e nos dedos brilham jóias de ouro. Ela traz brincos de apurado requinte, um colar com pingentes finamente trabalhados e duas pulseiras abertas com a imagem de um antílope na extremidade. São três os anéis de ouro: um deles tem um sinete de ágata reproduzindo uma cabeça de mulher; outro, uma incrustação de delicada figuração floral; e um terceiro, de ouro e calcedônia, mostra a imagem de um soldado persa recostado na lança. Há também alguma coisa de soldado em seu porte, como se quisesse evocar o bronze e o ferro que aqui são proibidos nas reuniões com o Grande Rei. Em combate, usando peitoral e capacete e portando foice e punhal, ela parece uma deusa armada.

É uma mulher que, podemos imaginar, conhece e ama os homens e quer ter poder sobre eles. Há muito se acostumou à idéia de sua própria fragilidade e inteligência. Uma vida inteira de experiência ensinou-a a ocultar a sagacidade por trás da lisonja e da sedução. Tem a poesia no sangue e a paixão na fibra. Seu irmão Pigres escreve versos épicos em grego, e em eras posteriores seria contada a história de seu salto para a morte ao ser rejeitada por um amante, mas só depois de tê-lo atacado no sono e arrancado seus olhos. Nela, combinam-se a astúcia de Palas Atena e a sedução de Afrodite. Por trás, toda a ambição de Hera, a rainha do Olimpo.

Em qualquer grupo de homens, podemos imaginar que ela se sinta atraída pelos mais poderosos. Ao ver um homem dotado de autoridade, seus olhos brilham com o reflexo de sua glória. Ela lhe fala com palavras que repetem as suas, mas com a beleza e a juventude renovadas. Canta os seus encantos nas harmonias das musas, e consegue o que quer ao acabar a canção. E por maior que seja, sua ambição não é presunçosa.

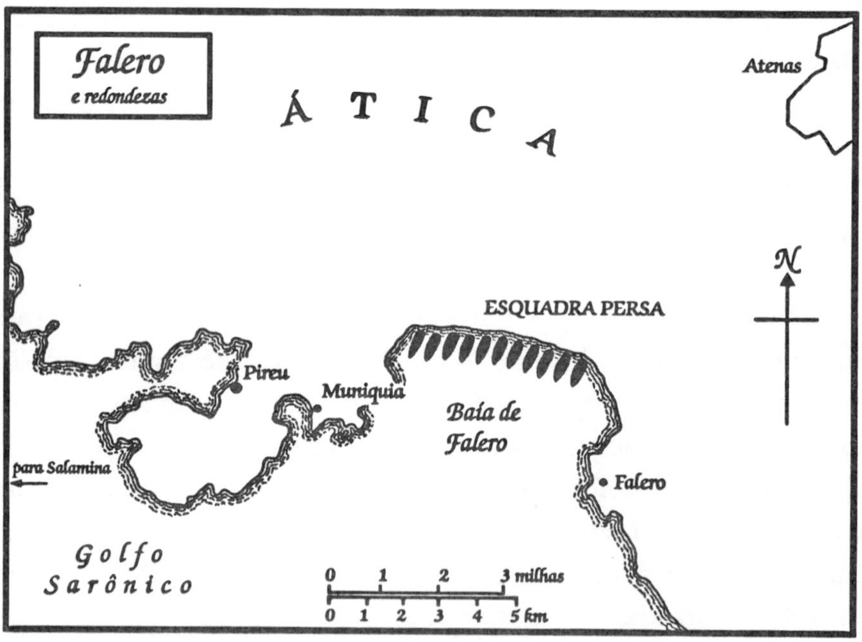

Lidando com homens menos fortes, como sabemos, ela prefere a força, sobretudo quando ele ousa desafiá-la. Firme e corajosa, tem fama de guardar rancor e uma tendência para resolvê-lo na espada — desembainhada em seu nome, naturalmente, por um homem.

Embora deseje a vitória da Pérsia, seu objetivo principal é exaltar sua cidade aos olhos de seu soberano, Xerxes. Se puder atingir esta meta ajudando-o a obter uma vitória sobre a Grécia, tanto melhor, mas se o objetivo for melhor servido consolando-o na derrota, ela não hesitará em fazê-lo vacilar.

Entre todos os marinheiros do Grande Rei, nenhum se compara a ela. Ela comanda um contingente de navios de Halicarnasso e outras cidades da Cária, uma região do sudoeste da Anatólia. É a rainha de Halicarnasso: seu nome é Artemísia.

Não eram tão raras assim no Oriente Próximo as rainhas no trono, mas efetivamente eram excepcionais as rainhas guerreiras. Havia 150 mil homens na esquadra persa em Falero, e Artemísia era a única mulher entre eles. Ela não era uma raridade apenas na Pérsia; é também uma das poucas comandantes navais do sexo feminino em toda a história.

E Artemísia não era uma guerreira qualquer. "Não me faltou coragem nas batalhas navais ao largo da ilha de Eubéia nem se pode dizer que nelas os meus feitos tenham sido medíocres." Assim se apresentava Artemísia em Falero. Heródoto ficou fascinado: "Causa-me estupor sobretudo que uma mulher combatesse contra a Grécia", escreveu.

Nesse dia, por volta de 24 de setembro, 480 a.C., a argúcia de Artemísia seria testada. Ela teria de enfrentar o Grande Rei num conselho naval, sozinha frente a todos os outros comandantes.

Xerxes, o Grande Rei, o Rei dos Reis, "o rei" — segundo suas próprias inscrições — "de cada país e cada língua, o rei de todo o planeta, o filho do rei Dario, o aquemênida, um persa, filho de um persa", não costumava locomover-se até o litoral para visitar uma base naval. Proclamando-se "único rei a dar ordens a todos os outros reis", tampouco se prestava a tomar conselhos com os monarcas secundários que governavam este ou aquele recanto de seu reino, e muito menos com os comandantes de sua armada. E no entanto, perto daquele 24 de setembro, foi exatamente o que Xerxes fez.

Um dia depois de saquear a Acrópole, Xerxes percorreu uma distância de aproximadamente cinco quilômetros, de Atenas à baía de Falero. Seu objetivo era visitar pessoalmente a frota e reunir um conselho de guerra. Não teria assumido o risco político de expor a tanta luz o mistério de sua majestade se não tivesse bons motivos. E efetivamente tinha. Mas é o que veremos logo adiante. Vejamos, antes disso, por quem foi recebido.

Tendo-se acomodado Xerxes, os déspotas dos diferentes povos representados na esquadra e os comandantes tomaram seus lugares. Sentaram-se de acordo com a ordem hierárquica para eles estabelecida por Xerxes, começando por dois reis fenícios, seus aliados navais preferidos. Depois dos fenícios vinham reis, príncipes e comandantes de três continentes: cipriotas e egípcios, macedônios e cilícios, jônios e dórios, lícios e ilhéus do Egeu. A esquadra tinha quatro comandantes, todos persas, entre eles dois irmãos de Xerxes. A cena parecia um friso em alto-relevo das paredes de um dos grandes palácios persas: os mais diversos principezinhos das diferentes províncias, ostentando seus costumes nativos e o olhar basbaque, vinham todos prestar serviço. E entre eles, uma rainha.

Artemísia governava a cidade de Halicarnasso, na Cária, assim como as ilhas próximas de Cós, Calimno e Nisiro. Herdara o trono do falecido marido — cujo nome não é conhecido —, que governara sob a suserania do imperador persa. Os cários haviam mandado setenta embarcações para o Helesponto; não sabemos quantas delas conseguiram chegar a Falero. Embora Artemísia comandasse apenas cinco navios, só era menos reputada que os fenícios na marinha persa.

Artemísia já tinha então um filho de 20 anos. Poderia tê-lo mandado na expedição de 480 a.C. e ficado em casa, mas preferiu combater. Tinha, no dizer de Heródoto, "uma vontade de homem". Considerando-se que no mundo antigo a maioria das mulheres se casava muito jovem,

Artemísia provavelmente tinha quase 40 anos em 480 a.C. Seus súditos eram uma mistura de gregos e cários, como ela própria: seu pai, Ligdamo, era cário; sua mãe, de nome desconhecido, era originária da ilha grega de Creta. O nome Artemísia é grego e muito comum, derivado de Ártemis, a deusa da caça. Na Cária havia também o povo dos léleges, de origens obscuras, e homens de nomes persas, talvez colonos.

A cidade de Halicarnasso tem um esplêndido porto natural, cuja entrada é protegida por uma ilha. Montada numa colina, a cidade parece um anfiteatro natural. Imaginemos Artemísia subindo e descendo a ladeira íngreme, carregada numa liteira. Da Acrópole, podia ver nitidamente a distância o contorno da ilha de Cós, longo e impressionante litoral acidentado.

Halicarnasso pode ter sido colonizada pelos belicosos dórios, e talvez contasse com um excelente porto militar, mas a cidade não tinha um espírito marcial. O calor, a umidade, as águas frescas, o verde suave da vegetação, o cantar dos pássaros e os lagartos contribuíam para a sensação geral de exultação. Abraçada pelo mar e as montanhas e tendo no horizonte apenas as ilhas gregas e o azul do Egeu, a antiga Halicarnasso era rica, feliz e opulenta.

Os súditos de Artemísia eram bons marinheiros e soldados: diz a lenda que ao rei Minos de Creta mandavam navios em vez de impostos, e em tempos históricos atuaram como mercenários sob o comando dos faraós egípcios. Embora em 480 a.C. o contingente de Halicarnasso fosse de apenas cinco navios, eles eram tidos em alta conta por Xerxes — ou pelo menos é o que diz Heródoto, nativo de Halicarnasso, apesar de adversário da dinastia de Artemísia.

Era necessária muita habilidade política para governar os diferentes povos da Cária, para não falar da necessidade de guardar lealdade ao suserano persa. Halicarnasso era uma cidade multicultural no território fronteiriço entre os gregos e os bárbaros. Muito tempo depois de Atenas ter declarado sua independência artística do Oriente Próximo e inventado o idioma europeu, Halicarnasso ainda sofria a influência dos padrões artísticos daquela região. Em Halicarnasso abriu-se o caminho marítimo para a Grécia, mas também o caminho terrestre para a Pérsia. Ali, ouvia-se vibrar o solo da Ásia central, mas se respirava o ar marinho do Mediterrâneo.

Visualizemos Artemísia em seu navio capitânia, sentada sob uma tenda de lona no convés da popa, única mulher numa embarcação cheia de homens armados. Provavelmente era mais baixa que a maioria dos companheiros, mas talvez não muito, pois os aristocratas se alimentavam melhor que as pessoas comuns. Artemísia era comandante até a raiz dos cabelos. Só uma mulher firme e decidida poderia estar onde ela estava. Posta contra a parede, ela não recuava. Na concentração dos navios de guerra persas no Helesponto em maio, por exemplo, ela não se eximira de um confronto com outro capitão da Cária, Damasítimo, filho de Candaules, rei da cidade de Cálidon, a sudeste de Halicarnasso. Dizia-se que ainda havia rancor entre eles.

A julgar não só pelo ano de 480 a.C. mas também por sua história subseqüente, Halicarnasso sentia-se muito mais à vontade em ser governada por uma mulher do que jamais se sentiu a Grécia continental. No século IV a.C., as poderosas rainhas Artemísia II e Ada também governaram em Halicarnasso. Estátuas dessas rainhas foram erguidas ao lado das estátuas de seus maridos, tanto em Halicarnasso quanto no santuário internacional de Delfos.

Se os homens de Halicarnasso estavam dispostos a ser comandados por uma mulher, nem por isso os persas fariam necessariamente o mesmo. Na verdade, a sociedade persa não impunha às mulheres tantas restrições quanto a sociedade grega e especialmente a ateniense. Mas a Pérsia não era nenhum paraíso de igualdade. As mães, por exemplo, recebiam assistência alimentar para os recém-nascidos, mas a ração era dobrada no caso das que tinham filhos homens. Heródoto informa que os homens persas mostravam seu valor no campo de batalha combatendo com denodo e na cama gerando muitos filhos.

Para os persas, portanto, a idéia de uma mulher comandante era um contra-senso. Mas ainda assim Artemísia comandava uma esquadra.

Vemos com isto até onde ia sua ascendência sobre Xerxes, mas também o valor de sua figura como elemento de propaganda. Integrando-a à marinha, os persas proclamavam que até uma mulher era capaz de enfrentar os afeminados gregos. Os atenienses foram devidamente insultados. “Ficaram indignados com o fato de uma mulher estar guerreando contra Atenas”, escreve Heródoto. Ordenaram a seus capitães que capturassem Artemísia viva, oferecendo para isso recompensa de 1.000 dracmas (três anos do salário de um trabalhador). Setenta anos depois da invasão persa, Artemísia ainda era invocada como símbolo da mulher arrogante em *Lisístrata*, a obra-prima do teatro cômico de Aristófanes. E uma estátua representando-a foi incluída numa galeria dos odiados inimigos erguida em Esparta depois das guerras persas.

É provável, portanto, que a Xerxes não tenha passado despercebido o simbolismo da presença de Artemísia em Falero. Segundo Heródoto, ele também devia valorizar seus conselhos, pois eram os melhores que podia obter de um subordinado. Mas um bom aconselhamento não era o principal objetivo de Xerxes em Falero. A reunião que ali se realizava era menos uma preparação estratégica do que um comício. A decisão de combater em mar aberto já fora tomada, e Xerxes queria simplesmente apor-lhe o selo de sua própria presença.

Seus bajuladores devem tê-lo cumprimentado pelo resultado da batalha de Artemísio. Afinal de contas, a frota ateniense voltara para casa depois do confronto com metade das naus danificada. Mas o Grande Rei não se deixava enganar. Em sua avaliação, seus homens haviam combatido mal em Artemísio. E ele sabia o motivo: sua própria ausência. Se o rei estivesse presente em Artemísio, seus homens teriam dado o melhor de si. Teriam sido inspirados por seu carisma, estimulados por suas recompensas e aterrorizados por seus castigos.

Xerxes percebera algo essencial a respeito do exército e da marinha persas: em ambos os casos, não havia muitos incentivos para o cumprimento do dever, a não ser para fazer boa figura diante do chefe. Donde sua determinação de estar presente em Salamina e, no fim das contas, em

Falero. Com isso, queria demonstrar seu envolvimento pessoal com a guerra no mar. Não que se dispusesse a embarcar numa trirreme em plena batalha: a vida do Grande Rei era preciosa demais para ser arriscada no mar. Ele preferia observar do litoral, de onde era possível divisar boa parte da ação.

Em Falero, Xerxes estava menos em busca de conselhos que de aquiescência. Ao contrário dos gregos reunidos em conselho a cerca de oito quilômetros dali, em Salamina, os comandantes persas não foram estimulados em Falero a falar livremente. Na verdade, sequer tinham autorização para dirigir a palavra a Xerxes. Cada um deles foi entrevistado pelo primo e principal conselheiro militar do imperador, Mardônio, filho de Góbrias, que se encarregava de transmitir-lhe suas opiniões.

A baía de Falero é um excelente porto natural, orlada de praias arenosas. Ela forma um semicírculo, abrigada dos ventos entre a colina de Muniquia (cerca de 90 metros de altura) a noroeste e, a sudeste, a planície ao pé dos contrafortes dos 16 quilômetros da serra de Himeto; seu ponto mais alto, o monte Himeto, alcança mil metros de altura. Na extremidade oriental do semicírculo da baía de Falero está a cidade de Falero, pequena comunidade marítima, projetando-se sobre o mar num promontório suave. Num dia do fim de setembro, as águas turquesa da baía de Falero brilham sob um céu azul que, no início do outono, não raro é toldado por nuvens. Uma brisa geralmente sopra sobre o mar.

A colina de Muniquia, consagrada a Ártemis, servia de excelente fortaleza, proporcionando ampla vista da terra e do mar. O tirano ateniense Hípias empreendia a fortificação de Muniquia ao ser forçado a se exilar em 510 a.C. Em 480 a.C., os persas certamente instalaram uma guarnição em Muniquia. A serra de Himeto era famosa por seu doce e claro mel de tomilho e pelo mármore azulado. Zeus era adorado na montanha.

A esquadra persa estivera fundeada em Falero por cerca de duas semanas. Grupos de navios provavelmente eram conduzidos à praia um após o outro, sendo puxados com cordas sobre toras engorduradas. Na areia, as embarcações eram consertadas ou ficavam secando; senão, ancoravam a pouca distância, com a popa quase tocando a praia. Os homens certamente acampavam perto dali.

Toda a linha do litoral certamente estava cheia de navios e marinheiros. Numa reconstituição plausível com base na disposição final da batalha, os fenícios controlavam a extremidade ocidental da praia, os egípcios estavam no centro e os jônios e os cários ancoravam do lado oriental.

Durante as semanas passadas em Falero, os homens consertavam as trirremes. Toda embarcação ou pelo menos cada uma das esquadras devia dispor de suas próprias ferramentas. Podemos ter uma idéia dos instrumentos então usados graças a uma caixa de madeira encontrada numa embarcação bizantina, contendo martelos, cinzéis, goivas, perfuradores, brocas, limas, facas, um machado, uma serra, uma sovela, um enxó e uma pua. Além de tomar conta dos navios, os homens cuidavam das próprias feridas, lamentavam os companheiros desaparecidos, faziam manobras, curtiam o ressentimento do fracasso em Artemísio, espiavam as rotas marítimas e os preparativos do inimigo, tentavam encontrar algum butim, pensavam no pessoal em casa, reclamavam da comida, ensinavam aos outros algumas palavras de sua língua, apostavam em rinhas de galo, alternavam-se junto às mulheres que freqüentavam o campo ou se viravam com meninos, fofocavam, vangloriavam-se, pensavam na vida e rezavam para seus respectivos deuses. Até que, na véspera, exultavam ao verem as chamas da vingança sendo disparadas da Acrópole ateniense.

Na noite anterior ao conselho do Grande Rei em Falero, um cheiro de templos incendiados e deuses enfurecidos percorrera o ar — suficiente, talvez, para alarmar os supersticiosos, sempre numerosos a bordo de um navio —, ao se ouvir o lamento noturno das corujas do templo de Palas Atena. Naquela manhã, eles acordaram com um terremoto, que pode ter aumentado o clima de assombro religioso. Os tementes a Deus talvez ficassem aliviados se soubessem que naquela mesma manhã Xerxes ordenara que os exilados atenienses de sua tropa se dirigissem à Acrópole para fazer a paz com os deuses locais. Os aquemênidas não haviam conquistado um império multiétnico fazendo a guerra santa.

O conselho em Falero certamente começou com uma oração. Em seguida, Mardônio passou a consultar um após o outro cada comandante, começando pelo rei de Sídon. Todos disseram o que Xerxes queria ouvir: chegara o momento de uma batalha naval. A esquadra estava pronta; os homens, ansiosos. Estava na hora de esmagar os gregos em Salamina e vencer a guerra. Houve apenas uma voz discordante: a de Artemísia. Talvez só mesmo uma mulher pudesse dizer o que pensava sem enfurecer os outros.

Seja como for, ela recomendou a Xerxes que não entrasse em combate. E não mediu suas palavras: "Poupe os navios. Não combata em mar aberto. Os gregos são tão superiores a nós no mar quanto os homens são superiores às mulheres." E lembrou a Xerxes que já atingira seu principal objetivo, que era conquistar Atenas.

Xerxes com certeza sabia que não era exatamente assim: sim, ele pretendera tomar Atenas, mas sua maior meta era na verdade conquistar toda a Grécia, e o Peloponeso continuava livre. Além disso, os atenienses e sua esquadra haviam escapado. Admitindo tacitamente que nesses pontos ele estava com a razão, Artemísia recomendou um ataque terrestre contra o exército grego no Istmo. Ela estava convencida de que, nesse meio-tempo, a esquadra grega deixaria Salamina, dispersando-se por seus diferentes portos. Em Salamina, os gregos estavam divididos, e além do mais ela ouvira dizer que enfrentavam escassez de cereais.

Se os persas forçassem uma batalha naval em Salamina, disse Artemísia, ela temia não só uma derrota no mar mas a ruína do próprio exército de terra. Para encerrar, não hesitou em externar sua opinião sobre os próprios colegas. Disse ela a Xerxes: "Os homens bons têm escravos maus e os homens maus têm escravos bons; como és o melhor de todos os homens, vossos escravos são muito ruins." Artemísia deu nomes: os egípcios, os cipriotas, os cilícios e os panfílios não valiam nada.

Artemísia deve ter precisado de muita coragem para falar com tanta franqueza, e não faltará quem duvide da veracidade de Heródoto. Mas ele se diz perfeitamente consciente da dureza dessas palavras, frisando que os amigos de Artemísia temiam que custassem a vida à rainha, pois Xerxes as tomaria como um insulto. Com típico realismo grego, Heródoto também relata o prazer experimentado pelos inimigos de Artemísia com suas observações, pois se ressentiam do papel de destaque que lhe era conferido por Xerxes e consideravam que agora ela estava acabada. Na verdade, Xerxes declarou-se mais reconhecido que nunca por suas excelentes observações, mas recusou seus conselhos. Ele haveria de combater no mar.

Podemos supor que Artemísia era autoconfiante demais para temer pela própria vida. Nem terá ficado surpresa por não ter convencido o Grande Rei. Ela estava suficientemente familiarizada com os meandros da política para saber que Xerxes já tomara uma decisão antes de chegar a Falero. Mas talvez já estivesse pensando no mundo do pós-guerra. Se a Pérsia fosse derrotada no estreito de Salamina, como esperava, seu prestígio aos olhos do Grande Rei aumentaria muito. Era um risco digno de uma rainha.

Xerxes provavelmente não se deu ao trabalho em Falero de examinar atentamente as recomendações de Artemísia. Se o tivesse feito, teria verificado que suas recomendações eram boas mas incompletas. Além de combater em Salamina ou ficar esperando em Falero, a Pérsia tinha uma terceira alternativa: uma ofensiva conjunta por terra e mar no Istmo.

O istmo de Corinto é uma região acidentada e montanhosa que na parte mais estreita tem uma extensão de cerca de oito quilômetros. Os gregos poderiam bloquear as poucas vias e confinar os atacantes persas em percursos montanhosos e ravinas. Mas não dispunham de tempo para erguer muralhas altas e sólidas. Ainda que trabalhassem noite e dia, conseguiriam construir apenas paliçadas de madeira e obstáculos de pedras empilhadas. Numa investida decidida, os persas poderiam ultrapassar e mesmo derrubar as defesas aqui e ali.

Na verdade, os combates no Istmo seriam encarniçados. Mas os persas poderiam dobrar suas chances de sucesso se desembarcassem tropas na retaguarda grega, cercando o inimigo. Poderia ser uma outra Termópilas.

Para levar a efeito o cerco, os persas teriam de transferir sua esquadra de Atenas para o Istmo. Havia disponibilidade de um bom porto em Cencréia, cidade coríntia do golfo Sarônico, próxima da muralha. Mas não seria fácil desembarcar em Cencréia, pois a costa certamente estaria tomada pelas tropas gregas.

Além disso, a esquadra grega podia ver a partida dos persas de Falero e deixar por sua vez Salamina para segui-los até Cencréia. Nenhum dos dois campos se arriscaria a combater em mar aberto, onde os sobreviventes não poderiam nadar para se salvar; as marinhas de trirremes sempre preferiam dar combate com o litoral à vista. Uma vez que os persas se aproximassem de Cencréia, no entanto, se os gregos atacassem haveriam de obrigá-los a combater frente a um litoral controlado pelo inimigo, pronto para capturar ou matar qualquer persa que conseguisse chegar a nado.

Em suma, seria arriscado para a Pérsia transferir sua esquadra para Cencréia, o que talvez explique que a possibilidade não tenha sido mencionada por Artemísia. Sem a esquadra, todavia, os persas teriam pela frente no Istmo uma batalha quase tão difícil quanto nas Termópilas. Teriam de enfrentar oito mil espartanos, em vez de trezentos. Não era propriamente uma perspectiva animadora para Xerxes.

A alternativa seria furar o bloqueio da esquadra grega em Salamina. O que significava esperar por traição ou colapso da parte dos gregos ou então entrar em confronto aberto. Os persas certamente já estavam à caça de possíveis traidores gregos. Como podiam atacar qualquer esquadra que tentasse reabastecer-se em Salamina, praticamente tinham a ilha sob cerco. Mas o tempo não corria a favor da Pérsia.

Em Atenas, no fim de setembro, a luz do dia dura aproximadamente doze horas. Os dias são mais curtos que no verão, e no céu noturno as estrelas mudam de posição. Aqui e ali podemos inclusive deparar com uma folha caída. Ao cair do dia nas colinas, sopra muitas vezes uma brisa forte. Em certas noites, ela se transforma num vento frio. Acampados sob o céu estrangeiro de Atenas, muitos persas pensavam acaso na mudança de estação. Estavam no outono, e logo chegaria o inverno.

A temporada náutica no antigo Mediterrâneo era curta, especialmente para as trirremes. Tão frágeis quanto rápidas, as trirremes podiam desintegrar-se em águas turbulentas. Convinha-lhes mais navegar entre maio e outubro, de preferência nos meses de verão. No fim de setembro, já era tempo de a esquadra persa voltar para seus portos de origem.

E eles precisavam comer. Os gregos haviam levado da Ática todos os alimentos possíveis, embora certamente restasse sempre alguma coisa para os famintos: frutas nas árvores, água nas fontes e cisternas, e pássaros e coelhos nos campos. Ainda assim, os persas tiveram de levar para a Ática o essencial de seus suprimentos. O transporte por terra era lento e dispendioso, e o abastecimento devia portanto ser feito por mar. Como as trirremes eram muito leves para suportar o peso das cargas, os persas levaram seus alimentos numa flotilha de barcos de aprovisionamento. Eram eles os *akata* gregos, embarcações de tamanho médio e casco pontudo movidas a remo por cerca de trinta a cinqüenta homens, e os *gauloi* fenícios, veleiros maiores e de casco arredondado. Algumas das embarcações persas de aprovisionamento haviam sido perdidas nas tempestades de agosto, mas não todas, e outras podem ter chegado em comboio com os reforços de trirremes provenientes da Grécia.

Numa estimativa moderna, concluiu-se que os persas precisariam de no mínimo 84 embarcações de aprovisionamento em constante percurso entre a Ática e os armazéns na Macedônia para alimentar seu exército e sua marinha em Falero. Nem mesmo os experientes burocratas do Grande Rei teriam como proporcionar com facilidade um tal apoio logístico, mas é possível que acabassem conseguindo. Talvez o segredo fosse podar aqui e compensar ali de acordo com as necessidades do momento. O resultado é que os remadores talvez ficassem com fome em Falero, incapazes de exercer a força necessária durante as batalhas. Mas é apenas uma especulação.

Os persas não podiam ficar esperando eternamente em Falero. Certamente contemplaram a possibilidade de desembarcar tropas em Salamina e investir contra os navios gregos. Existem bons ancoradouros no litoral ocidental da ilha, e é curto o caminho por terra em direção às posições gregas a leste. Mas os gregos certamente mantinham guarda com homens armados em todos os pontos de desembarque. Outra possibilidade seria construir uma ponte sobre a extensão de um quilômetro e meio de largura do canal de Salamina, levando os guerreiros a percorrê-la a pé, exatamente como os persas haviam feito no Helesponto. Mas os sete metros de profundidade do canal de Salamina teriam dificultado muito a empreitada, mesmo com o controle do mar. Enquanto a marinha grega estivesse ao largo, seria necessária uma batalha naval para proteger os construtores, o que mais uma vez defrontava os persas com a necessidade de combater no mar.

Isso, por sua vez, aumentava a pressão para que os diplomatas da Pérsia encontrassem um traidor grego, e também para que os recrutadores e agentes persas arrebanhassem mais homens e navios. Um dia depois de Artemísio, fosse em decorrência das tempestades ou das perdas não repostas, o número de trirremes da esquadra persa caíra de 1.327 para cerca de 650, aproximadamente metade do tamanho original. Dezenas de milhares de homens haviam perecido nas tempestades e batalhas. Nas três semanas desde então decorridas, haviam chegado reforços da Grécia continental e das ilhas. "Quanto mais o persa penetrava na Grécia, mais nações o seguiam", escreve Heródoto.

Impressionado com as informações sobre o tamanho desses reforços, Heródoto arriscou uma avaliação ousada: "Em minha opinião, os persas não eram menos numerosos ao invadir Atenas por terra e por mar do que ao alcançar Sepias e as Termópilas." Poucos estudiosos concordam com ele. O próprio Heródoto comenta, referindo-se à tempestade que fez naufragar duzentas embarcações persas ao largo de Eubéia, que "o deus tudo fez para que a força grega fosse salva e a força persa não fosse muito maior que ela". Nada indica que o veredicto fosse invertido em menos de um mês, e em regiões que não são conhecidas por marinhas de grande porte.

A Grécia central era populosa, mas não estava, como tampouco as ilhas Cíclades, em condições de fornecer muitos navios aos persas, menos ainda centenas e centenas. É improvável que a esquadra persa reunisse mais de setecentas trirremes em Salamina. Quando Heródoto fala de reforços maciços, ou se refere apenas ao número de homens, e não ao de navios, ou então está simplesmente equivocado.

Os persas certamente haviam levado seus novos recrutas para o mar em Falero, dando-lhes a oportunidade de remar ou servir como marinheiros no convés. Mas não lhes terá passado despercebido que todos os homens dos reforços eram gregos, e portanto não inteiramente dignos de confiança. Havia todos os motivos para não confiar em alguns dos aliados acusados por Artemísia, e talvez em todos. Os cipriotas haviam aderido à revolta jônica de 499 a.C. Os egípcios também se haviam revoltado contra a Pérsia, e mais recentemente — em 486. Em Artemísio, os egípcios podem ter sido recompensados por Xerxes por bravura, mas talvez fosse mais um gesto de boa vontade do que pagamento por serviços efetivamente prestados. A esquadra ciliciana fora derrotada pelos atenienses no segundo dia em Artemísio. Nada sabemos sobre os panfílios (originalmente trinta navios), mas eram um povo de ascendência grega, e portanto de lealdade questionável.

Deslealdade, diminuição do número de embarcações, possíveis problemas de suprimento e um terreno perigoso: não faltavam motivos para que Xerxes tratasse de evitar uma batalha em mar aberto. Mas ele podia considerar que em Artemísio o inimigo contara com a vantagem do elemento surpresa; em Salamina, os persas não cometeriam o erro de subestimar pela segunda vez o inimigo. Podia também estar contando com o momento favorável. Estimulados pelo sucesso na Acrópole, seus soldados investiriam com toda a força contra os desmoralizados gregos, cujo pânico na véspera pode ter sido comunicado a ele por espiões.

Xerxes pode ter chegado à conclusão de que os céus lhe haviam entregado a vitória de bandeja de uma hora para outra. Caíra a primeira de duas capitais inimigas. O exército e a marinha da Grécia permaneciam intactos, mas estavam desorganizados. O exército inimigo improvisava apressadamente uma defesa; a esquadra inimiga estava dividida e à beira do pânico. Um movimento rápido e contundente da Pérsia poderia bastar para levar os gregos ao abismo. A força invasora que já tomara Atenas ainda poderia encerrar a temporada em Esparta.

Desse modo, as armadas combateriam em Salamina. O mestre da manipulação, o Grande Rei, decidira associar seu destino a uma imagem. Desde a infância aprendera a importância das imagens. O vingador, erguendo-se em seu trono sobre o estreito de Salamina, projetando sua sombra contra o pano de fundo da gloriosa fumaça que saía de templos recém-destruídos, levaria seus navios à vitória. O combate seria duro, mas no fim os persas venceriam, exatamente como haviam vencido nas Termópilas. E quem sabe seus agentes não encontrariam logo um conveniente traidor... Não combinava com Xerxes voltar para casa com uma das mãos vazia.

Mal se manifestara o rei e já era dada a ordem de levantar âncora. A coisa já era esperada: uma frota não entra em ação de uma hora para outra — não, pelo menos, as que convivem com o êxito. Além disso, Xerxes já se preparara para tomar posição em terra nas imediações do local da batalha. À medida que a ordem era passada dos comandantes de esquadra para os capitães, dezenas de milhares de homens se mobilizavam, galgando escadas de madeira à beira d'água e subindo a bordo.

Não temos registro da reação de Artemísia à decisão de Xerxes. Ela era uma mulher corajosa, mas não era nenhuma Antígona: capaz de dizer a verdade aos poderosos, não era dada à desobediência civil. Quando os navios singraram da baía de Falero, Artemísia e seus homens os acompanharam.

Os persas rumaram para o estreito de Salamina, cuja entrada se encontra a cerca de seis quilômetros e meio da baía de Falero. Lá, dividiram-se em linhas e agrupamentos navais sem ser incomodados pelo inimigo. Cabe presumir que entraram em formação perto da entrada do canal de Salamina, espalhados numa extensão marítima de cerca de oito quilômetros entre Salamina e o continente. Os persas esperavam atrair os gregos para fora do estreito, mas o inimigo não apareceu. À medida que se apagava a luz do dia, os persas receberam ordem de retornar a Falero. No dia 24 de setembro, o sol se põe em Atenas às 19h19, cabendo portanto imaginar que os persas começaram sua retirada por volta das 18h.

Os comandantes persas provavelmente não se surpreenderam que os gregos não aceitassem o desafio de combater em águas desfavoráveis. Mas isso talvez não fosse tudo. É possível que os persas estivessem dando o primeiro lance num jogo de guerra psicológica. Ao se alinharem à entrada do estreito de Salamina, eles mostravam aos gregos ao mesmo tempo seu espírito agressivo e a renovação de seus contingentes. Em Salamina, os gregos puderam avaliar plenamente a força da esquadra que enfrentavam. A esperança de que a marinha persa tivesse sido arruinada no centro da Grécia pelas tempestades e batalhas se desvanecia agora à visão daquela armada reforçada e bem alinhada.

E a marinha não era a única arma mobilizada pela Pérsia. Naquela noite, retornando a frota grega a Salamina, o exército persa começou a marchar em direção ao Peloponeso. Sob o céu da noite, o som de dezenas de milhares de homens e cavalos pisando o solo da Ática rumo ao oeste teria chegado ao campo grego através do estreito. Na verdade, os persas podem ter ordenado que seus homens abraçassem a costa, para atemorizar ainda mais o inimigo. Com sorte, o terror do avanço persa podia dividir os gregos em Salamina, obrigando parte da frota a se apressar em direção ao Istmo e a outra a cair nas mãos dos persas, derrotada em batalha ou pela traição.

A frota persa recuou para Falero, com a finalidade de ali passar a noite. Os homens provavelmente fizeram sua habitual refeição noturna e se prepararam para o que os esperava no dia seguinte, quando entrariam no estreito para provocar a grande batalha desejada por todos os comandantes, exceto Artemísia. Mas chegaram notícias que mudaram tudo.

CAPÍTULO SEIS

DE SALAMINA A FALERO

Um homem está sentado numa pequena embarcação de madeira. Pode ser um barco ateniense de escolta ou quem sabe um das centenas de barcos de pesca de Salamina. Para não chamar a atenção, apenas dois homens remam, pelo que podemos imaginar. Passando no escuro pela colina quase invisível de Muniquia — iluminada por algumas poucas lanternas — em direção à baía de Falero, a pequena tripulação sente a pressão de cada onda contra o casco fino. E o mar do lado de fora do canal de Salamina, sem a proteção de qualquer ilha ou península, é mais bravio que as águas no interior do estreito. Um pouco mais cedo naquela mesma noite, a poderosa frota persa, com cerca de setecentas trirremes, passara por essas mesmas águas, evoluindo de Falero para a saída do estreito de Salamina e fazendo meia-volta. Agora a minúscula embarcação segue a trilha dos persas. É a noite de algum dia perto de 24 de setembro.

O homem veste-se com simplicidade, trajando uma túnica e botas, e talvez uma capa para proteger-se da brisa marítima e um chapéu bem amarrado à cabeça. Certamente não traz consigo o cajado nodoso que geralmente acompanha alguém em sua posição de responsabilidade sobre as crianças. Provavelmente não está armado, para deixar bem claras suas intenções pacíficas.

Se parece preocupado, não é apenas porque seus companheiros o transportam no escuro, o que nunca deixa de apresentar riscos, nem simplesmente porque se dirigem ao acampamento do inimigo, sempre um lugar perigoso para desembarcar. Ele está preocupado, isso sim, porque sabe que carrega nos ombros o peso da guerra, pois é de suas palavras que depende o destino da Grécia. É um fardo enorme para um homem sem pátria, nem família, nem mesmo liberdade.

Os boatos a seu respeito circulavam intensamente nos últimos anos. Era um persa, não, um eunuco; era um prisioneiro de guerra, não, um escravo; cumpria sua missão ao alvorecer, não, à noite. Alguns estudiosos negam que seu celebrado feito tenha ocorrido. Neste caso, sua história enganou não só Heródoto, como também o povo de Téspias. Depois das Guerras Persas, os habitantes dessa pequena cidade da Beócia fizeram de

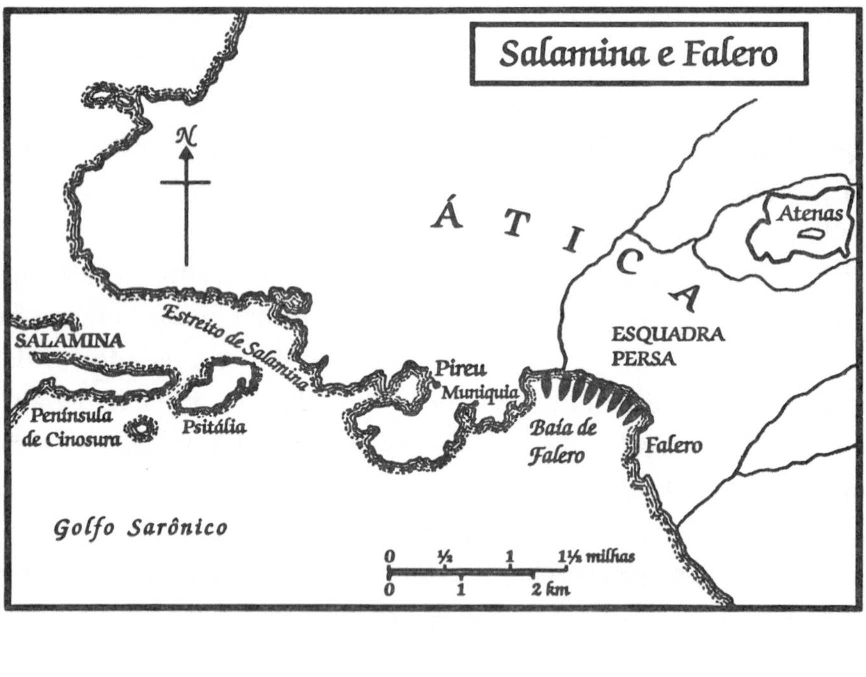

Sicínio — vamos chamá-lo simplesmente assim, pois não sabemos o nome de seu pai nem seu país de origem — um cidadão, por sugestão de Temístocles. Como se não bastasse, Temístocles também fez de Sicínio um homem rico.

Podemos estar certos de que Sicínio era grego. As cidades gregas, como Téspias, não alforriavam persas nem eunucos, pois um dos deveres do cidadão era fornecer crianças gregas à cidade. O nome pode indicar que Sicínio era originário da Frígia, distrito no noroeste da Anatólia. A Frígia era famosa pelo culto da Grande Mãe, deusa de que Temístocles também era devoto. Como a Frígia era dominada pela Pérsia, Sicínio podia estar familiarizado com a cultura persa, e talvez até falasse persa. Quanto à sua posição social, era efetivamente um escravo, e é possível que também tivesse sido feito prisioneiro de guerra em dado momento, pois muitos escravos deviam sua posição ao infortúnio da guerra. Temístocles deve tê-lo libertado em algum momento depois de 480 a.C., antes de recomendar que lhe fosse conferida a cidadania em Téspias.

Na qualidade de escravo, Sicínio desempenhava um papel muito respeitado numa residência grega próspera: era o *paidagogos* dos filhos de Temístocles. O *paidagogos* era ao mesmo tempo mais e menos que um pedagogo moderno. Devia diariamente levar e trazer os meninos da escola, carregando seus pertences, uma lanterna e às vezes até mesmo um ou dois meninos cansados. Tinha também de controlá-los na rua e mantê-los a distância de qualquer das muitas tentações apresentadas por uma cidade em crescimento como Atenas. O *paidagogos* não exercia formalmente o ensino, mas se responsabilizava pela educação moral dos meninos. Em suma, o *paidagogos* tinha de ser firme, alerta, ter um bom caráter e acima de tudo ser digno de confiança. Não surpreende que Temístocles lhe tenha conferido uma missão tão importante.

Pois o fato é que a missão efetivamente foi cumprida. Não há motivos para negá-la, exceto sua improbabilidade, o que vem a ser um argumento pobre, pois a história está cheia de acontecimentos improváveis. Não só

Heródoto, um halicarnassense que escrevia duas gerações depois dos acontecimentos de 480 a.C., mas também Ésquilo, um ateniense escrevendo em 472 a.C., confirma o feito de Sicínio. Eles divergem a respeito dos detalhes, mas os relatos sobre missões secretas freqüentemente entram em conflito, e além do mais Ésquilo e Heródoto escreviam em gêneros diferentes (respectivamente, poesia trágica e história) para públicos diferentes, e com objetivos diferentes. As acentuadas divergências entre os dois não nos devem surpreender.

Estabelecido, entretanto, que a missão de Sicínio efetivamente aconteceu, não poderemos entender seu objetivo nem seu resultado sem examinar as circunstâncias que a cercaram. Ela teve início horas antes naquela mesma noite de 24 de setembro em Salamina.

Na noite anterior, 23 de setembro, o confronto entre Temístocles e Adimanto terminara com a decisão de Euribíades de manter a frota em Salamina. Mas as tripulações peloponésias não ficaram satisfeitas com a decisão. Quanto mais ficavam sabendo dos preparativos defensivos no Istmo, mas queriam abandonar Salamina. Ainda por cima, na tarde de 24 de setembro toda a frota persa chegou à entrada do estreito de Salamina, posicionando-se para a batalha. E depois da retirada da marinha inimiga para sua base em Falero, o exército inimigo começou a marchar pelo litoral da Ática, rumando para oeste em direção ao Istmo.

À medida que se aproximava o fim do dia 24 de setembro, os peloponésios começaram a juntar-se em pequenos grupos para cochichar. As vozes eram mantidas baixas, mas a indignação ia alto: estavam estupefatos com a decisão tomada por Euribíades. Temiam ficar retidos em Salamina às vésperas de uma batalha naval por Atenas, e se fossem derrotados estariam sem saída, incapazes de defender a pátria. Talvez se queixassem da maneira como um ateniense esperto havia enganado um espartano robusto mas simplório. Finalmente, o inconformismo veio a público. Loucos para juntar-se aos outros no Istmo, "os homens que estavam perdendo tempo em Salamina com todos os navios ficaram tão aterrorizados que já não obedeciam às ordens", como escreveria mais tarde um historiador.

Euribíades perdera o controle da frota. Um outro talvez se tivesse saído melhor, mas não teria achado nada fácil. Os gregos raramente davam mais importância à obediência do que a dizer o que pensavam, mesmo agora, quando a própria Grécia estava em jogo.

A noite caíra. Mais uma assembléia foi convocada. Os comandantes peloponésios falaram muito sem medir palavras. Atenas estava perdida. Restava apenas abandonar imediatamente Salamina e tentar reverter a sorte no Istmo. Os atenienses, naturalmente, discordaram, sustentando, juntamente com os eginetas e os megarenses, que era necessário ficar e combater em Salamina.

Mas não adiantava. Ou pelo menos foi o que pensou Temístocles, chegando à conclusão de que sua política seria rejeitada. Plutarco afirma que os gregos na verdade decidiram retirar-se naquela noite, chegando a dar ordens aos pilotos sobre a viagem. Antes que isso acontecesse, Temístocles certamente esquivou-se da sala de reuniões e foi ao encontro de Sicínio. A fonte antiga dá a impressão de que a idéia da missão de Sicínio foi uma súbita inspiração de Temístocles, fruto do desespero, mas parece mais provável que o ateniense tivesse planejado as coisas antecipadamente. Se Temístocles tinha uma qualidade, era a argúcia, e certamente já teria notado como era escasso o apoio à sua posição entre as tripulações peloponésias.

Além disso, ele estava ali para pensar o impensável. Uma alma boa poderia ter-se consolado com a idéia da unidade pan-helênica, mas Temístocles evitava se iludir. Ele certamente terá considerado a possibilidade de que os peloponésios as retratassem. Talvez lhe ocorresse que, não sendo possível salvar Atenas falando francamente em debate aberto, ele teria de recorrer a métodos mais tortuosos. E, tratando-se de salvar Atenas, um homem como Temístocles descartaria muito poucas possibilidades. Pode-se ter como certo que ele seria perfeitamente capaz de forçar uma batalha em Salamina contra a vontade da maioria dos outros comandantes navais gregos.

É perfeitamente possível, portanto, que ele tenha planejado a missão de Sicínio. Entre outros motivos, pelas questões práticas que precisavam ser resolvidas. Sicínio precisaria ser preparado para a missão, embora só no último momento fosse informado do que teria de dizer. Seria necessário encontrar homens de confiança para remar, escolher um lugar para embarcar e convencer ou subornar guardas para que fechassem os olhos a um embarque sem autorização. Temístocles precisava fazer tudo isso e voltar à reunião do conselho antes que desconfiassem dos motivos de sua ausência. Embora tudo pudesse ter sido providenciado à última hora, parece mais provável que os preparativos tenham sido feitos com antecipação.

Mas qual era afinal a missão de Sicínio? Ele teria de entregar uma mensagem aos persas. Encontramos três descrições detalhadas da mensagem nas fontes antigas. A mais recuada está na peça *Os persas*, escrita por Ésquilo em 472 a.C.:

Um grego das hostes atenienses
Veio e disse o seguinte a (...) Xerxes:
Quando vier o escuro da noite
Os gregos não permanecerão, mas saltarão
Nos bancos de remo e, de uma forma ou de outra,
Cada um se salvará fugindo.

Escrevendo pouco depois de 480 a.C., Heródoto relata:

Quando ele [Sicínio] chegou com seu barco, disse o seguinte aos generais bárbaros: "O general ateniense mandou-me em segredo dos outros gregos (porque tem em mente os interesses do rei e quer que vocês e não eles levem a melhor) para dizer que os gregos estão aterrorizados e pretendem fugir, e que este é o melhor momento para que vocês entrem em ação, para não permitir que fujam. Eles não estão unidos nem poderão opor-lhes resistência,

> *mas vocês haverão de vê-los travar uma batalha naval entre eles próprios, alguns tomando o lado de vocês, e outros não." E tendo declarado estas coisas, ele se afastou e partiu.*

Finalmente, Plutarco, escrevendo séculos mais tarde, por volta de 100 d.C., relata:

> *Ele [Temístocles] o enviou [a Sicínio] secretamente a Xerxes, ordenando-lhe que dissesse que Temístocles, o general ateniense, decidira ficar do lado do rei e era o primeiro a lhe anunciar que os gregos iriam fugir, pedindo-lhe que não criasse obstáculos e os deixasse fugir, mas, no momento em que estivessem em desordem por estarem separados de sua infantaria, investisse contra eles e destruísse seu poderio naval. Xerxes recebeu o aviso como uma mensagem de boa vontade e ficou encantado.*

Nas três versões, uma mensagem dos atenienses é levada aos persas, anunciando que a esquadra grega estava a ponto de fugir de Salamina. As três fontes prosseguem afirmando que os persas consideraram autêntica a mensagem e puseram seus navios em movimento. Mas existem divergências entre as três. Heródoto e Plutarco chamam Sicínio pelo nome, mas o mesmo não faz Ésquilo. Ésquilo e Plutarco afirmam que Sicínio falou diretamente a Xerxes, mas é de Heródoto a versão mais provável, segundo a qual Sicínio dirigiu-se aos comandantes persas. O Grande Rei raramente falava diretamente a alguém, muito menos a um escravo grego. Ainda assim, é possível que Sicínio tenha sido interrogado por um persa na presença de Xerxes, tal como acontecera com desertores arcádicos depois das Termópilas.

Heródoto afirma que Sicínio chegou depois do retorno da frota persa a Falero, ou seja, à noite. Ésquilo diz que a missão foi levada a cabo antes do pôr-do-sol, enquanto Plutarco dá a entender que ela ocorreu durante a noite, sem chegar a dizê-lo explicitamente. Autor de tragédias, Ésquilo tinha direito a uma licença poética de que não dispunha o historiador ou o biógrafo. Pode ter introduzido um pôr-do-sol entre a fala e os atos para aumentar a dramaticidade. Seja como for, a noite parece um cenário muito mais provável que o dia para uma missão secreta e passível de configurar traição.

Além disso, há uma outra questão. Ésquilo era um patriota escrevendo para um público de 30 mil atenienses. Era muito mais político falar de um anônimo à luz do dia do que identificar o guardião moral dos filhos de Temístocles se esgueirando na calada da noite.

O patriotismo também pode explicar uma outra discrepância entre as três versões. Heródoto e Plutarco são claros a respeito da afirmação de Temístocles de que haveria uma traição dos atenienses. Ésquilo nada diz a respeito, o que não chega a surpreender, pois a traição certamente seria um tema delicado perante um público ateniense de massa num festival de teatro oito anos apenas depois dos acontecimentos. O escravo estrangeiro que chamava os atenienses de traidores da Grécia provavelmente não era muito popular em Atenas. Afinal de contas, foi na cidade de Téspias e não em Atenas que Temístocles encontrou um lar para Sicínio, e ainda assim apenas porque os habitantes de Téspias haviam perdido muitos concidadãos na guerra e queriam compensar as perdas.

Vai então surgindo uma versão de consenso: Temístocles mandou seu fiel escravo Sicínio numa secreta e perigosa missão noturna junto ao quartel-general da marinha persa. Sicínio anunciou a iminente partida da frota grega e exortou os persas a se mobilizarem imediatamente para detê-la. Foi o que eles fizeram, levantando âncora à noite. Sem que tivessem tempo de se dar conta do que estava acontecendo, os gregos foram cercados pelos persas em Salamina. Em conseqüência, não era mais possível tentar uma fuga para o Istmo. Os gregos teriam de combater em Salamina ou se entregar. Em outras palavras, Temístocles conseguiu exatamente o que queria.

Como os persas conseguiram cercar os gregos e o que significa exatamente "cercar" nesse contexto são questões de que trataremos no próximo capítulo. Enquanto isso, surge uma outra questão: por que será que os persas acreditaram em Sicínio? Mais ainda: por que o terão deixado escapar em vez de retê-lo para interrogatório e mesmo tortura?

Respondendo a essas perguntas, vamos entender o gênio de Temístocles e sua capacidade de ler os pensamentos do adversário. Temístocles sabia que os persas queriam desesperadamente fisgar um traidor grego e por isso enviou-lhes Sicínio.

Temístocles sabia que os persas haviam usado traidores nas Termópilas em agosto, assim como nas batalhas navais de Lade e ao largo de Chipre cerca de quinze anos antes. Se tivesse podido interrogar os altos comandantes persas capturados em Artemísio, teria descoberto a importância que a traição tinha nos planos do Grande Rei.

A chave da desinformação é dizer às pessoas o que elas querem ouvir. Foi exatamente o que fez Sicínio. Ele não disse aos persas que entrassem em batalha naval em Salamina. Não precisava. Quando chegou ao seu acampamento, os persas já haviam decidido arriscar sua frota no canal de Salamina. Sicínio apenas precipitou os acontecimentos.

Foi a única coisa que fez, e no entanto, com isso, fez tudo: em Salamina, a oportunidade do momento era tudo. Veja-se a sagacidade demonstrada por Sicínio — e Temístocles. Como se quisesse demonstrar que é mais fácil contar uma grande mentira do que uma pequena, Sicínio transmitiu aos persas uma série de detalhes secretos que coincidentemente eram verdadeiros. Disse-lhes que o conselho grego reunido em Salamina perdera o rumo, o que era verdade. Disse também que os peloponésios queriam retirar imediatamente a esquadra para o Istmo, enquanto os atenienses, os eginetas e os megarenses queriam manter as embarcações em Salamina, o que era verdade. E disse ainda que, se não fossem detidos pela marinha persa, os navios gregos fugiriam, o que provavelmente também era verdade.

A única mentira contada por Sicínio foi a grande mentira: que Temístocles estava se bandeando para o lado do Grande Rei. Mas seria mesmo uma mentira? Como ter certeza de que, se a frota grega partisse em direção ao Istmo, Temístocles não teria considerado a hipótese de um acordo com Xerxes? Não teria sido fácil convencer os atenienses a se entender com seu arquiinimigo. Mas será que os refugiados atenienses de Salamina, caso fossem abandonados pelos aliados gregos, não ficariam em melhor situação voltando para casa sob a proteção dos persas do que se arriscando na Itália, que seria o resultado provável de uma malfadada resistência no Istmo? Temístocles podia ter raciocinado que, vingada a honra persa na Acrópole, o inimigo estaria disposto a barganhar. Pragmáticos, os persas imediatamente perceberiam a vantagem de se aliar a um homem de ação como Temístocles em vez de a fracassados como os herdeiros do antigo tirano ateniense, Hípias.

Para ser exato, a mentira de Sicínio consistiu em dizer que Temístocles *preferia* juntar-se à causa persa. Na verdade, Temístocles preferia a vitória da Grécia, e propunha que isso fosse conseguido enfrentando logo uma batalha naval.

Mas não devemos presumir que Sicínio era um bom mentiroso. Não tinha por que sê-lo. Temístocles sabia que os persas poderiam torturá-lo, e não desejaria arriscar-se a vê-lo ceder. Muito melhor era mentir para Sicínio, dizendo-lhe simplesmente que seu mestre decidira bandear-se para o outro lado, ao invés de contar a verdade sobre o jogo duplo que estava armando. Quanto mais acreditasse na traição de Temístocles, mas convincente seria Sicínio como mensageiro. Seria muito mais da índole de Temístocles ocultar a verdade não só dos persas e dos próprios gregos mas também de seu fiel escravo. Bastava que Sicínio fosse digno de confiança, corajoso e razoavelmente articulado para levar a cabo a missão. E, quem sabe?, Sicínio também podia ser favorável aos persas, o que, no entender de Temístocles, tornava-o ainda mais interessante como mensageiro.

Depois de ouvirem Sicínio, os persas deixaram que partisse, o que não era habitual. Em episódio anterior, um desertor grego de Arcádia, no Peloponeso central, que apareceu num acampamento persa foi mantido sob amarras. É possível que Sicínio fosse particularmente insinuante, ou então teve muita sorte, mas também é possível que os persas o tenham deixado partir porque precisavam, e precisavam porque Temístocles prometera render-se. Os termos do acordo ainda precisavam ser detalhados.

Foi assim, afinal de contas, que as coisas sucederam na batalha de Lade. Os persas se encontraram com traidores sâmios antes da batalha e combinaram que o contingente de Samos daria meia-volta no início do confronto. Assim que teve início a batalha, os sâmios içaram velas e fugiram. Diante disso, a maioria dos demais navios de guerra gregos imediatamente fez o mesmo, deixando em apuros alguns poucos marinheiros intrépidos, em sua maioria de Quios.

Podemos especular que Sicínio ofereceu, ou os persas pediram, um acerto semelhante em Salamina. Os persas se aproximariam da frota grega e os atenienses içariam velas, desencadeando uma reação de pânico e a rendição. E pode ter sido este o motivo de os persas permitirem que Sicínio partisse. Ele era o moço de recados, vital para confirmar os termos da traição de Temístocles.

Não terão faltado advertências dos céticos. Alguns dos assessores do Grande Rei certamente o teriam prevenido contra "a perfídia dos gregos", na expressão de Ésquilo. Os exilados atenienses e os aliados tebanos do círculo de Xerxes teriam denunciado as possíveis intenções do escravo do principal democrata de Atenas. Os persas não eram alheios à astúcia: a corte real fervilhava de intrigas. Os muitos príncipes gregos e comandantes da esquadra persa conheciam a história do cavalo de Tróia e da conquista grega de uma cidade graças a um falso presente. E no entanto nenhum deles percebeu o estratagema do Odisseu de Atenas. Ou então, se perceberam, não foram capazes de convencer Xerxes.

Examinando hoje este quadro, o que se destaca é sua ingenuidade. Na época, contudo, a história contada por Sicínio pode ter parecido aceitável. Traidores e desertores eram muito comuns na guerra. É mais que provável que Sicínio não fosse o primeiro a levar aos persas informações secretas de Salamina. Artemísia, por exemplo, provavelmente recebeu de fontes assim as informações sobre a escassez de alimentos na ilha.

E tampouco parecia muito arriscado depositar confiança em Sicínio. Se os gregos de fato estivessem planejando fugir secretamente naquela noite, os persas teriam uma oportunidade de detê-los. Se a informação fosse falsa, os persas poderiam investir ao alvorecer contra um inimigo dividido e desmoralizado. Os gregos teriam de aceitar o desafio dos persas para entrar em batalha ou reconhecer sua própria inferioridade, estimulando ainda mais as defecções para o campo persa.

Além disso, talvez tivesse ocorrido a Xerxes que sua frota contaria com a vantagem do fator surpresa se entrasse imediatamente em ação. Os gregos podiam imaginar a hipótese de uma entrada dos persas no estreito, mas não à noite, e muito menos naquela noite, quando acabavam de ver o inimigo reunir seus navios em frente ao estreito. Não parecia haver muito perigo de que ele voltasse na mesma noite, desta vez para entrar no canal de Salamina.

E podia haver ainda um outro argumento em favor da ação: o tempo. O céu de Atenas costuma ser nublado no fim de setembro. Uma noite nublada seria talvez a única maneira de assegurar que os persas entrassem no estreito sem serem percebidos, debaixo do nariz dos gregos. Com um céu iluminado pelo luar, seria difícil esconder dos gregos a verdade sobre Salamina. Raros guerreiros resistiriam à tentação tática de surpreender o inimigo. Assim, se a noite de 24 de setembro fosse com efeito nublada, um comandante persa mais estouvado poderia valer-se da história de Sicínio para precipitar um plano já acalentado. E Xerxes concordou.

Foi dada então a ordem: a esquadra persa não esperaria a chegada da manhã para dar perseguição aos gregos. Pelo contrário, haveria de se mobilizar imediatamente para o ataque, "no meio da noite", como registra Heródoto. Não se sabe exatamente a que horas. Presumindo, no entanto, que Sicínio tenha iniciado sua missão depois do pôr-do-sol (7h19) e levasse aproximadamente uma hora para chegar a Falero, e considerando que se passariam uma ou duas horas até que os persas o ouvissem e avaliassem sua mensagem, e também que seria necessário mais tempo ainda para mobilizar os homens e aprontar as embarcações, a frota persa provavelmente não levantou âncora antes da meia-noite.

Xerxes deve ter se preparado para cavalgar de Falero até um ponto que dominasse o estreito de Salamina, a cerca de 10 quilômetros. Ele esperava que, até o fim do dia seguinte, seus homens tivessem destruído a frota inimiga, praticamente assegurando a conquista do resto da Grécia bem antes do inverno.

Parecia tudo tão razoável. Mas e se os gregos não estivessem realmente se desentendendo? E se estivessem loucos para combater, movidos pela profunda determinação de varrer os persas do estreito de Salamina? Neste caso, os persas poderiam estar fazendo ao inimigo o favor de combater no lugar por ele escolhido, o estreito.

Em favor da tese de Xerxes, no entanto, cabe lembrar que era muito improvável que os gregos passassem de uma hora para outra da desorientação à união. Por mais brilhante que fosse, o estratagema de Temístocles não seria suficiente para tal. Temístocles podia ser muitas coisas, mas certamente não era um unificador. Esse papel só poderia ser desempenhado por outra pessoa. Incrivelmente, havia para isso um candidato.

Foi uma das mais famosas reconciliações na história do mundo antigo. Aristides, filho de Lisímaco, e Temístocles tinham uma profunda inimizade política. Veterano da batalha de Maratona em 490 a.C., durante a qual pode ter sido integrado ao corpo de generais atenienses, Aristides tinha uma importante carreira política. Havia na rivalidade entre ele e Temístocles um elemento pessoal, que segundo certas fontes remontaria à infância. Temístocles, escreve Plutarco, tinha

> *um temperamento nervoso, arrojado, imprudente, abraçando qualquer empreitada sem muita reflexão, ao passo que o de Aristides se alicerçava num caráter firme, preocupado com a justiça e distante da mentira, da palhaçada ou do logro mesmo no jogo.*

Mas também estavam em jogo princípios. Uma das tradições apresenta Aristides com uma raposa que flertava com uma certa simpatia pelos persas; outra faz dele um patrício terçando armas com o populista Temístocles. Segundo esta tradição, Aristides seria o herói frente ao vilão representado por Temístocles. Aristides tinha mesmo fama de justo, donde seu cognome, Aristides, o Justo. Heródoto considera-o "o melhor e mais justo homem de Atenas".

Na verdade, Aristides parece ter sido um presumido, a julgar pelo agricultor que foi à cidade votar por seu ostracismo. Quando lhe perguntaram o que tinha contra Aristides, o sujeito respondeu que estava simplesmente farto de ouvir todo mundo chamá-lo de Aristides, o Justo. E conseguiu o que queria: Aristides caiu em ostracismo em 483 a.C. Temístocles saía vencedor.

Aristides foi chamado de volta, com os outros exilados, antes da invasão persa. Se alguém temia que ele continuasse a se opor violentamente a Temístocles, podia ficar tranqüilo. Polieno, um escritor grego da época do Império Romano, conta a dramática história da reconciliação dos dois:

> *Aristides e Temístocles eram os piores inimigos que alguém poderia ter em política. Mas quando os persas atacaram, os dois dirigiram-se ao mesmo lugar fora da cidade, abaixaram a mão direita, entrelaçaram os dedos e disseram: "Deixamos de lado neste momento a nossa inimizade, até chegar ao fim a guerra com os persas." Ao dizerem isso, levantaram as mãos, separaram os dedos e, como se tivessem enterrado alguma coisa, jogaram terra no poço ritual, separando-se e passando o resto da guerra em perfeito entendimento. E a concórdia entre os generais foi particularmente influente na vitória sobre os bárbaros.*

Se é verdade que os antigos exilados foram confinados em Salamina, esta cena, se for autêntica, só poderia ter ocorrido lá. Não sabemos se este estranho ritual efetivamente ocorreu, mas não resta dúvida quanto à importância da concórdia entre os generais.

Seus principais frutos brotaram na noite do dia 24 de setembro, quando da missão de Sicínio. Ele certamente deixou o acampamento persa excitado e imensamente aliviado. Não sabemos quando conseguiu voltar a Salamina, mas sabemos que não foi o primeiro a levar a Temístocles a notícia do êxito da missão. Esta honra cabe a Aristides.

Naquela mesma manhã, depois da perturbação semeada entre os homens pelo terremoto, Aristides, juntamente com pelo menos um outro general, fora enviado numa trirreme a Egina, para voltar com as estátuas sagradas de Éaco e seus filhos. Esta missão resume bem a importante posição ocupada por Aristides no campo grego. Ele não era suficientemente importante para se tornar indispensável nos preparativos de batalha e nos debates em conselho, mas era o homem certo numa operação envolvendo questões religiosas e morais.

Aristides voltou de Egina tarde da noite. Aparentemente, ele não retornou com as estátuas sagradas, mas com a notícia de que estavam a caminho. Ao desembarcar em Salamina, foi direto à sala do conselho e mandou chamar Temístocles. Quando ele apareceu, foi informado por Aristides de que podia dizer aos colegas que dispensassem o debate sobre o deslocamento para o Istmo. A transferência já estava fora de questão. Como pudera ver Aristides com seus próprios olhos, os gregos estavam cercados pela frota persa. Sua viagem de volta de Egina permitira-lhe percorrer quase diretamente o caminho dos persas, no momento em que sua embarcação passou pelo litoral sul de Salamina e circundou a península de Cinosura para entrar no estreito. Como os persas não haviam deixado Falero antes da meia-noite, e como levariam muito tempo para posicionar seus navios frente aos gregos — e ainda por cima no escuro —, dificilmente Aristides poderia ter chegado a Salamina antes de duas ou três horas da madrugada. Não era, como sabemos, o tempo normal numa viagem em trirreme, mas o fato é que a maior velocidade possível era necessária na missão de Aristides.

"Estamos fechados pelo inimigo num círculo", disse Aristides. Ele mal conseguira passar por eles em sua embarcação, escapando de uma perseguição. Agora recomendava a Temístocles que voltasse para a reunião e desse a notícia.

Não é preciso supor que Aristides tenha sido literal ao falar de um círculo. Em grego, a palavra *kyklos* não significava apenas círculo, mas também, entre outras coisas, a abóbada celeste, o horizonte, a Via Láctea, as bochechas de uma pessoa, um local de reunião, uma multidão e o ciclo anual das estações. Usando-a, Aristides quis apenas dizer que os persas haviam cercado a frota grega numa das duas extremidades de seu local de amarração, no litoral leste de Salamina. Não estava afirmando que a frota persa havia cercado toda a ilha. Plutarco deixa claro como devemos entender as palavras de Aristides:

> *As trirremes dos bárbaros foram postas em movimento à noite, e depois de cercarem o estreito num círculo ocuparam as ilhas.*

Podemos dizer, assim, que os persas haviam cercado o estreito pelos dois lados.

Aparentemente, Temístocles não foi capaz de esconder sua alegria ante a informação nem seu orgulho pelo papel que desempenhara na manipulação. "Fique sabendo que os medos estão fazendo isto por iniciativa minha", disse ele a Aristides. E logo os gregos teriam de curvar-se também à vontade de Temístocles: ele os havia obrigado a combater em Salamina, quisessem ou não. Temístocles deve ter exultado com o reflexo de seu próprio poder, mas poder exibi-lo ante os olhos e debaixo do nariz de seu arquiinimigo Aristides deve ter sido o próprio céu.

Mas, estrategista antes de tudo, Temístocles limitou-se a tripudiar sobre Aristides. Em vez de tomar a si o crédito perante os outros comandantes, disse a Aristides que desse ele mesmo a notícia. "Se for eu a dá-la", explicou, "ficará parecendo que estou mentindo e eles não acreditarão que os bárbaros realmente estão fazendo essas coisas."

Na sala do conselho, os generais gregos estavam "duelando com as palavras", na formulação de Heródoto. Achavam que a frota persa estava a uma segura distância no litoral de Falero, de onde a haviam visto partir na véspera.

Aristides entrou na reunião e deu a notícia. "Todo o campo dos gregos está cercado pelos navios de Xerxes", disse, recomendando que se preparassem para se defender. Feito o chocante anúncio, Aristides retirou-se.

Logo teve início um debate. A maioria dos comandantes estava tão decidida a deixar Salamina que se recusava a acreditar em Aristides, não obstante sua fama de probidade. Mas a questão logo seria resolvida com a chegada de alguém mais, um homem chamado Panécio, filho de Sosímenes. Era o comandante de uma trirreme da pequena ilha de Tenos, no Egeu, uma das muitas que haviam enviado navios para Xerxes depois de Artemísio e das Termópilas. É possível que os tenianos não o tenham feito com muita convicção, ou talvez Panécio perdera o entusiasmo pela causa persa quando a esquadra entrou nas perigosas águas do estreito. Seja como for, ele desertou para os gregos.

Foi uma defecção decisiva. Tendo Panécio repetido o que Aristides dissera, o conselho concordou. A combinação da palavra do homem mais justo de Atenas com a de um ilhéu traidor que não podia ser considerado um ateniense finalmente surtira efeito. Os comandantes reconheceram a veracidade de seus relatos e se prepararam para enfrentar uma batalha naval.

Já eram três ou quatro horas da madrugada. Não era uma hora apropriada para embarcar 70 mil homens em trirremes e prepará-los para remar em direção à batalha. Mas teria de ser assim.

CAPÍTULO SETE

DE FALERO A SALAMINA

Ele está sentado no tombadilho de sua trirreme, reclinado sobre uma almofada roxa e protegido do vento por um dossel. O navio desliza quase silenciosamente pelo litoral mergulhado no escuro. A distância, do outro lado do estreito, ele distingue as luzes da frota grega. Nas proximidades, o som da infantaria marchando pela Ática em direção oeste quase o impede de ouvir a embarcação. Mas quando efetivamente consegue perceber de tempos em tempos o seu som, ouve apenas os remos contra a água, enquanto o bater de duas pedras a intervalos mantém o ritmo, pouco mais audível que o pisar de passos sobre um tapete de conchas. Eles poderiam ser uma equipe de trabalhadores em missão de coleta de moluscos para as fábricas de tintura roxa da Fenícia. Na verdade, são marinheiros, os melhores do mundo, e se preparam na escuridão que antecede a aurora de 25 de setembro para vencer uma guerra. São os marinheiros de Sídon, e ele é o seu rei, Tetramnesto, filho de Anyso — possivelmente o monarca conhecido nos textos sidônios como Eshumanzar.

Tetramnesto trazia um capacete de bronze e um peitoral de linho sobre uma túnica de linho tingida de roxo. Certamente carregava uma espada. É provável que usasse brincos, anéis e pulseiras de ouro. No pescoço, trazia talvez uma corrente de ouro com um amuleto de vidro azul, para se proteger dos maus espíritos.

A frota persa estava a caminho. Com setecentos navios, remava, firme mas discretamente, em direção ao estreito de Salamina. Sua missão consistia em cercar pelas duas extremidades o local de atracação do inimigo. Acreditava-se que os gregos tentassem romper o cerco em direção ao Istmo naquela mesma noite. A tarefa da marinha persa seria detê-los. Ela daria um susto nos gregos, imobilizaria seus movimentos e destruiria aquela desmoralizada súcia de tagarelas numa batalha de aniquilamento — tudo com a ajuda de um substancial contingente de traidores gregos.

Era uma missão perigosa e tecnicamente difícil. Não só os navios de guerra persas tinham de se infiltrar nas águas territoriais gregas no estrei-

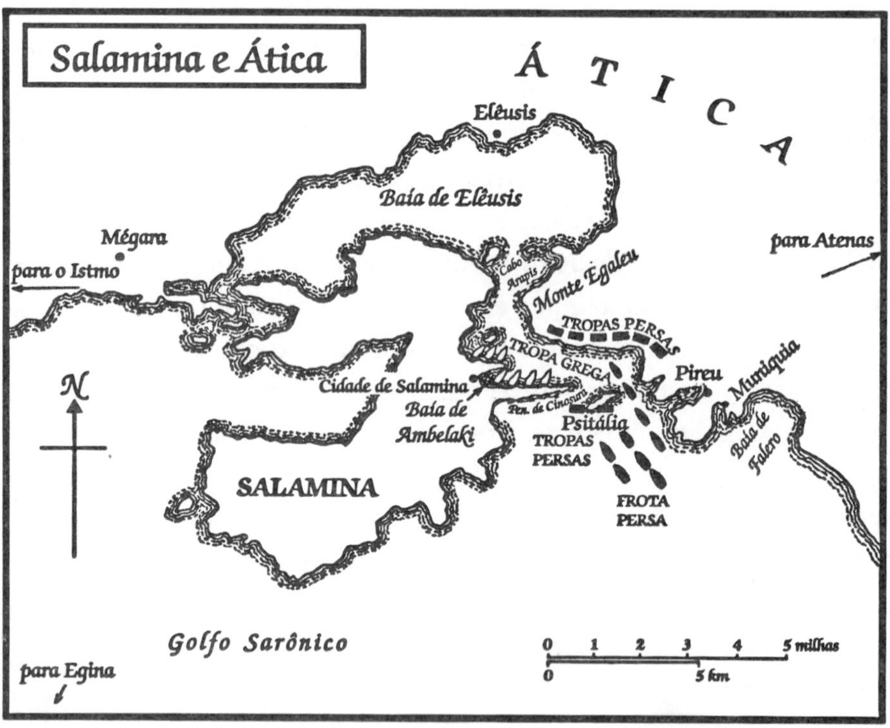

to de Salamina como deviam fazê-lo numa noite nublada, sem estrelas nem luar, sem serem detectados. Havia séculos os fenícios eram os cães de guarda do Mediterrâneo, e no século V a.C. Sídon — a "grande Sídon", "mãe de Canaã", "a primogênita de Canaã", como era conhecida — era a primeira cidade da Fenícia. Situada num promontório entre as montanhas cobertas de neve do Líbano e o límpido mar azul, Sídon acumulava "a experiência dos feitos navais herdada de seus ancestrais". Quem mais, senão os sidônios, poderia ter cumprido tal missão para a Pérsia?

Tetramnesto era o rei favorito de Xerxes, e aquele era o seu momento. Antes de se pôr o sol no dia seguinte, Tetramnesto já planejava destruir a marinha grega, para permitir ao seu senhor uma rápida e segura vitória sobre toda a Grécia. O rei de Sídon era o aliado mais importante da marinha de Xerxes. Até mesmo a imagem do navio de guerra nos sinetes do real tesouro de Persépolis fora copiada de uma moeda sidônia.

Os irmãos de Xerxes — os comandantes Acaimênides e Ariabignes — não precisavam dar ordens estritas aos homens de Sídon, ou aos de Tiro e Arado, seus companheiros de armas fenícios. Era nos desleais jônios e egípcios que os persas tinham de ficar de olho. Os reforços destacados para a frota fenícia não eram políticos mas militares profissionais, como se pode supor que eram os comandantes persas Megabazo e Prexaspes, pois o Grande Rei podia confiar nos fenícios. E nenhum dos fenícios tinha melhor reputação aos olhos de Xerxes que os homens de Sídon. Não haviam os persas construído um parque real — um verdadeiro paraíso — nas imediações de Sídon? Não haviam dedicado um enorme templo nas imediações de Sídon ao abençoado Eshmun, o grande deus curador de Sídon, adorado em toda a Fenícia? E não havia Sídon finalmente superado sua velha rival, Tiro? Para Sídon, o domínio persa representara uma era de ouro. Agora chegara o momento de retribuir ao Grande Rei.

Infelizmente, a guerra não seguia o rumo que Tetramnesto poderia ter desejado. Na verdade, começara esplendidamente. Sídon vencera a corrida de embarcações no Helesponto em maio, diante dos olhos de um deliciado Xerxes, que a tudo assistia de seu trono de mármore branco. No mês seguinte, em Dorisco, na Trácia, sua majestade escolheu um navio sidônio para passar em revista a frota. Originalmente, a frota fenícia contava trezentos navios. Sentado sob um dossel dourado, o Grande Rei passou ao longo da extensa linha de navios disposta a cerca de 120 metros da praia, com as proas voltadas para o litoral e os marinheiros no convés com uniforme completo de batalha. Xerxes fez perguntas sobre cada uma das embarcações, e seus secretários registraram cada uma de suas palavras. Que dia glorioso para Sídon fora aquele!

Em seguida, os sidônios haviam conduzido a frota pelo canal do monte Atos, rumando para o centro da Grécia, no sul. Como eram a frota capitânia, provavelmente conduziram seus navios até o litoral do cabo Sépias, sobrevivendo intactos à tempestade. Até que veio o constrangimento em Artemísio, onde Tetramnesto certamente exigiu que seus homens cumprissem o dever; os outros perderam a batalha. Se pelo menos o rei tivesse deixado em casa o contingente de marinheiros de primeira viagem... De que serviam os cilícios, os lícios e os panfílios como marinheiros? Alguns cipriotas tinham sangue fenício e portanto conheciam o mar, mas os malditos egípcios e jônios eram traidores e não mereciam confiança.

Agora Sídon teria uma segunda chance. E não podia ser mais apropriado que isso acontecesse em Salamina, pois dizia a lenda que a ilha recebera o nome de um entreposto comercial fenício, com a palavra fenícia *sh-l-m*, "paz". Em Salamina, os gregos aprenderiam sua lição.

Era muito fácil para os fenícios fazer frente às proezas marítimas dos gregos. As cidades-Estado fenícias eram mais antigas e há mais tempo civilizadas que as gregas. Os fenícios havia muito eram mestres da trirreme, ao passo que a esquadra ateniense de trirremes — o maior contingente da marinha grega — tinha apenas três anos. Quanto ao êxito dos gregos em Artemísio, podia ser enquadrado na categoria da pura sorte.

Tetramnesto podia ter voltado o pensamento para a cena em que tudo começara, horas antes, na baía de Falero — a última e decisiva missão da esquadra do Grande Rei. Da precisão com que foi iniciada a operação à espetacular travessia do golfo Sarônico, passando despercebida por um inimigo totalmente alheio, a marinha persa tivera um desempenho brilhante. E no entanto, aproximando-se agora o alvorecer, Tetramnesto ainda pode ter sentido dificuldade para evitar um fundo de dúvida.

A operação tivera início no pôr-do-sol da véspera, 24 de setembro. Depois da demonstração de força na entrada do estreito de Salamina, os homens voltaram à baía de Falero. As tripulações desceram em terra suando e agitadas, homens cujo destino merecera um prolongamento. Podemos imaginá-los descendo na praia, irritados ou aliviados por estarem de volta sem terem derramado sangue. Alguns homens temiam a batalha, mas outros só queriam "trucidar os gregos em Salamina e fazê-los pagar pelas batalhas de Artemísio".

Depois de desembarcar, os homens fizeram sua refeição noturna. Não só haviam feito uma viagem de ida e volta até a entrada do estreito de Salamina, percorrendo 15 quilômetros, como ainda, ao se aproximar da entrada de Salamina, permaneceram nos remos, constantemente remando e recuando, para manter os navios em seus postos e assim assustar ainda mais os gregos com uma demonstração de ordem e disciplina. Não era para qualquer um, muito embora, para manter as coisas na devida perspectiva, não se compare com a viagem de mais de 120 milhas náuticas por dia que uma esquadra de trirremes era capaz de fazer. Seja como for, os remadores deviam estar famintos em Falero. Os oficiais e soldados persas, que não haviam labutado tanto quanto os remadores, certamente estavam muito bem alimentados.

Os remadores provavelmente recebiam uma alimentação mais simples, consistindo em cebola, peixe salgado, tomilho, sal e cevada. Grupos de coletadores possivelmente traziam frutas frescas, como figos e maçãs, e caçadores saíam em busca de pássaros e coelhos. A água potável era essencial depois do esforço no remo. O que todos certamente desejavam muito era o vinho, a bebida mais usada da Grécia à Pérsia, exceto no Egito, onde a cerveja era mais utilizada pelos pobres. Especialmente antes de entrar em batalha, uma taça de vinho ajudava muito. O atendimento de todas essas necessidades dependia em grande medida da capacidade dos navios mercantes persas de manter a linha de abastecimento.

Depois de comer e beber, os homens provavelmente se dividiam em grupos. Os carpinteiros e seus assistentes verificavam eventuais problemas nos navios e faziam os reparos necessários — e, num navio, sempre há necessidade de reparos. Nos diferentes grupos, alguns jogavam conversa fora, outros jogavam xadrez ou dados, outros ainda cantavam. Havia também os que oravam, pois todos sabiam que a manhã seguinte poderia trazer a grande batalha naval que há tanto tempo esperavam. E os que conseguiam dormir tratavam de fazê-lo.

Mas não havia muito tempo para repouso. Antes da meia-noite, podia chegar a ordem para mobilizar imediatamente a frota, ou seja, deslocar o grosso dos navios. Antes de ser dada a ordem de mobilização geral, um contingente já havia sido mandado à frente em missão especial. Não sabemos quantos ou quais navios foram despachados. Sua missão era ocupar Psitália, uma ilhota entre Salamina e o continente.

Psitália era muito visada pelo alto comando persa por sua localização estratégica. Especificamente, ficava no caminho da batalha naval que se aproximava. Iniciados os combates, muitos homens e destroços seriam levados para lá, imaginavam os persas, e o campo que controlasse Psitália estaria em melhor posição para sustentar suas forças e dizimar as do inimigo.

Uma olhada no mapa mostra que Psitália fica na entrada do canal de Salamina, e portanto na extremidade e não no meio daquele que seria o campo de batalha. Mas certamente ficava "no caminho" de qualquer tentativa de fuga grega do estreito, assim como ficava também entre o possível campo de batalha e a base persa na baía de Falero. Além disso, numa batalha naval, quanto mais praias estivessem sob controle, melhor, precisamente para resgatar ou eliminar náufragos e resgatar destroços que viessem dar no litoral. Os persas já controlavam o litoral da Ática, e os gregos, o litoral de Salamina; tomando Psitália, os persas abriam um novo reduto no litoral. Note-se também que o litoral sul de Psitália está a suficiente distância de Salamina para que, numa noite escura, os persas pudessem desembarcar ali sem ser percebidos. Tudo isso explica a prioridade de Psitália nos planos persas.

Mas a principal tarefa em Falero era mobilizar o grosso da frota persa, envolvendo bem mais que 100 mil homens (um total de aproximadamente 150 mil, menos os que haviam sido enviados para Psitália). O simples deslocamento de todo esse contingente já seria uma proeza. Deslocá-lo com ordem e rapidez seria um milagre, especialmente considerando-se que os homens já haviam trabalhado uma tarde inteira. E no entanto foi exatamente o que a frota persa fez.

Quando chegou a ordem de lançar os navios, todos os remadores tiveram de subir a bordo e encontrar seus lugares. Cada um deles provavelmente levava consigo pequena quantidade de alimento e água, o suficiente para a longa noite e o dia que se aproximavam, mas não demais, para não pesar muito no navio.

Cada trirreme tinha duas escadas na popa, e os homens podiam subir aos pares nos navios. Provavelmente não eram necessários mais que quinze minutos para concluir a operação. O navio não era ocupado desordenadamente, mas por seções: por exemplo, o centro, a proa e a popa. Cada remador provavelmente tinha seu lugar fixo a bordo, o que lhe permitia acostumar-se com a remada dos vizinhos e adaptar-se a ela. Depois de sentar-se, cada remador tinha de proceder à verificação dos equipamentos. Em primeiro lugar, devia certificar-se de que sua almofada estava firmemente presa ao assento. Tratava então de inspecionar a presilha do remo. O remo é uma alavanca; a cada remada, deve girar em torno de um suporte. Na trirreme, o remo girava dentro de uma cavilha vertical de madeira chamada tolete. O remo era mantido no lugar por uma correia de couro costurada a uma alça, a presilha. Era ela que mantinha o remo firmemente preso ao tolete.

Com o uso constante, as presilhas tendiam a ceder ou rachar. Por isso, toda vez que um navio era lançado à água, cada remador precisava examinar a presilha de seu remo e ajustá-la ou mesmo substituí-la, se necessário. As presilhas tinham de ser engraxadas de vez em quando com sebo de carneiro. Da mesma forma, os remadores precisavam certificar-se de que as buchas de couro da abertura do remo permaneciam impermeáveis. Também elas deviam ser periodicamente engraxadas.

Enquanto isso, os soldados e arqueiros reuniam seus equipamentos. Vestiam o capacete, recolhiam as lanças onde as haviam deixado — com o conto para baixo —, ajustavam as aljavas e embainhavam os punhais. Eram os últimos a subir no navio. Podemos imaginar que, como num navio grego, esses soldados ouviam em terra uma preleção de seus comandantes antes da batalha. Ou talvez uma série de preleções, pois uma única língua não seria suficiente para atender a toda a marinha persa. Todos na frota sabiam perfeitamente o que estava em jogo, inclusive suas cabeças. Fosse ou não verdade que Xerxes ameaçava punir os comandantes que deixassem os gregos fugir, como alega Ésquilo, era bem conhecido seu hábito de executar os que fracassavam.

Finalmente, antes do lançamento da frota à água, os homens rezavam. Haveria libações e, dependendo dos costumes de cada país, eram feitos sacrifícios. Os homens elevavam suas vozes às deidades fenícias de Eshmun, Astarte e Melqart; a Apolo, venerado por gregos, cários e lícios; aos deuses egípcios Neith e Sekhmet; e a Ahura Mazda, o Senhor da Sabedoria persa.

Em matéria de diversidade étnica, a frota persa de Falero era o segundo maior aglomerado de seres humanos da história do mundo até então. Só o exército persa era maior. Se levarmos em conta também as classes, além das etnias, a frota persa era ainda mais diversificada que o exército: na Antigüidade, os remadores eram em geral mais pobres que os soldados, e o pessoal da frota ia desde os remadores miseráveis a reis e uma rainha.

Na poética formulação de Ésquilo, a marinha persa era "a maravilhosa multidão da Ásia de tantos homens". Havia nela os egípcios, "marinheiros dos pântanos, os hábeis e inumeráveis remadores", "a turba de lídios de vida fácil", "uma longa fieira da dourada e sortida multidão [da Babilônia], embarcada em navios e contando com seus talentos no arco" e, naturalmente, "a flor dos homens das terras persas". Segundo Ésquilo, havia bactrianos, cilícios, lirnéios, mísios e fenícios. Heródoto não menciona todos esses povos no contexto da armada persa, e caberia perguntar se os navios efetivamente levavam arqueiros babilônios e bactrianos, os últimos provenientes de territórios mais ou menos equivalentes ao moderno Afeganistão. Da mesma forma, Ésquilo mantém discreto silêncio sobre a forte presença de gregos na frota persa: da Anatólia, de Chipre, das ilhas do mar Egeu e até do próprio continente.

Heródoto registra os nomes dos mais famosos comandantes da esquadra: além de Tetramnesto, havia dois fenícios, o rei de Tiro, Matten, filho de *Siromo*, e Merbalo de Aradus, filho de Agabalo; um cilício, *Sienesis*, ou seja, o rei, identificado apenas como filho de Oromedonte; um lício, Cibernisco, filho de Sicas; dois cipriotas, Gorgo, filho de Quércis, rei da cidade cipriota de Salamina (o nome é uma coincidência), e Timónax, filho de Timágoras; e três cários, Pigres, filho de Seldomo, Damasítimo, filho de Candaules e rei da cidade de Calinda, e, naturalmente, Artemísia, rainha de Halicarnasso. Acima deles ficavam quatro comandantes persas: Aquêmenes, filho de Dario e Atossa, irmão de Xerxes, comandava os egípcios; Ariabignes, filho de Dario, meio-irmão de Xerxes, comandava os jônios e os cários; ao passo que Megabazo, filho de Megabates, e Prexaspes, filho de Aspatines, comandavam o resto da frota.

Havia em cada navio 230 homens: 200 nativos, entre eles remadores e marinheiros, mais um grupo de trinta homens consistindo em uma mistura de iranianos (persas ou medos) e soldados e arqueiros sáceos. Em tempo de guerra, poucas unidades conseguem manter a plena força, especialmente depois das tempestades e batalhas enfrentadas pelos persas. Os novos recrutas de Xerxes certamente contribuíram para diminuir a defasagem de poderio humano, mas é perfeitamente possível que algumas das trirremes estivessem com carências na tripulação.

Com seu contingente de quarenta soldados e arqueiros, o convés das trirremes persas contava com uma bela força de ataque. Os soldados da frota persa formavam um contingente tão variado quanto jamais se vira nos mares. Usando uniformes que variavam dos peitorais de bronze ou linho a túnicas de lã e capas de pele de cabra, dos capacetes de bronze ou trançados aos turbantes, utilizavam os mais variados tipos de armas, dos dardos e espadas a foices e adagas, passando por lanças para subir a bordo, facões e machados pesados.

O maior contingente de soldados de convés era formado pelos soldados e arqueiros iranianos e sáceos. Até onde sabemos, eram armados como os soldados. Os persas e os medos usavam bonés de feltro, túnicas bordadas com manga comprida, peitorais de ferro escamados e calças; portavam escudos de vime, carcás, arcos e flechas, lanças curtas e punhais. Os sáceos usavam calças e altos chapéus pontudos; portavam arcos e flechas, punhais e machados de combate.

Os sáceos tinham fama de excelentes arqueiros, e ao que parece a mereciam. No convés, os gregos não tinham mãos a medir para se defender com seus escudos dos sáceos. Se estivesse num barco a remo, um grego que tentasse nadar para se salvar estaria exposto aos arcos dos sáceos.

Uma vez prontos os navios persas, preparados os homens e feitas as orações e libações, a frota estava pronta para a partida. Com toda a probabilidade, os fenícios controlavam a extremidade ocidental da costa e os egípcios estavam no centro, ao passo que os jônios e os cários fundeavam seus navios no leste.

A um sinal, a frota dava início ao percurso. Movia-se em grupos de navios, em formação de avanço. Escreve Ésquilo:

Nos grandes navios, cada um encorajava o outro
E cada qual se posicionava no devido lugar.

Cabe supor que os fenícios que estavam a oeste saíssem primeiro, seguidos pelos egípcios do centro — a menos que já tivessem partido para tomar Psitália —, e por último os gregos e cários do leste. Em cada navio, os remadores tinham de fazer muita força para tirar a embarcação da imobilidade. Podia ser conveniente confiar esta missão aos remadores da fileira de cima, só mais adiante juntando-se a eles os das duas inferiores. As remadas iniciais eram curtas, alargando-se até que o navio deslizasse livremente entre cada remada.

Ao redor da praia, na baía, o cenário era iluminado por tochas. À medida que cada grupo naval ia deixando o litoral, remando em formação cerrada para o mar aberto a oeste, à medida que cada navio ia desaparecendo na escuridão, um observador na praia podia especular sobre o destino da armada do Grande Rei. Talvez a frota persa parecesse mais gloriosa ao ser inspecionada por Xerxes depois de atravessar o Helesponto em junho, quando tinha o dobro do tamanho e a metade do cansaço, mas nunca parecera tão corajosa quanto agora, em sua jornada final em direção ao fatal estreito.

Ésquilo e Heródoto concordam em que a frota se dividia em três seções. Ésquilo descreve as ordens de Xerxes a seus comandantes:

Disponham a formação cerrada de navios em três colunas,
E alguns, num círculo ao redor da ilha de Ájax,
Guardem as entradas do porto e os caminhos do turbulento mar.

As palavras de Ésquilo são suficientemente vagas para dar conta de uma operação de isolamento de cada um dos ancoradouros de Salamina mas também dos que ficam no lado oriental apenas, onde estava fundeada a frota grega; ou ainda do isolamento tanto dos ancoradouros onde se encontravam os gregos quanto do canal ocidental, perto de Mégara, que poderia servir como rota de fuga. Faria sentido falar de "círculo ao redor da ilha" a propósito de uma frota que partisse da baía de Falero e se encaminhasse para norte e oeste, entrando pelo estreito de Salamina. Heródoto refere-se apenas a operações persas no estreito de Salamina, exatamente como Plutarco. Mas um historiador mais tardio afirma que o contingente egípcio de duzentos navios contornou toda a ilha, fechando a rota de fuga através do canal ocidental, entre Salamina e Mégara.

Heródoto nada diz a respeito da posição dos egípcios na batalha, especificando apenas as posições dos fenícios, dos jônios e dos cários, os três mais importantes contingentes da frota persa.

Este relato mais recente que acabamos de mencionar provavelmente está errado. Os egípcios precisariam remar a noite inteira para circundar Salamina. A frota grega já poderia ter fugido quando chegassem. Ao chegarem a seu destino, o canal ocidental, os egípcios teriam encontrado um estreito de apenas 400 metros de largura. Se tentassem oferecer combate aos gregos ali, ver-se-iam em considerável desvantagem, frente às mais pesadas trirremes atenienses, e talvez se encontrassem igualmente em inferioridade numérica. Nenhuma fonte antiga menciona combates no canal ocidental, mas apesar disso Ésquilo especifica que houve mortes de egípcios na batalha de Salamina. Finalmente, essa fonte mais recente tem o péssimo hábito de exagerar relatos anteriores, inventando detalhes. Tendo em mente tudo isso, devemos imaginar que os egípcios acompanharam o resto da frota persa, encaminhando-se em direção noroeste, de Falero para o estreito de Salamina. Com efeito, é plausível que constituíssem o contingente mandado à frente para garantir o controle de Psitália.

O relato de Heródoto, felizmente, é muito mais específico que o de Ésquilo. Segundo ele, depois de deixar a baía de Falero, a ala ocidental da frota persa — possivelmente, os fenícios — rumou para Salamina. E era efetivamente o que precisava fazer: uma olhada no mapa mostra que se prosseguisse em linha reta, a ala ocidental se teria desviado de Salamina, remando em direção a Egina. O resto da frota persa, a começar das praias orientais e talvez centrais da baía de Falero, pôde rumar em linha quase reta para o canal de Salamina.

O fato de uma parte da frota persa ter avançado no escuro mantendo a ordem revela enorme habilidade. É outro motivo para suspeitar da participação dos contingentes fenícios de alta excelência. Serve também para lembrar como seria difícil para a esquadra persa inteira entrar no estreito e enfrentar os gregos em formação ordeira e contínua, sem interrupções. Se os gregos efetivamente estavam em desordem e fugindo, os persas podiam cometer alguns erros. Todavia, se os gregos se apresentassem em formação de batalha, os persas teriam de ser perfeitos.

Enquanto isso, a parte centro-oriental da frota persa encontrava-se, no dizer de Heródoto, "entre Céos e Cinosura". A península de Cinosura em Salamina é conhecida, mas não sabemos onde ficava Céos. Seja como for, sabemos que a frota persa "controlava toda a passagem com seus navios, até Muniquia". Em outras palavras, a frota persa se estendia da fronteira ocidental da baía de Falero, depois de Pireu, até a costa ática, frente a Psitália, a ilhota onde soldados persas eram desembarcados por um contingente de navios mandado na frente.

Se pudessem ser vistos no escuro, os navios persas fariam impressionante figura. A frota ficaria parecendo uma ponte de embarcações entre o continente e a ilhota de Psitália, numa extensão de aproximadamente um quilômetro e meio a dois quilômetros. A ponte certamente não prosseguia até Salamina, pois os persas tinham de se manter a distância da ilha para não serem vistos.

Na verdade, seria um erro imaginar que a frota persa pudesse literalmente fechar o estreito de Salamina. Heródoto não chega a mencionar um bloqueio; em vez disso, diz que os persas "circundaram" os gregos ou os "cercaram", ou ainda que "guardaram" a passagem marítima. As trirremes não eram construídas para manter-se paradas, num bloqueio, por exemplo; eram concebidas para se mover com rapidez e agilidade, fosse atacando ou fugindo.

A concentração da frota persa, maravilhava-se Heródoto, fora algo previsto pelos oráculos. Isto é, quase previsto: os seguintes versos do *Oráculo de Bácides*, anteriores à batalha e citados por Heródoto, parecem antecipar uma ponte maior do que a que efetivamente se pode ter visto:

Mas quando eles lançarem uma ponte de barcos sobre o
abençoado litoral
De Ártemis da espada dourada e da ilhada Cinosura,
Movidos por exaltadas esperanças após o saque da fértil Atenas,

Haverá a temível Justiça de esmagar a grande Intemperança,
filha do Orgulho,
Estrondeando terrivelmente, planejando atacar em todas as frentes.
O bronze haverá de misturar-se ao bronze, e Ares tingirá o mar
De rubro sangue. E então o perspicaz filho de Cronos*
E a Senhora Vitória trarão à Grécia o dia da liberdade.

O oráculo é vago para poder ser flexível: havia templos de Ártemis em Salamina e na colina de Muniquia, assim como em outros pontos da Ática; havia penínsulas de Cinosura em Salamina e também em Maratona, lugar de glórias passadas (perto de onde também havia dois templos de Ártemis). Mas é evidente que o oráculo está prevendo uma vitória no mar sobre uma grande esquadra depois do saque de Atenas. É difícil deixar de especular se não seria um gesto de propaganda, antes da invasão persa, em favor da estratégia, preconizada por Temístocles, de abandono da Ática e transferência de todas as esperanças gregas para a frota. Pode inclusive referir-se a Salamina.

Seja como for, a ponte de embarcações deslocava-se com rapidez. A coluna de vanguarda dos persas entrou no estreito de Salamina. Mas seria crucial saber quantos navios os seguiram, o que, infelizmente, não está claro. Antes de examinar esta questão, vejamos como os persas atravessaram o estreito.

Os marinheiros sempre olham para o céu. Em setembro, as estrelas da Ursa Maior, ou, como preferiam os egípcios, a Coxa do Touro, reluziam baixas no céu do anoitecer. Mas a principal característica do céu noturno estava no sul, que nessa época do ano se transformava no que os antigos chamavam de Céu da Água ou do Mar. O céu meridional exibia constelações como as de Salmonete, Golfinho, Peixe do Sul, Aguadeiro, Monstro do Mar e Peixe. Assim eram conhecidas por fenícios e gregos;

---

*Um trocadilho, sendo a palavra "rubro", em grego, *phoinikeos*, com uma letra a mais apenas que a palavra "fenício", *phoinikos*.

hoje, são as constelações de Capricórnio, Delfim, Piscis Austrinus, Aquário, Cetus e Peixe. Na escuridão das primeiras horas do dia 25 de setembro, contudo, é improvável que os homens da frota persa pudessem ver muitas estrelas. O provável é que tenham escolhido uma noite nublada para entrar no estreito.

A esquadra persa entrou no estreito o mais silenciosamente possível. "Eles fizeram tudo na calada", diz Heródoto, "para não serem ouvidos pelo inimigo." Seria impossível deslocar setecentos navios em total silêncio, mas era possível diminuir ao mínimo os decibéis. Na verdade, a capacidade de remar no escuro sem ser ouvido haveria de tornar-se, se já não era, uma manobra habitual em trirremes. O episódio de Salamina não foi o único em que o comandante de uma esquadra de trirremes conseguiu deslocar seus navios por um dos lados de um estreito exíguo à noite, para não ser detectado por um inimigo cujos navios estavam fundeados do outro lado: foi exatamente o que fez a marinha ateniense ao passar pelos espartanos no Helesponto, na garganta próxima de Abidos, em 411 a.C.

Em Salamina, em 480 a.C., os persas certamente mantiveram seus navios tão distantes quanto possível da ilha, e tão próximos quanto podiam do litoral da Ática, ou seja, do território controlado pela Pérsia. Além disso, podem ter instruído os mestres de remada e os batedores de cadência a não recorrerem aos apitos habituais, a cada remada, utilizando pedras batidas umas contra as outras — tal como fez com êxito a frota espartana ao surpreender os atenienses no golfo Sarônico, à noite, em 388 a.C. — ou quem sabe tomando a frente da tripulação num canto com boca fechada ou sussurrando uma canção ritmada. Podiam manter as remadas numa espécie de surdina, mantendo baixa a cadência e fazendo movimentos suaves na água. Paralelamente, o fragor do exército persa marchando para oeste ao longo do litoral do Ática haveria de cobrir boa parte do som emitido pela esquadra.

Além do que podia ser visto e ouvido, é possível que os persas se tivessem preocupado com odores também. O suor ressecado de dezenas de milhares de remadores era uma indicação incontornável da aproximação de uma frota de trirreme. O cheiro podia ser detectado talvez a quilômetro e meio ou mais quando soprava o vento. Os persas podiam ter reduzido o odor lavando as embarcações em Falero. Caso contrário, restava-lhes esperar que o vento não soprasse contra eles.

Também é possível que os persas se tenham beneficiado do excesso de confiança dos gregos. Aparentemente não ocorreu aos gregos que os persas se preparavam para infiltrar o estreito, e muito menos à noite. Naquela mesma noite, eles haviam visto o inimigo concentrar sua frota nas imediações do estreito. Não parecia haver muito perigo de que ele voltasse na mesma noite, assumindo o risco de entrar em águas desfavoráveis. Mas foi exatamente o que os persas fizeram.

Pouco antes do alvorecer, numa reconstrução provável do episódio, as naus principais da frota persa entraram no estreito e prosseguiram ao longo da costa ática por cerca de três quilômetros em direção noroeste. Provavelmente detiveram-se ao pé do monte Egaleu, em frente à ilhota de São Jorge, ou seja, o mais setentrional ponto de amarração da frota grega. Esses navios persas passavam assim a montar guarda na rota grega de fuga para o norte, em direção a Elêusis, Mégara e o canal ocidental separando Salamina do continente. O resto da frota estendia-se pelo litoral da Ática por cerca de seis quilômetros e meio.

Embora a maior parte da frota persa tivesse entrado no estreito, uma grande parte ficara de fora. Encontrava-se estacionada mais a sudeste, a leste de Psitália, nas águas em direção ao Pireu, vale dizer, completamente fora do estreito. Como os persas acreditavam que os gregos estivessem fugindo, teriam reservado um considerável contingente de navios para montar guarda na saída sul do estreito de Salamina, exatamente como os fenícios guardavam agora a saída norte.

No interior do estreito, os fenícios e os jônios — juntamente com os outros gregos, pelo que podemos imaginar — ancoraram nas duas extremidades da linha persa. Heródoto afirma que "os fenícios (...) controlavam a ala ocidental, ou seja, em direção a Elêusis" e "os jônios (...)

HERÓDOTO. Busto romano, século II d.C. (Metropolitan Museum of Art, Nova York, doação de George F. Baker, 91.8)

TEMÍSTOCLES. Busto romano, possivelmente cópia de um original grego. (Museu de Óstia)

PENÍNSULA DE CINOSURA. Vista a partir do estreito de Salamina, em direção sudoeste. No fundo, uma outra parte da ilha de Salamina. (Barry Strauss)

TRIRREME ATENIENSE. O *Olympias* a plenos remos no mar, em reconstrução moderna de uma trirreme ateniense do século IV a.C. Note-se o esporão. (Mary Pridgen, cortesia da Trireme Trust)

XERXES. Escultura em relevo do príncipe coroado Xerxes de pé atrás do rei Dario em seu trono, c. 500 a.C. Do Tesouro de Persépolis, Irã. (Instituto Oriental da Universidade de Chicago)

CHOQUE DE CIVILIZAÇÕES. Soldado grego atacando um soldado persa. Ânfora da Ática, 480-470 a.C. (Metropolitan Museum of Art, Nova York, Fundo Rogers, 06.1021.117)

CRIADO PERSA. Escultura em relevo de um criado imberbe com frasco e toalha, possivelmente um eunuco real. Palácio de Dario em Persépolis, Irã. (Instituto Oriental da Universidade de Chicago)

GUERREIRO ESPARTANO. Notem-se o capacete com sua crista transversal, os longos cabelos trançados e a capa fina presa ao corpo. Bronze grego, 510-500 a.C. (Wadsworth Atheneum, Hartford, Connecticut. Doação de A. Pierpont Morgan)

TESOURO CÁRIO. Crânio e jóias de ouro encontrados no túmulo de uma aristocrata de Halicarnasso do século IV a.C., a chamada princesa cária. Ornamentos semelhantes aos que poderiam ter sido usados por Artemísia. (Don Frey)

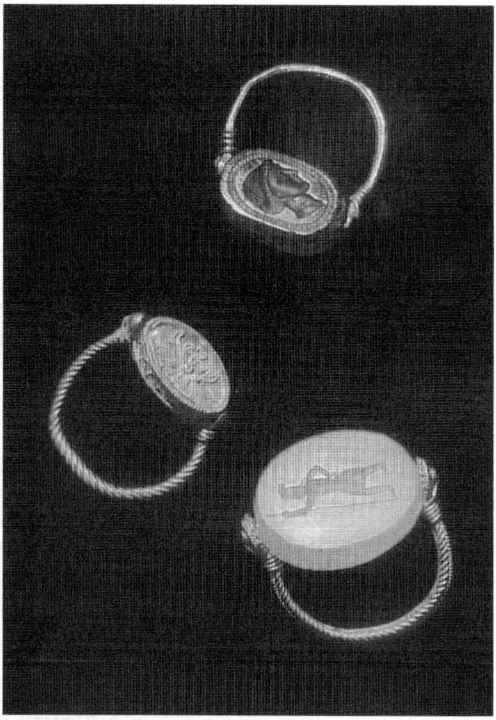

ANÉIS CÁRIOS. Três anéis de ouro do túmulo halicarnasso do século IV a.C. Note-se particularmente o anel de calcedônia com sinete de um soldado persa (embaixo), sugerindo a lealdade de Artemísia a Xerxes. (Don Frey)

BAÍA DE FALERO. Vista da enseada onde se deteve a esquadra persa, com o monte Himetos ao fundo, em direção sudeste. (Barry Strauss)

ESTREITO DE SALAMINA. A partir da ilha, vista de terra firme e das colinas das quais Xerxes acompanhou a batalha. São estas as águas em que transcorreu a batalha. (Barry Strauss)

BAÍA DE AMBELAKI. A antiga enseada da cidade de Salamina, onde parte da esquadra grega ficou estacionada antes da batalha de Salamina. Vêem-se ao fundo o território continental da Grécia à direita (leste) e as colinas de Salamina à esquerda (oeste). (Barry Strauss)

ÉSQUILO. Busto romano do autor de tragédias atenienses, possivelmente cópia de um original grego. (Museu Capitolino, Roma)

TRIRREME FENÍCIA. Sinete de argila representando um navio de guerra sidônio e uma palmeira. Do Tesouro de Persépolis, Irã. (Instituto Oriental da Universidade de Chicago)

REMADORES ATENIENSES. Escultura em relevo da parte intermediária do estibordo de um navio a remo, c. 400 a.C., cerca de oitenta anos depois da batalha de Salamina. Conhecido como Relevo Lenormant, encontra-se no Museu da Acrópole, em Atenas. (Deutsches Archäologisches Institut, Atenas)

PSITALÉIA. Vista da ilhota em direção noroeste, com o farol e a torre de transmissão de construção moderna. Note-se o terreno acidentado e castigado pelo vento. (Barry Strauss)

HAILOS DE CROTONA. Pintura representando um jovem atleta. Ânfora de Ática, 515-510 a.C., pintada por Eutimides. (Museu J. Paul Getty, Malibu, Califórnia)

Vitória no mar. A deusa Palas Atena como padroeira da esquadra, segurando um ornamento de um navio capturado. Jarra em vermelho sobre negro da Ática, 480-470 a.C., atribuída ao Pintor de Brigos. (Metropolitan Museum of Art, Nova York, fundos de vários doadores, 25.189.1)

controlavam a ala em direção leste e ao Pireu". Os jônios tomaram suas posições cerca de três quilômetros a sudeste dos fenícios, no pé do monte Egaleu; cabe supor que estivessem posicionados em frente à baía de Ambelaki e à extremidade sul dos pontos de amarração dos gregos.

O que não encontramos em Heródoto é qualquer indicação da localização dos demais navios persas — cários, cipriotas, cilícios, panfílios e lícios; os egípcios possivelmente estavam em Psitália. Ele chega no entanto a mencionar dois navios cários no calor da batalha, enquanto Diodoro afirma que os cipriotas, os cilícios, os panfílios e os lícios estavam dispostos, nesta ordem, entre os fenícios e os jônios. O mesmo Diodoro sustenta que os egípcios estavam ao largo do canal ocidental, mas seu relato sobre os acontecimentos de Salamina não inspira muita confiança, e é possível que os cários tivessem entrado na batalha mais adiante. Os navios de Cária, Cilícia, Chipre, Egito, Lícia e Panfília, ou parte deles, tomaram posição fora do estreito.

Tampouco podemos presumir que os navios que se encontravam no interior do estreito estivessem alinhados e prontos em formação de batalha quando começou a alvorecer. A duração e as dificuldades da viagem na escuridão, a necessidade de se aproximar o máximo possível do silêncio, o grande número de navios envolvidos, as curvas e viradas do estreito, a expectativa de um inimigo em pânico, os inevitáveis erros e confusões de qualquer operação noturna, tudo isso explica por que achamos que os persas devem ter lutado desordenadamente quando se depararam com os gregos.

Seja como for, estivesse qualquer dos navios persas dentro ou fora do estreito, o fato é que sua tripulação não estava parada. Uma frota de trirremes disposta em formação não pode manter a ordem simplesmente lançando âncora. É necessário que os remadores de cada embarcação, ainda que por turnos, alternem remadas num contínuo movimento para a frente e para trás.

Em cada um dos navios, mãos cheias de calos ignoravam a fricção dos remos; músculos sem descanso desde o esforço da tarde voltavam a se mobilizar. Trabalhavam sem descanso. "Não dormiram nem um pouco", afirma Heródoto. Escreve Ésquilo:

Os senhores dos navios mantiveram toda a tripulação de remadores
Em atividade por toda a interminável noite.

Pouco a pouco, todas aquelas horas de labuta devem ter começado a pesar. Um comandante que entendesse de trirremes teria pensado duas vezes antes de mobilizar homens tão cansados para uma batalha. O rei de Sídon, habituado às atividades marítimas, certamente previu o perigo, mas Tetramnesto não teve a última palavra. Esta coube a Xerxes, e Xerxes nunca havia tocado um remo.

Heródoto relata uma anedota a respeito de uma trirreme fenícia na qual Xerxes teria viajado depois de Salamina. Irrompeu uma tempestade, e, a conselho do comandante, Xerxes ordenou que alguns homens saltassem na água para diminuir o peso na embarcação. Xerxes tinha de escolher entre os nobres persas no convés e os remadores fenícios lá embaixo. Heródoto não tem qualquer dúvida a respeito: Xerxes teria mandado que os remadores se atirassem.

Heródoto considera que é apenas uma anedota, mas ainda assim ela talvez revele a ordem de prioridades do Grande Rei. Para Xerxes, os remadores eram dispensáveis; contavam apenas os persas que estavam no convés. Aparentemente, ele considerava os remadores como bestas humanas de carga. Como cavaleiro, entretanto, Xerxes devia saber que até os animais são vencidos pelo cansaço, dependendo das limitações do próprio corpo.

Se algum dia tivesse prestado atenção aos homens que remavam em seus barcos, o Grande Rei não os teria entregado ao inimigo ao alvorecer, depois de uma noite inteira remando.

CAPÍTULO OITO

SALAMINA

O poeta vai à guerra. Embora tenha 45 anos, no dia 25 de setembro ele se prepara mais uma vez para envergar o mesmo velho peitoral usado dez anos antes em Maratona. Desta vez, certamente desejará combater no convés, como soldado, ou descer para os remos. Pois Atenas não precisa de cada homem? Mas ele não se queixará se, no fim das contas, os comandantes decidirem que já há suficiente número de homens mais jovens para servir no mar, e que ele devia postar-se na praia em Salamina, pronto para desferir sua lança contra qualquer sobrevivente persa que se aventurasse até o litoral. Ele é um patriota da velha escola. É também um dos homens mais famosos da cidade, tendo conquistado o primeiro prêmio no Festival de Dioniso quatro anos antes, em 484 a.C. É um homem daquelas terras; de Salamina, praticamente se pode ver o lugar onde nasceu do outro lado das águas, em Elêusis, terra natal também de seu irmão Cinegiros, que os deuses o tenham, desaparecido heroicamente há uma década nos campos de batalha de Maratona. Filho de Eufrônio, ele é o autor de tragédias Ésquilo.

Oito anos depois, em 472 a.C., Ésquilo voltaria a ganhar o primeiro prêmio no festival, desta vez por uma trilogia trágica da qual fazia parte a peça *Os persas*, na qual relata a batalha de Salamina. Ele sabia do que estava falando, pois havia participado dos acontecimentos em Salamina. É o que afirma Íon de Quios (c. 480-antes de 421 a.C.), poeta que se transferiu para Atenas, conheceu Ésquilo pessoalmente e publicou memórias de justificada fama de precisão. À morte de Ésquilo em 456 a.C., contudo, só havia em seu túmulo uma menção de Maratona, e não de Salamina. Talvez fosse uma determinação do próprio poeta, para não parecer que estava querendo se sobrepor ao próprio irmão, Cinegiros.

Mas também é possível que Ésquilo fosse aqui movido por esnobismo. As melhores pessoas da Grécia, como se classificavam as classes superiores, adoravam Maratona mas torciam o nariz para Salamina. Maratona fora conquistada por bons e sólidos soldados-agricultores de classe média, ao passo que Salamina foi uma batalha do povo, combatida por homens pobres sentados ao remo. E Ésquilo, que, com a idade, tornava-se cada vez mais conservador, talvez se sentisse mais afastado desse povo. É possível, assim, que o poeta preferisse esquecer Salamina.

Em 472 a.C., todavia, Ésquilo talvez ainda vislumbrasse os cavalos brancos do sol erguendo-se sobre a terra naquela manhã e a mancha vermelha ganhando terreno na barba de um grande da Pérsia. Ele se lembrava de coisas que então descrevia em clichês, mas eram clichês justificados, pensaria ele; qualquer um que estivesse ali naquele dia tinha o direito de não encontrar palavras.

Ele se lembrava da potência do navio, quando todos remavam e era possível ouvir os remos rangendo na fricção contra o couro, ou o rumor de tantos remos movendo-se como um só no contato do profundo mar salgado. Lembrava-se dos pescadores, que estavam por toda parte em Salamina, queixando-se de ter perdido pontos de amarração para a esquadra e resolvendo graves problemas de estratégia nas tabernas. Só os pescadores conhecem realmente a água e os ventos e as ondulações da superfície marítima ao nascer do sol. Poderiam naquele dia ter lançado

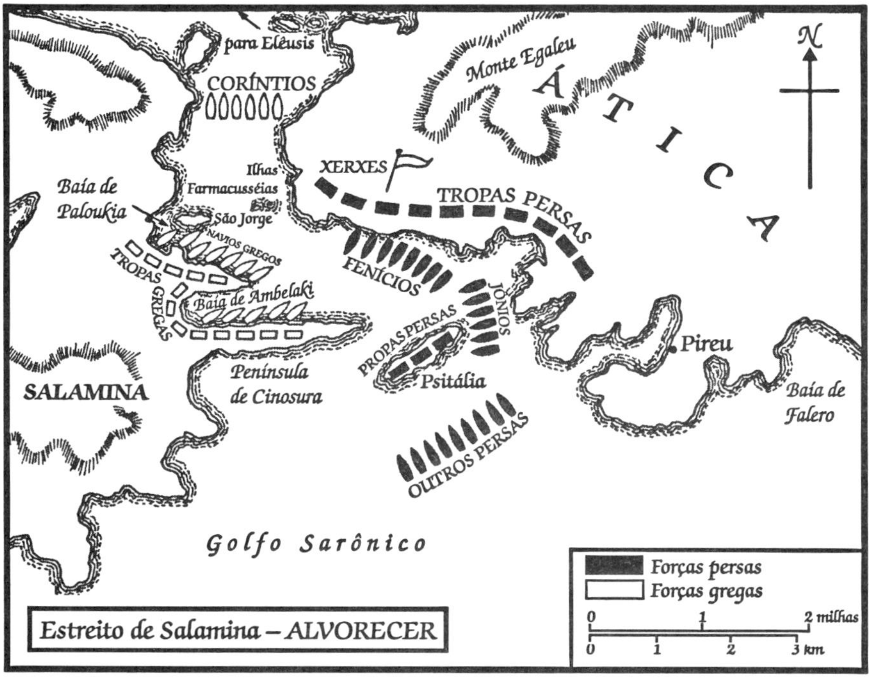

Estreito de Salamina – ALVORECER

suas redes e recolhido persas mortos aos magotes, como cardumes de atum, abertos e desossados como cavalas.

Mas se Ésquilo se lembrava da expressão no rosto dos marinheiros gregos naquela noite, antes de chegar a manhã, quando os capitães os convocaram a seus postos, e eles sabiam que era agora, que chegara finalmente o dia da morte, e os atenienses que ali se encontravam mandavam o pensamento para suas mulheres e seus filhos aqui em Salamina — se Ésquilo se lembrava de tudo isso, não deixou registrado. E no entanto, para qualquer um que ali estivesse, era esta a história a ser contada. As expressões de coragem, aflição, alívio, medo ou ferocidade: estas não foram registradas por ninguém.

Pode ter sido difícil para os gregos em Salamina dormir na noite anterior à batalha, junto aos navios na praia, ouvindo o som do exército de Xerxes em marcha e sabendo que os generais gregos duelavam com palavras na cidade. Todos os generais do Peloponeso queriam remar em direção oeste e lutar por suas casas e famílias. Quanto aos atenienses, megarenses e eginetas, talvez se dispusessem antes a lutar contra os outros gregos do que a abrir mão da oportunidade de ficar em Salamina e rechaçar os persas. A tripulação não sabia se a esquadra haveria de manter-se coesa ou desintegrar-se. Não sabia onde entraria em luta, mas sabia que seria logo, a menos que algum traidor se passasse para o inimigo, mas esta idéia talvez fosse insuportável.

Para aliviar a tensão, alguns talvez contassem piadas. Talvez zombassem dos dedos sarnentos de Temístocles, por exemplo, ou do espetáculo oferecido pela aristocracia, pálida e gorda, tentando manusear um remo. Talvez se queixassem dos contramestres. Ou então discutiam sobre quem combatera melhor em Artemísio. Podiam também perguntar-se quando afinal chegariam a Salamina as estátuas de Éaco e seus filhos.

Até que aconteceu: primeiro, a notícia de que o inimigo passara despercebido pelos gregos, cercando-os no estreito. E veio o grande chamamento. Os gregos entrariam em combate. Era um chamamento do medo e da liberdade. Um grito de guerra para lembrar aos homens por que não se haviam rendido aos persas, como a maioria dos gregos: porque "não são escravos nem se submetem a ninguém", no dizer de Ésquilo.

De modo que os gregos entrariam em combate em Salamina. De uma hora para outra, nesse momento, não mais havia atenienses, espartanos ou coríntios. Eram todos apenas gregos. Por um breve momento, pouco antes do amanhecer de 25 de setembro de 480 a.C., os gregos alcançaram uma unidade que sempre lhes havia escapado. Era uma unidade imperfeita, pois nos navios persas do outro lado do estreito estavam alinhados gregos em quantidade mais ou menos equivalente à dos que combatiam do lado grego. Mas os homens reunidos em Salamina representavam não só a fina flor das cidades-Estado, como também uma abrangente amostragem de sua população masculina. Iam desde os mais ricos aos mais pobres, dos cavalheiros aos patifes, dos campeões pan-helênicos aos eternos perdedores nos jogos infantis, de representantes de famílias tão antigas que pareciam ter brotado do próprio solo a imigrantes de aldeias obscuras de algum lugar da Trácia ou da Sicília. Havia naquele agrupamento cidadãos, estrangeiros estabelecidos em terras gregas e escravos. Ocupavam todos os postos da hierarquia militar grega, dos cavaleiros aos hoplitas (infantes), dos marinheiros aos remadores, dos arqueiros aos exploradores. Finalmente embarcariam para combater.

Não deve ter sido necessário muito tempo para que se preparassem. Todos os gregos já haviam afiado suas armas para a batalha; restava apenas saber onde combateriam. Os remadores precisavam apenas lançar mão das roupas a serem levadas para bordo, além de um pouco de comida e água. Primeiro, no entanto, comeriam. Como os atenienses provavelmente haviam trazido gado para Salamina, os gregos talvez tivessem acrescentado queijo a esta refeição anterior à batalha. Tudo, naturalmente, regado a vinho diluído em água, como sempre entre os gregos. Era a maneira habitual de infundir coragem a um guerreiro de partida para a batalha.

Mas 70 mil homens, total dos que estavam ali reunidos no litoral oriental de Salamina, prontos para embarcar em seus navios, não podem deslocar-se todos de uma só vez. Outros milhares ainda, hoplitas atenienses, muitos dos quais presumivelmente adolescentes ou qüinquagenários, estavam a postos para se posicionar nas areias da praia assim que os navios dessem a partida. E tampouco podemos estar certos de que não havia outros homens, ainda mais velhos, nas colinas e na cidade ali por trás deles, assim como mulheres e crianças, aproximando-se do acampamento e das praias para dar uma olhada em seus homens, trazendo recomendações e palavras de estímulo, e quem sabe até batendo com as mãos e cantando. Era uma manhã como nenhuma outra.

Da baía de Paloukia em direção sul, costeando as curvas da ilha, castigadas pelo vento, até a baía de Ambelaki, 368 navios gregos estavam a postos, fundeados no litoral de Salamina. Contando-se com a trirreme de Tenos, eles representavam 23 cidades-Estado, de Atenas, que tinha 180 trirremes em Salamina, a Serifos, que forneceu uma pentarreme. A civilização que hoje definimos como grega era composta de uma série de grupos étnicos. Falavam todos a mesma língua e adoravam os mesmos deuses, mas eram diferentes suas leis e costumes. Os marinheiros que se encontravam em Salamina representavam uma amostragem praticamente completa dos grupos étnicos gregos: havia entre eles jônios e dórios, que eram os dois principais grupos, assim como aqueus, dríopes e macedônios.

Os espartanos entravam com o general no comando, de modo que ocupavam a tradicional posição de honra na extrema direita da linha de navios, na extremidade sul da baía de Ambelaki. Os gregos consideravam a extrema direita como a posição de honra, pois numa batalha de infantaria cada hoplita trazia o escudo na mão esquerda, deixando exposto o flanco direito. Cada guerreiro protegia a sua direita por trás de parte do escudo daquele que tinha à sua direita, à exceção, naturalmente, do combatente que estivesse na extrema direita. Ocupava ele a posição mais perigosa e portanto mais honrosa.

Pela tradição, a posição específica também era concedida à cidade que viesse em segundo lugar em importância: a ala esquerda. Em Salamina, esta honra coube a Atenas, cujos navios estavam presumivelmente fundeados na baía de Paloukia. Egina ficou com a posição à direita de Atenas, a julgar pela facilidade de comunicação entre um comandante ateniense e um egineta durante a batalha.

De acordo com essa formação, os espartanos ficaram em frente aos jônios e talvez outros gregos, enquanto os atenienses e talvez os eginetas ficaram em frente aos fenícios. Em outras palavras, as melhores trirremes gregas estavam posicionadas frente aos melhores trirremes persas. (Não sabemos em que pontos da linha de batalha se posicionavam os outros contingentes gregos.)

Contando-se todas as tripulações em sua integridade, esses 368 navios contariam com cerca de 62 mil remadores. Ao tomarem seus lugares, os remadores voltavam-se uns para os outros e apertavam-se as mãos. Eram eles a espinha dorsal da batalha, e no entanto não sabemos o nome de um único deles. Somente alguns poucos capitães e comandantes são conhecidos pelo nome. Na verdade, as antigas fontes literárias — histórias, dramas, poesia lírica, filosofia — jamais mencionam nominalmente um único remador, exceto no caso de heróis míticos como os argonautas. Esse silêncio reflete ao mesmo tempo uma multissecular tendência das guerras navais a concentrar a atenção nas embarcações, e não nos indivíduos, e também uma parcialidade da literatura antiga pelas classes mais altas. Apesar dos autores literários, contudo, efetivamente chegaram a nós os nomes de várias centenas de remadores da frota ateniense por volta de 400 a.C., preservados num documento público: uma extensa inscrição em pedra. Nela ficamos sabendo, por exemplo, de um certo Democares do demo de Torico, cidadão ateniense; de Telesipo do Pireu, imigrante estrangeiro; de Assírios, propriedade de Alexipos, um escravo; e de Simos, mercenário da ilha de Tasos. Todos esses nomes, é claro, praticamente nada significam hoje em dia, e é talvez precisamente isso que chama a atenção. Em Salamina, a liberdade da Grécia dependia de homens comuns com nomes comuns. Era com efeito a batalha da democracia.

Nas trirremes atenienses, mais que em quaisquer outras, a importantíssima figura do capitão ou timoneiro também era um produto da democracia. Sentado na popa com um cabo de leme em cada mão (as trirremes tinham leme duplo), o capitão conduzia o navio. Tomava, às vezes em frações de segundo, decisões que podiam determinar a vitória. O capitão devia ser não só firme, conhecedor e obstinado, como também rápido, inteligente e independente. E eram precisamente estas as qualidades promovidas pela democracia ateniense. A sociedade que produziu Temístocles haveria de revelar-se terreno fértil para o recrutamento de capitães do mar.

Os grandes pilotos podiam desempenhar um papel decisivo em Salamina. A exigüidade do espaço do estreito não deixava margem de manobra para erros. Além disso, o grande número de soldados e arqueiros persas deixaria os gregos vulneráveis se seus navios fossem golpeados com o esporão dos navios inimigos e abordados. Cabia aos capitães evitar os esporões persas e ao mesmo tempo golpear os navios inimigos com os gregos.

À medida que iam entrando em seus navios, alguns marinheiros podem ter contemplado a possibilidade da morte, enquanto outros tentavam afastar a idéia de que jamais voltariam a pôr os pés na terra. Provavelmente sabiam que, em caso de morte, mesmo que vencessem a batalha, talvez nunca viessem a ser enterrados, e os gregos tinham um particular horror de deixar cadáveres insepultos. Consideravam terrível até mesmo aceitar que o enterro fosse promovido por estrangeiros, e não por seus entes queridos.

Quando alguém morre na água, o corpo flutua durante várias horas, mas acaba perdendo o ar dos pulmões e afunda. Se não for levado pelas ondas e os ventos em tempo até a praia, não retornará à superfície por vários dias, até que afinal volte a flutuar em virtude dos gases geralmente emitidos pelas bactérias que proliferam no abdômen. Todavia, uma ferida perfurada no pulmão, provocada por exemplo por uma flecha, um dardo ou uma espada, permite a saída dos gases, fazendo com que o cadáver demore mais a subir. Se o corpo não for encontrado em prazo de quatro dias, o rosto já não poderá ser identificado. Houve um episódio em que os hoplitas espartanos parecem ter entrado em combate portando identificações escritas, mas nada mais sabemos dos primitivos crachás que os antigos guerreiros gregos podem ter usado.

Era possível, portanto, que o corpo de um marinheiro nunca voltasse para casa. Em anos posteriores, quando se realizava em Atenas anualmente um funeral público para os tombados na guerra, havia sempre um caixão vazio simbolizando os desaparecidos.

A causa pela qual lutavam e o companheirismo certamente reconfortavam os homens que subiam a bordo. Mas também é possível que encontrassem um motivo de união e esperança nos próprios navios. Para os gregos, as trirremes não eram simplesmente máquinas, nem apenas "paredes de madeira": eram entidades vivas e sagradas, exatamente como as montanhas, as fontes e os bosques.

Todo navio tinha o seu nome. Embora não tenhamos conhecimento do nome de uma única das trirremes que participaram da batalha de

Salamina, conhecemos centenas desses nomes empregados na Atenas dos séculos IV e V. Considerava-se que os navios eram do sexo feminino. Recebiam nomes de deusas, como Ártemis e Afrodite; de semideusas como Tétis e Anfitrite; de ideais, como a Democracia, a Liberdade e a Igualdade; de animais, como a Leoa, a Gazela e o Cavalo Marinho; de locais náuticos, como o cabo Suniun e Salamina; de armas, como o Dardo; de soldados, como Hoplita ou Efebo (jovem recruta); e até de conceitos ligados à pirataria, como Estupro e Pilhagem. Fora de Atenas (e, em certos casos, fora da Grécia), temos conhecimento de navios batizados, por exemplo, com nomes de uma esfinge, uma cobra, uma águia, uma flor, um cavalo com seu cavaleiro, e os heróis Cástor e Pólux.

Todo navio tinha o objeto que o simbolizava pintado numa placa presa à proa. O nome também podia ser inscrito com letras, mas a imagem pintada tinha várias finalidades importantes. Era relativamente fácil de ser identificada durante a batalha, configurava um símbolo arregimentador do entusiasmo da tripulação e, não menos importante, era compreensível. A maioria dos remadores das frotas antigas com quase toda a certeza era analfabeta ou insuficientemente alfabetizada. Alguns teriam dificuldade para ler, mas a figura podia ser lembrada.

As trirremes também eram ornamentadas. No mastro da popa havia sempre uma escultura, representando antes uma região que um símbolo do navio, e é provável que todas as trirremes de determinado contingente tivessem no mastro a mesma escultura. Ao que parece, os navios gregos eram invariavelmente ornamentados com cabeças de cisne. Os navios persas aparentemente apresentavam uma cabeça humana em indumentária persa, representando talvez um guerreiro heróico ou mesmo o Grande Rei. Desmontáveis, os ornamentos da popa eram levados como troféu quando o navio era afundado. As trirremes fenícias também eram decoradas na proa, possivelmente com a figura de um deus guardião.

Finalmente, cada trirreme e mesmo todo navio, fosse na Grécia ou em outras regiões do antigo Mediterrâneo, ostentava de ambos os lados da proa placas polidas e pintadas de mármore com a imagem de um olho.

Ésquilo chama as trirremes de "navios do olho negro". O costume de representar olhos remontava ao antigo Egito. Os olhos simbolizavam a deidade protetora do navio. Assim como um sentinela ficava na proa enviando mensagens para o capitão, da mesma forma os olhos permitiam que a deidade protetora perscrutasse o horizonte. Ésquilo fala da "proa que divisa o caminho pela frente com seus olhos que obedecem (...) à orientação do leme".

Os olhos também serviam para assinalar o caráter sagrado da proa. Não foi por acaso, por exemplo, que, em agosto, ao capturarem uma trirreme de Trezena ao largo da ilha de Cíato, os persas escolheram a proa da embarcação para degolar em ritual de sacrifício um marinheiro inimigo, chamado Leon.

Os olhos da proa, o nome do navio (especialmente quando homenageava uma divindade ou um herói) e o ornamento da popa simbolizavam a fé e a confiança dos marinheiros na proteção dos deuses. Atena podia ter permitido que os templos da Acrópole ateniense fossem destruídos, mas não deixaria de vingá-los.

A caminho do combate, os guerreiros costumam orar, e os marinheiros de Salamina não seriam exceção. Os gregos sempre sacrificavam um animal antes da batalha. Não sabemos se, em Salamina, fizeram um só sacrifício em nome de todos ou se cada uma das cidades-Estado fez separadamente o seu sacrifício. Os espartanos sempre sacrificavam um bode a Ártemis, de modo que, se Euribíades cumpriu o ritual em nome de toda a frota, certamente teria escolhido um bode. É bem possível que os atenienses fizessem o mesmo. Às vezes escolhiam um animal diferente para ser sacrificado antes da batalha, mas em Maratona, em 490 a.C., haviam prometido sacrificar a Ártemis um número de bodes igual ao de inimigos mortos durante a batalha. Como massacraram seis mil persas em Maratona, a coisa não se revelou factível, e eles optaram por sacrificar quinhentos bodes por ano no sexto dia do mês de bedrômio (por volta de setembro). Caberia supor, assim, que em Salamina eles terão se contentado em celebrar o sucesso sacrificando um bode a Ártemis.

Além disso, os gregos costumavam orar aos deuses por uma viagem tranqüila. Pouco antes da partida, ocupados os navios pelas tripulações e recolhidas as escadas, cada um dos comandantes tomava a frente da cerimônia. Ele é que dizia as orações, seguindo-se um hino entoado pela tripulação, e tudo terminava derramando-se uma taça de vinho da popa.

Era praxe oferecer o sacrifício de um animal aos deuses antes da batalha e uma libação com vinho antes da partida. Mas existem mitos em torno das cerimônias que assinalaram um momento tão solene como o lançamento da frota grega em Salamina. É possível que tenha sido nesta ocasião, por exemplo, que, no momento do alvorecer em que Temístocles falava do convés de seu navio, uma coruja supostamente fez um vôo rasante sobre a frota a partir da direita e pousou na adriça do mastro. Os presentes viram ali um bom presságio, pois a coruja era o pássaro de Palas Atena e viera da direita, o lado auspicioso.

Mais lúgubre é a história do sacrifício de Temístocles. Segundo o filósofo Fânia de Lesbos, que foi aluno de Aristóteles, Temístocles sacrificou três vítimas humanas ao lado de sua trirreme. Ornamentados com jóias de ouro, eram persas muito graduados, nada menos que os filhos da irmã de Xerxes, Sandauce, e de seu marido Artauctos. Aparentemente, estava sendo realizado o sacrifício de um animal quando eles foram levados a Temístocles. Nesse momento, um vidente chamado Eufrantides afirmou ter visto uma chama elevar-se do altar e ouvido um espirro vindo da direita. Em transe, ele tomou Temístocles pela mão e disse-lhe que, para obter a vitória, teria de sacrificar os três jovens a Dioniso Carnívoro. Temístocles recusou-se, mas a multidão arrastou os persas até o altar e os degolou. Plutarco, que reproduz a história com base em Fânia, considera que tem fundamento, mas também relata o que seria uma outra versão, na qual Aristides captura os prisioneiros mais tarde, durante a batalha, só depois ocorrendo o suposto sacrifício nas mãos de Temístocles.

Ao romper o dia, por volta das 6h15, podia-se ver a formação dos navios persas do outro lado do estreito. Os generais gregos reuniram-se em assembléia. Não era incomum lançar uma esquadra antes do alvorecer, mas não teria sido viável realizar uma assembléia de mais de três mil homens no escuro. Além disso, os comandantes gregos tinham outros motivos para postergar o lançamento da frota, como logo veremos.

Da assembléia participavam apenas os soldados. Pode parecer estranho que os remadores não fossem convocados, mas era a prática que prevalecia nas assembléias dos antigos navios gregos antes das batalhas. Uma assembléia de soldados de mais de trezentos navios congregava mais de três mil homens; a convocação dos remadores significaria uma assembléia com mais de 60 mil participantes, e não havia em toda a Grécia uma colina suficientemente grande para abrigar toda esta multidão. Além disso, o embarque da frota teria sido perigosamente retardado se fosse necessário esperar o fim da assembléia para embarcar tantos homens em tantos navios. Era muito mais prático que os remadores se acomodassem primeiro em seus bancos nos navios, enquanto a assembléia se realizava, bastando em seguida que os soldados saltassem no convés.

O objetivo da assembléia era inspirar a tripulação. Os generais gregos costumavam dirigir-se às tropas antes de enviá-las ao combate. Os remadores certamente também precisavam de inspiração, mas talvez os soldados estivessem expostos a perigo maior, considerando-se que ficavam no convés e podiam ter de enfrentar combates corpo-a-corpo.

Mas havia um último motivo para falar aos soldados e não aos remadores: o prestígio dos combatentes armados. Ao contrário dos remadores, os soldados portavam espada e lança. Em 480 a.C., os soldados provavelmente provinham da classe social de que saíam os hoplitas da Grécia: os homens de posição intermediária na escala de riqueza, em sua maioria agricultores. Vinham eles de famílias que, há gerações, constituíam a espinha dorsal dos exércitos gregos. Entre os remadores, por sua vez, certamente havia homens de posição modesta naquela escala: sem eles não seria possível conseguir mãos para todos os remos. Mas muitos dos remadores eram homens pobres, e às vezes de uma pobreza extrema, e as necessidades da força guerreira grega determinavam que até os escravos fossem arregimentados. Nos exércitos gregos, os pobres exerciam apenas funções coadjuvantes, integrando tropas com armas leves, e às vezes sequer chegavam a entrar em combate. Dirigindo-se aos soldados, portanto, os comandantes prestavam homenagem à tradição marcial do povo grego. Também estavam lembrando aos soldados, pelo menos em termos simbólicos, que eles constituíam a elite da tropa.

Foram então reunidos os soldados. Cada um deles provavelmente vestia uma túnica cintada de mangas curtas, cobrindo-se talvez com uma capa para se proteger do frio matinal nas águas. Portavam escudo, lança e espada. Muitos traziam também peitoral.

Vários comandantes tomaram a palavra, mas Temístocles parecia mais eloqüente. O que os outros disseram não ficou registrado, tendo chegado a nós apenas a essência da fala de Temístocles. Relata Heródoto:

> *Suas palavras contrastavam o melhor e o pior na natureza humana e na condição humana. Disse aos homens que escolhessem o melhor, encerrou seu discurso de maneira altissonante e deu ordens para que subissem aos navios.*

À primeira vista, as palavras de Temístocles parecem decepcionantes. Examinadas mais atentamente, contudo, revelam toda a eloqüência da simplicidade. Não haveria possivelmente melhor maneira de dizer a todos aqueles homens como tudo dependeria do seu comportamento no dia que tinham pela frente.

Mas também é possível que, para variar, Temístocles percebesse que o melhor era ser discreto. Nada que ele pudesse dizer teria afetado as tripulações com a mesma força dos sacrifícios, das orações e dos presságios. E com efeito, no último momento, quando Temístocles concluíra, e os soldados subiam aos navios, manifestou-se mais um augúrio de êxito. A trirreme de Egina, enviada para buscar as estátuas dos filhos de Éaco, finalmente chegou. O efeito benéfico não poderia ter sido maior se 70 mil vozes clamassem em uníssono “Os deuses e heróis estão conosco!”.

Embora possa ter saudado com gratidão o retorno da tripulação que fora a Egina, Temístocles certamente focalizou sua atenção na esquadra. Seus homens, descansados depois da noite passada em terra e loucos para vingar seus deuses e defender suas famílias, enfrentavam um inimigo cujos navios ainda tomavam posição e cujos capitães talvez começassem a se impacientar. Os persas esperavam encontrar uma frota desmoralizada e pronta para fugir; em vez disso, enfrentavam um inimigo disposto à luta, enquanto eles próprios contavam com tripulações cansadas e navios posicionados para a missão errada. No espaço de um dia, os gregos haviam passado do desespero a uma real possibilidade de vitória. Haviam recebido dos deuses uma oportunidade que a maioria deles jamais seria capaz de imaginar.

Dos deuses, mas através de seu fiel servidor, Temístocles. O ateniense era irreverente com os homens mas sempre se mostrara devoto de Ártemis. Devia à deusa mais que apenas o sacrifício de um bode pelos benefícios que a artimanha arquitetada com Sícinio rendera aos gregos. E pode ser também que Temístocles ainda tivesse em estoque outras jogadas antes do início da batalha. As fontes antigas são tão problemáticas neste terreno que podemos apenas considerar plausíveis esses estratagemas: não sabemos se efetivamente foram postos em prática ou apenas vieram a ser alimentados na lenda. Tratando-se de Temístocles, contudo, não podemos descartar qualquer recurso.

O primeiro ardil diz respeito ao papel de Corinto na batalha. Anos mais tarde, por volta de 430 a.C., quando Corinto e Atenas se haviam tornado os piores inimigos, os atenienses afirmavam que, no início da batalha de Salamina, os coríntios içaram as velas e fugiram, em vez de lutar. Em outras palavras, comportaram-se exatamente como os sâmios em Lade em 494 a.C. Isso no entanto era negado por todos os outros povos gregos. Por outro lado, antes de 430 a.C. os atenienses haviam permitido que os coríntios erguessem monumentos à vitória em Salamina. Relatando o fato, Heródoto mantém-se em posição neutra.

A história a respeito de Corinto pode não passar de invencionice, mas também pode conter um elemento de verdade. Suponhamos, por exemplo, que os coríntios efetivamente tivessem içado as velas e fugido, mas apenas para enganar os persas. Nesse caso, os persas seriam levados a se convencer do colapso dos gregos. Tranqüilizados pela manobra enganosa, seriam apanhados de surpresa pela fúria da investida grega. Enquanto isso, os coríntios rapidamente tratariam de recolher as velas e entrar na batalha.

O segundo ardil, envolvendo ondas e ventos, é ainda mais complexo. Dizem que só os pescadores realmente conhecem os ventos. Para ganhar a vida, precisam saber quando há segurança no mar e quando devem ficar em terra; têm de saber se podem dormir até o alvorecer ou se precisam levantar-se mais cedo, para poder lançar as redes em mar calmo. Um bom pescador é capaz de prever com precisão, na noite da véspera, os ventos que deverá enfrentar na manhã seguinte.

O comandante naval inteligente, assim, sabe que os pescadores representam uma contribuição valiosa. Caberia imaginar que Temístocles tomasse a iniciativa de travar conhecimento pessoalmente com os pescadores de Salamina. Como bom político, conheceria seus nomes, beijaria seus filhos e faria as necessárias perguntas sobre os ventos.

É perfeitamente possível que, apenas concluído seu discurso aos soldados naquela manhã, Temístocles levantasse o dedo no ar, instruído pelos pescadores. Deles, pudera ouvir que, passadas duas horas do alvorecer, a *aura* começaria a soprar.

A *aura* é uma brisa marítima. Na região da Ática, sopra do sul, ao largo do golfo Sarônico. A *aura* é uma brisa suave, raramente chegando a uma velocidade de quatro ou cinco milhas náuticas por hora. Na região da Ática, geralmente começa a soprar entre 8h e 10h. Outro fenômeno comum é o vento norte proveniente do continente que se segue à *aura*.

Se Temístocles estava esperando que uma *aura* soprasse na manhã de 25 de setembro, é porque a informação devia ser de grande interesse para ele. Ele sabia que a *aura* ganhava força no estreito de Salamina, de acordo com um fenômeno hoje conhecido pelos meteorologistas como efeito de canalização. E certamente pudera testemunhar pessoalmente os efeitos do fenômeno. Não estava esperando propriamente um furacão, mas sabia que a *aura* faria as embarcações oscilarem e balançarem na água. O que poderia fazer uma diferença na batalha.

Aqui, o historiador entra em terreno fascinante, ainda que perigoso. Heródoto nada diz sobre os ventos em Salamina. Mas o fato é que nada diz sobre ventos em qualquer batalha naval. As informações de que dispomos vêm de Plutarco. Embora estivesse escrevendo seis séculos depois da batalha de Salamina, Plutarco teve acesso a vários relatos do século V a.C. além do de Heródoto, relatos de que não mais dispomos hoje. Em geral, Plutarco mostrava-se cauteloso em suas investigações, costumando identificar claramente as histórias inverossímeis. E além do mais era grego, de modo que conhecia bem o clima.

Plutarco informa que Temístocles esperou pela aura antes de dar a ordem para que as trirremes gregas investissem. Ficou esperando que "uma brisa forte (...) do mar e uma onda percorressem o estreito". Esperava que nessas condições os persas tivessem problemas, pois sabia que suas trirremes "erguiam-se muito na popa, tinham bordas-falsas e naufragavam com facilidade". Em outras palavras, as ondas afetariam os navios persas por causa de sua altura. O efeito das ondas nos navios gregos não preocupava muito Temístocles, pois "tinham calados pequenos e mantinham-se baixos na água". Com efeito, Temístocles podia estar certo, pois outros elementos documentais confirmam que as trirremes fenícias tinham bordas-falsas. Esta característica, destinada a proteger o grande número de homens reunidos no convés, tornava os navios vulneráveis aos ventos.

Poderíamos ainda acrescentar que os gregos tinham a vantagem de saber o que os esperava. Os persas, em contrapartida, navegavam no escuro: não tinham a quem perguntar sobre a direção dos ventos, pois a Ática havia sido evacuada. Tinham de contar com a família exilada do antigo tirano de Atenas, cujos integrantes em boa parte não viam Atenas há trinta anos, e dificilmente teriam alguma vez passado algum tempo com os pescadores locais.

Se Plutarco está com a razão, Temístocles ainda guardava um trunfo contra a frota persa. Mas só alguns poucos dentre as dezenas de milhares de homens da frota grega poderiam ter compartilhado com ele uma visão estratégica global da situação. Em sua maioria, eles distinguiam apenas a ameaçadora massa das trirremes inimigas e as costas dos remadores sentados à sua frente, a luz do alvorecer refletida numa floresta de pontas de lanças e o sangue pingando da garganta do animal sacrificado.

Em algum ponto da multidão, fosse numa trirreme ou entre os que estavam em terra, podemos imaginar um poeta dividido entre a obrigação e uma métrica iâmbica ainda inédita. Sua mente era percorrida por frases como "senhor do remo", "rico em mãos e rico em remadores", "entrar na batalha com os esporões de seus navios" e "isolar a onda invencível com robustas muralhas". E no entanto, por mais versos que tenha produzido, Ésquilo voltava sempre ao mesmo: *theoi polin soizousi Pallados theas.* "A cidade de Atenas será salva pelos deuses."

Quanto a Temístocles, conseguira tudo que almejara. Não obstante as reiteradas tentativas de seus aliados de evitá-lo, não obstante o empenho dos inimigos no sentido de enfrentar a situação em melhores condições, um astuto ateniense dera origem a um confronto de mil navios de guerra exatamente onde pretendia, no exato momento em que pretendia. Temístocles organizara a batalha perfeita. Restava apenas iniciar os combates.

A BATALHA

CAPÍTULO NOVE

O ESTREITO DE SALAMINA: MANHÃ

O comandante Ariabignes, comandante dos contingentes jônio e cário da frota persa, filho de Dario e meio-irmão de Sua Majestade, o Grande Rei Xerxes, está sentado na popa do navio capitânia. O navio, de proporções inusitadas, tem uma popa majestosa e parapeitos altos. Podemos imaginar Ariabignes ali sentado, pouco depois do alvorecer do dia 25 de setembro, meditando nas incertezas com que se defronta. Talvez acaricie distraidamente com os dedos as voltas do pesado colar de metal torcido que tem no pescoço. Corre em suas veias o nobre sangue de Gobrias, um persa de grande coragem, precioso demais para ser derramado no mar. Mas guerra é guerra, onde quer que ocorra, e o comandante é um guerreiro experimentado. Sabe que a confusão é inimiga da vitória, e tem motivos para estar confuso.

Ele esperava surpreender os covardes gregos tentando escapulir de seus ancoradouros em Salamina na calada da noite, motivo pelo qual toda a esquadra persa foi mobilizada no estreito em plena escuridão. Mas nem

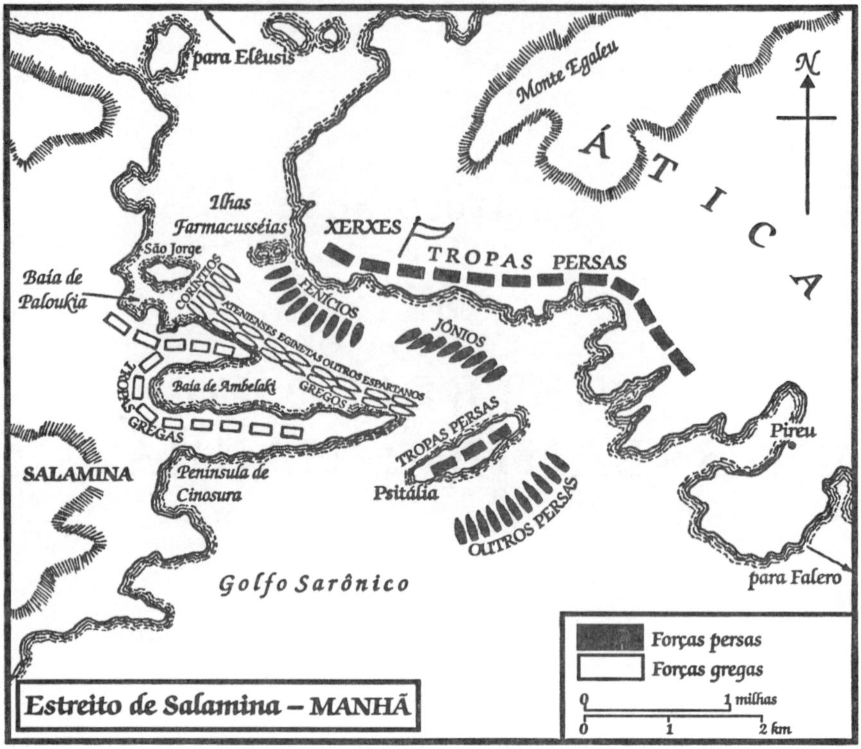

Estreito de Salamina – MANHÃ

uma única embarcação grega moveu-se durante a noite, à exceção de uma trirreme que *entrou* ao invés de sair do estreito; Ariabignes não o sabia, mas era o navio de Aristides. Se os quarenta navios coríntios efetivamente tivessem içado velas ao alvorecer e fugido, Ariabignes talvez se tivesse tranqüilizado: era mesmo típico dos gregos ficar tão paralisados pela falação que nem eram capazes de dar meia-volta no momento certo. Ainda assim, ele poderia ficar imaginando por que as outras trirremes gregas não haviam acompanhado as primeiras a fugir.

É improvável que Ariabignes suspeite de que a esquadra persa caiu numa armadilha. Comandantes de esquadras reais não gostam de reconhecer que incorreram em erro, muito menos erros que possam levar descrédito a um irmão no trono. O próprio Xerxes ordenara que a frota entrasse no estreito, e se encontrava pessoalmente em Salamina. Escreve Ésquilo a respeito do rei:

Ele descortinava de seu assento todo o exército,
Numa colina elevada ao lado do amplo mar.

Xerxes acompanhou a batalha da encosta do monte Egaleu, no continente. O Grande Rei sentava-se num trono dourado, olhando para baixo como um deus do Olimpo olharia para os homens que se preparavam para morrer em nome de sua ambição.

Ariabignes talvez se reconfortasse com a idéia de que seus homens haveriam de lutar com denodo, fosse o que fosse que tivessem pela frente. Se a imagem de Xerxes nas alturas não fosse o bastante para assegurar sua lealdade, a presença de marinheiros iranianos e sáceos em cada navio compensaria. Como os navios do Grande Rei haviam cruzado o Helesponto em maio, somente seis trirremes, todas gregas, se haviam passado da frota persa para o campo inimigo. Assim podia raciocinar Ariabignes, mas parece duvidoso que tivesse noção do que estava por vir.

Enquanto isto, a cerca de um quilômetro e meio, do outro lado do estreito, os gregos valiam-se plenamente da vantagem que tinham sobre os persas: o conhecimento da verdade. Preparavam-se para surpreender o inimigo com um ataque.

A surpresa é uma arma. Não raro subestimada, é um dos mais baratos e eficazes elementos de multiplicação da força, assim como um dos mais versáteis. É possível surpreender o inimigo não só no momento ou na localização da batalha, mas também na maneira de lutar. Ariabignes e seus outros comandantes sabiam que toda a marinha grega estava à sua frente. O que não sabiam e talvez sequer pudessem imaginar era que os gregos estavam prontos para a batalha. E no entanto, naquela manhã, por volta de sete horas, senão antes, os acontecimentos haveriam de forçar Ariabignes a reconhecer a verdade. Os persas haviam sido enganados.

Temístocles sabia, para citar uma moderna máxima militar, que é devastador "cair em cima do inimigo com o trovão antes que ele possa ver o relâmpago". Na formulação dos antigos, a coisa parece mais simples: eles acreditavam que o pânico era divino. Em Salamina, assim, os gregos lançaram todo o peso da tempestade da guerra sobre um inimigo que esperava um chuvisco.

Pouco antes das sete horas, assim que Temístocles e os outros generais gregos encerraram suas preleções e os marinheiros subiram às trirremes, uma ordem foi passada de navio em navio. Pela fileira de trirremes fundeadas nos ancoradouros e posicionadas frente às praias das baías de Ambelaki e Paloukia, foi transmitida a ordem, talvez pela trombeta, talvez levantando uma bandeira vermelha, talvez erguendo um escudo de ouro ou prata — ou até as três coisas ao mesmo tempo: os gregos lançariam seus navios.

Na outra extremidade do estreito, o primeiro indício de que os persas enfrentariam problemas foi o inesperado som que partiu dos fundeadouros gregos. "Os gregos emitiram triunfalmente um grito cantado", relata Ésquilo, "e ao mesmo tempo as rochas da ilha devolveram em eco aquele som agudo." Era o peã.

Tratava-se de um hábito peculiarmente grego, de origem dória mas que viera a ser adotado pelos outros gregos. Ésquilo define o peã como "um grito sagrado emitido em voz alta (...) um berro oferecido em sacrifício, infundindo coragem nos amigos e dissolvendo o medo do inimigo". Quando um exército marchava para a batalha ou uma esquadra deixava o ancoradouro para enfrentar combates no mar, os homens entoavam o peã. Era uma mistura de oração, hurra e grito de rebeldia.

Os persas já haviam ouvido antes o peã, inclusive recentemente, em Artemísio e nas Termópilas. Mas nas últimas semanas, derrotando inimigos quase indefesos em Eubéia, Fócida e Ática, haviam-no esquecido. Era a última coisa que esperavam nessa manhã. Ésquilo descreve sem rodeios seu suposto efeito nos persas que se encontravam a bordo:

Todos os bárbaros sentiam medo porque se viam privados
Do que esperavam. Os gregos estavam cantando o altivo peã
Não para fugir, mas porque se lançavam
Na batalha e tinham o coração valente.

Em seguida, os alarmados persas ouviram ressoar as trombetas gregas, em inequívoco brado de guerra. A antiga trombeta, ou *salpinx*, era um longo tubo fino e reto desembocando num pequeno sino. Tinha entre 80 centímetros e um metro e meio de comprimento: não era propriamente de fácil manuseio, mas com certeza emitia sons fortes. Homero compara o som do *salpinx* com o terrível grito de Aquiles. Um crítico de música da Antigüidade, Aristides Quintilianos, considerava o *salpinx* "um instrumento terrível e belicoso", "masculino" e "veemente".

Veio em seguida o som dos remos inimigos sendo movimentados sob voz de comando, com firmeza e em uníssono, "na remada regular dos remos que se apressavam juntos", para citar Ésquilo. Significativamente, a palavra grega *embole*, remada, significa também "ataque" e "investida". Não podia haver dúvidas quanto ao significado daquele som.

A essa altura, os gregos já haviam deixado as sombras do litoral e podiam ser vistos claramente pelos persas. Poucos minutos se haviam passado entre o som do hino de louvor e a visão do inimigo. Ao contrário dos gregos, que haviam estabelecido um plano de batalha em terra, desfrutando pelo menos de algum tempo para concatenar as idéias, os persas tiveram de reagir atabalhoadamente.

Do navio capitânia, Tetramnesto, rei de Sídon, certamente pôde avaliar a situação. Dois outros monarcas fenícios também estavam presentes ali por perto: Matten, rei de Tiro, e Marbalos, rei de Aradus. Como os três representavam a maior tradição naval do mundo, é provável que tenham reagido com calma. Mas uma onda de emoção, sacudindo do mais modesto marinheiro ao mais importante cortesão, impediu uma reação equilibrada ao desafio grego. Além disso, os comandantes persas Magabazo e Prexaspes tinham a palavra final, e provavelmente não desfrutaram no mar da mesma facilidade que os fenícios.

Só podemos imaginar os diferentes sentimentos que tinham vazão nos navios persas. No caso dos capitães, podia ser medo; no dos remadores, fúria; para os pilotos, frustração; para os comandantes de contingente, autoritarismo; para os céticos, autocondescendência; para os comandantes, fantasias de vingança. Os fenícios culpavam os jônios; os jônios culpavam os egípcios; os egípcios culpavam os cipriotas; e todo mundo culpava os persas. E é provável que os persas levassem nervosamente as mãos ao pescoço, pensando na fúria de Xerxes com os que lhe tivessem faltado.

Quaisquer que fossem os sentimentos, os persas eram suficientemente profissionais para entrar em ordem. Temos de reconhecer, a seu crédito, que partiram do litoral da Ática em direção ao outro lado do estreito para ir ao encontro da frota grega. "Quando eles [os gregos] lançaram seus navios", escreve Heródoto, "os bárbaros sem demora estavam em seu encalço."

Enquanto isso, em Salamina, a frota grega punha-se em movimento. Como sempre, a ala direita, no caso liderada pelos espartanos sob o comando de Euribíades, tomava a frente do avanço. Escreve Ésquilo:

Primeiro a ala direita em ordenada formação
Toma a frente, e depois toda a frota
Avança.

Mas para onde avançavam? Heródoto dá algumas indicações, e o resto pode ser depreendido das práticas antigas da guerra. Como dizem os poetas, as trirremes eram "carruagens flutuantes com esporões de bronze". O essencial numa batalha de trirremes era elevar ao máximo as chances de abalroar e abordar o inimigo, ao mesmo tempo minimizando as possibilidades de que ele fizesse o mesmo. Em condições ideais, o atacante deveria aproximar-se da vítima pela popa, para proteger-se do esporão de sua proa. A abordagem proa a proa só se tornou viável com o fortalecimento da madeira da proa dos navios, tática inventada pelos coríntios em 413 a.C. Como o inimigo não ofereceria voluntariamente os lados da trirreme, para abordar era geralmente necessário manobrar ao redor ou através da frota inimiga. O atacante trataria então de abalroar a vítima na parte posterior do navio, ou seja, a da popa. Nesta posição, os remos do atacante poderiam manter-se livres, permitindo uma retirada rápida e fácil. Além disso, atacando num ângulo estreito, o atacante minimizava o risco de forçar e empenar seu próprio esporão.

Mas as condições raramente são ideais, e o atacante às vezes tinha de abalroar o inimigo a meia-nau. Outras vezes, arriscava aproximar-se da proa do inimigo e ter de voltar-se rapidamente para esporear. Neste caso, o piloto atacante podia tentar usar o esporão para atingir os remos da outra trirreme e quebrá-los contra a roda de proa de sua própria embarcação, depois de instruir a tripulação a recolher os remos. Era uma manobra difícil, mas provavelmente mortal para os remadores do inimigo, que eram derrubados.

A tática essencial no início da batalha consistia em dispor os navios enfileirados lado a lado, cuidando ao mesmo tempo de evitar que se formassem espaços entre eles, para não deixar o flanco exposto. Quanto menor e mais rápida uma frota, mais importante era cobrir os flancos, e os gregos se encontravam em inferioridade numérica em relação a um inimigo dotado de embarcações mais leves, rápidas e ágeis.

Ao deixarem as saídas estreitas de seus fundeadouros, os gregos remaram inicialmente em fila única, passando em seguida a se enfileirar lado a lado. Conduzindo seus navios para fora da baía de Ambelaki, os espartanos ancoraram na extremidade direita da linha grega, perto da ponta da península de Cinosura. Os atenienses, que provavelmente se encontravam na baía de Paloukia, ancoraram na extremidade esquerda da linha grega, fosse no cabo Troféu (nome moderno), que forma a ponta da península de Kamateró, fosse na extremidade sudeste da ilhota de São Jorge. Em qualquer dos casos, a formação grega desfrutava da vantagem de bastiões em terra de ambos os lados e de um litoral amigo na retaguarda.

O canal ao norte e a leste de São Jorge estava praticamente fechado. Hoje, existe uma linha de recifes a leste de São Jorge, entre a ilhota e o território da Ática no continente. Na Antigüidade, contudo, o nível do mar no estreito era pelo menos um metro e meio mais fundo. Em 480 a.C., portanto, os próprios recifes formavam uma ilhota. Esta ilhota de recifes e São Jorge provavelmente formavam o arquipélago que era chamado pelos antigos de Ilhas Farmacusséias. A distância entre as duas ilhotas talvez fosse de apenas 500 metros, pequena demais para que qualquer das frotas se arriscasse a ficar presa ali.

Estendendo-se entre Cinosura e o cabo Troféu ou São Jorge, o espaço a ser ocupado pela linha grega tinha entre três e quatro e meio quilômetros de comprimento. Era curto para que todas as trirremes gregas fossem dispostas numa única fileira, mas era perfeito para duas fileiras, a formação que os gregos também podiam ter usado no último dia em Artemísio. As trirremes na retaguarda podiam manter-se a postos para contra-atacar quaisquer embarcações persas que tentassem passar pela linha de frente e abalroar as trirremes gregas.

Os atenienses mantinham posição na extremidade esquerda da formação grega; os espartanos estavam à direita. Os eginetas provavelmente ficavam junto aos atenienses. Os outros gregos estavam dispostos entre eles, embora não saibamos exatamente onde. Se os coríntios efetivamente navegaram em direção norte para induzir os persas a se sentirem confiantes, com certeza logo trataram de retornar à formação grega, numa posição perto da extremidade esquerda.

Os persas dispuseram seus navios em formação de batalha, enfileirados lado a lado, ao longo do litoral da Ática, que era guardado por seus soldados. Como o flanco dos gregos estava protegido por terra firme, os persas não tinham como contorná-los. De modo que provavelmente dispuseram seus navios em frente aos gregos em duas ou três fileiras, dependendo da quantidade de navios da esquadra persa que havia entrado no estreito na madrugada. Os fenícios mantinham posição na extrema direita da formação persa, em frente aos atenienses e eginetas. Os jônios (e talvez ainda outros gregos) ficavam na extrema esquerda. Não sabemos onde estavam estacionados os outros contingentes da esquadra persa, nem ficou claro até hoje quais contingentes se encontravam fora do estreito.

Os gregos haviam lançado seus navios e os persas partiram remando ao seu encontro. As frotas se aproximaram o suficiente para que de cada lado fosse possível ouvir o apito do inimigo, batendo o ritmo para os remadores. O *aulos*, ou apito grego (às vezes descrito equivocadamente como uma flauta), era um cilindro com aberturas para o dedilhado, tocado com uma palheta. Normalmente, os apitos eram tocados aos pares, cada um deles dedilhado por uma das mãos. Uma bandagem de pano era usada em torno da cabeça do marinheiro que os tocava para sustentar as bochechas. O som do apito era tão estridente que os conservadores o invectivavam, considerando que poderia pôr a perder os jovens. Pelo mesmo motivo, o apito era inestimável quando se tratava de firmar a atenção dos remadores numa trirreme. Servia ao mesmo tempo como metrônomo e distração do terror que se aproximava.

Terá sido talvez neste momento que os persas ouviram o que Ésquilo chama de "um poderoso grito de guerra" proveniente dos navios gregos:

Ó filhos dos gregos, avancem:
Libertem a pátria, libertem
Seus filhos, suas mulheres e as moradas
De seus deuses ancestrais e os túmulos
De seus antepassados. É agora a batalha por todos eles!

Os persas por sua vez responderam com algo que — para os gregos — soava como "o ruído da língua persa".

Foi um momento histórico. Durante séculos, a Fenícia fora a maior potência naval do Mediterrâneo oriental. Agora, um pretendente grego, uma cidade com um novo sistema de governo — a democracia — e uma frota novinha em folha vinham desafiar esta supremacia.

As duas frotas se defrontaram, mas a batalha não teve início imediatamente. Os gregos vacilaram primeiro. Ou pelo menos é o que parece: seus navios começaram a recuar, ou melhor, continuaram voltados para o inimigo mas remaram para trás, avançando com a popa em direção ao litoral de Salamina. Se era um movimento de pânico, não partia dos remadores. Abaixo do convés, a maioria dos remadores não via nada. A decisão de dar para trás partiu dos generais, sendo transmitida para capitães e timoneiros por um sinal convencionado.

Vista de cima, que era a perspectiva de Xerxes, a cena inicial da batalha podia parecer um confronto entre duas famílias de peixes. Semelhantes a espadartes, as trirremes fenícias, com seus longos e finos esporões, davam perseguição aos peixes-martelos ou tubarões da frota grega, com seus navios de esporões curtos e grossos. E os tubarões aparentemente tinham perdido a fibra.

Mas os gregos provavelmente sabiam muito bem o que estavam fazendo. Podemos imaginar que se tenham criado aberturas na longa formação grega; recuando, os navios podiam novamente cerrar fileiras. Podiam também atrair os persas para uma distância de Salamina que os deixasse ao alcance dos arqueiros atenienses no litoral: protegendo-se com seus escudos dos arqueiros persas, os atenienses podiam atacar o inimigo no convés ou esperar que os sobreviventes persas dos navios naufragados se lançassem ao mar. Outro motivo para que os gregos decidissem recuar pode ter sido o desejo de retardar o máximo possível o momento de apitar.

Mas o plano não funcionou assim. Como tantas vezes na história das batalhas, o sangue não começou a ser derramado por ordem de um general, mas por iniciativa de um subordinado cansado de esperar.

Na extremidade oeste da formação grega, um capitão ateniense, um certo Amínias, do demo de Palena, lançou novamente seu navio à frente e abalroou uma trirreme fenícia. Pode ter-se dado conta de que certos navios gregos haviam na verdade recuado demais, chegando a encalhar. Teria talvez interpretado isso como sinal de nervosismo, temendo que os persas se prevalecessem da situação. De modo que Amínias resolveu agir por conta própria.

Quem era esse homem que acendeu o fogo da batalha? Presumindo que Amínias fosse um capitão ateniense típico, seria um homem maduro, mas não de idade avançada. Tinha terras e uma casa na Ática, filhos legítimos e menos de 50 anos de idade. Como os atenienses do sexo masculino tendiam a se casar por volta dos 30 anos, Amínias provavelmente estava na casa dos 30 ou dos 40. Era também um homem rico, pois os capitães tinham de pagar o salário de suas tripulações. Como sua terra natal, Palena, ficava na região rural do centro da Ática, Amínias provavelmente enriquecera com oliveiras, videiras, figos e cereais. Podemos imaginá-lo como um indivíduo forte e rijo, como geralmente são os agricultores, e já sabemos que tinha muito peito. Um capitão da coragem de Amínias certamente contava com homens suficientemente leais para o seguirem em qualquer lugar. Mas também era importante saber que a maioria de seus remadores provavelmente vinha de Palena e muitos se conheciam desde a infância. Era fácil cultivar a confiança numa tripulação assim.

E não podia ser de outra maneira, pois o remo é um esforço conjunto. Ao decidir romper a formação e esporear um navio inimigo, Amínias teve de transmitir a ordem a seu timoneiro, que por sua vez a passou ao contramestre, que teve de informar a tripulação. Os soldados e arqueiros no convés tiveram de se preparar para o impacto sentando-se com firmeza, mas era sobre os ombros dos remadores que caía a maior responsabilidade. Eles tinham de tirar o navio rapidamente de uma posição de inércia — ou mesmo pior, do movimento de recuo — e ganhar velocidade de abalroamento.

Não levaria muito tempo entre o momento em que Amínias desse a ordem e o ponto de impacto. Os pesados navios atenienses não eram capazes de desenvolver a velocidade de uma trirreme, que, a julgar pelos testes realizados modernamente, podia acelerar da inércia a nove ou dez nós em cerca de 60 segundos. Mas a trirreme de Amínias não precisaria acelerar tanto. Os navios fenícios estavam parados ou movendo-se na direção dos atenienses, e portanto o atacante ateniense não precisava ser mais veloz que o inimigo. Amínias tinha apenas de adotar a velocidade necessária para penetrar as pranchas de um navio fenício. Dependendo do ponto em que a trirreme de Amínias atingisse a vítima, a meia-nau ou na parte traseira, teria sido suficiente uma velocidade de dois a quatro nós.

Dada a ordem de ataque pelo capitão e transmitida pelo piloto, o contramestre imediatamente acelerava o compasso, chegando talvez a cinqüenta braçadas por minuto. Nesse ritmo, nenhum remador podia vacilar um momento sequer na atenção. Por não mais que um minuto, era como se nada mais existisse no mundo além daquele estreito e fedorento túnel de 170 homens recurvados em uníssono, como se remassem um só remo. E no entanto a mente podia vagar em direção à terra natal e a tempos mais felizes, a jogos e festividades, qualquer coisa que não fosse o átimo de segundo da colisão. Os músculos forcejavam e os pulmões sorviam o ar; parecia que aquela agonia nunca chegaria ao fim. Até que de repente, pouco antes do momento do impacto, o contramestre, instruído pelo capitão, ordenava que os homens dessem marcha a ré, para impedir que o esporão penetrasse demais o navio inimigo. Vinha então a colisão, e se tudo corresse bem, o atacante, agora em posição vulnerável, já teria começado a recuar. Embora já estivessem trabalhando num grau extremo de intensidade, os homens teriam de forcejar ainda mais duro, remando na direção oposta.

A tripulação de Amínias desferira um golpe contra uma trirreme fenícia, apresentando a seu capitão os primeiros resultados do dia. Era um belo troféu, mas tinha um preço: o esporão penetrara demais na embarcação fenícia, e os homens não conseguiam arrancá-lo de lá. O objetivo do atacante era sempre retirar-se o mais rápido possível depois da abordagem. Caso contrário, ficando o esporão preso ao casco do outro navio, havia o risco de um contra-ataque por parte dos soldados e arqueiros do inimigo, fosse do seu próprio convés ou numa operação de transbordo; e o fato é que as tropas reunidas no convés dos persas eram numericamente superiores às gregas.

Os homens de Amínias sabiam de tudo isso. Abaixo do convés, certamente tratavam furiosamente de recuar, mas não conseguiam deslocar o navio. Ouviam lá em cima os passos dos soldados e arqueiros tomando posição para proteger a trirreme. Ouviam também os gritos dos marinheiros persas tentando abordar a embarcação de Amínias. Foi nesse perigoso momento que outros navios gregos acorreram em defesa. Em toda a linha, tivera início a batalha.

Enquanto isso, os fenícios experimentavam os paradoxos da abordagem. O esporão da trirreme era algo letal e dramático, mas inicialmente revelava-se mais mortal para o casco da vítima do que para seus homens. A abertura feita com o impacto tinha talvez cerca de 30 centímetros de superfície. Entrando por ali, a água do mar inundaria o navio, mas não o levaria a pique; a tripulação teria tempo para escapar. No local do impacto do esporão, alguns homens poderiam morrer ou sair feridos. Em outros pontos do navio, outros homens poderiam ser atingidos pelo impacto. Mas a maioria deles provavelmente sairia ilesa. O perigo, contudo, estava ainda por vir.

Imaginem uma chuva de flechas e dardos entre os navios, encontrando às vezes o anteparo de escudos, mas outras vezes chegando ao alvo. Imaginem homens tombando no convés ou sendo varados por lanças e atirados ao mar. Outros lançavam-se voluntariamente à água para escapar do naufrágio, tomando o cuidado de se livrar de capacetes e armaduras para não afundar também. Enquanto isso, a bordo, alguns dos soldados podiam ter chegado ao convés do inimigo, resolvendo a situação em combate corpo-a-corpo. Espadas traçavam-se com adagas e achas, lanças cruzavam lanças.

Enfrentamentos com armas de mão; infantaria a curta distância; luta corporal; troca de golpes: a tudo isso os gregos se referiam delicadamente como "lei das mãos". Como observa Heródoto, as tripulações gregas tinham boas chances de sobreviver à batalha se conseguissem passar pela lei das mãos, pois assim seriam capazes de pôr-se em segurança nadando. O mesmo não acontecia com os soldados persas e medos: poucos sabiam nadar, muitos morriam afogados.

Ao fim e ao cabo, os gregos conseguiram sobrepujar o inimigo e libertar Amínias, sua tripulação e seu navio. Os vencedores carregaram triunfalmente o acessório decorativo da popa do navio fenício, provavelmente uma carranca em forma de cabeça humana. Talvez tivessem perdido um ou dois homens no combate, mas não havia tempo para chorá-los, muito menos para limpar o sangue do convés.

E assim teve início a batalha de Salamina — ou pelo menos é o que contavam os atenienses. A versão dos eginetas é diferente. Segundo eles, a embarcação grega que deu início ao ataque não foi o navio ateniense de Amínias, mas a trirreme egineta que trazia as estátuas dos filhos de Éaco. E eles atribuíam a iniciativa a um milagre. Os eginetas sustentavam que, enquanto os gregos davam marcha a ré, viu-se a aparição de uma mulher. Ela exortava os gregos a combater em voz tão alta que todo o campo grego foi capaz de ouvir. Antes, porém, tratou de dar sua opinião: "Senhores, até quando pretendem ficar recuando?", perguntou.

Relatando ambas as versões, Heródoto não opta por nenhuma das duas. Ésquilo diz apenas que um "navio grego" deu início aos ataques. Talvez não estivesse sendo político, mas apenas realista. Reconstituir uma batalha era difícil não só anos depois dos acontecimentos, mas até mesmo no dia seguinte. Os gregos não tinham um historiador oficial para registrar os detalhes, e, para marcar as horas, dispunham apenas de quadrantes solares ou relógios de água. Além disso, as cidades-Estado gregas não podiam ser mais competitivas; Atenas e Egina, velhas inimigas, eram ambas potências navais; não se considerariam à altura da própria auto-imagem se não disputassem o direito de se jactar de terem sido a primeira a derramar o sangue inimigo. Mas o que sobretudo devemos ter em mente é a confusão que reinava nas antigas batalhas navais.

A vasta maioria dos homens estava abaixo do convés, onde praticamente nada podiam ver do que acontecia do lado de fora. Os que se encontravam no convés geralmente estavam ocupados demais com questões muito próximas para ter uma idéia geral dos acontecimentos — problema muito comum nas guerras antigas, como observa Tucídides. A conjugação dos raios solares e das nuvens — ambos presentes na batalha de Salamina — podia enganar os olhos, assim como o medo e a excitação.

E havia todo aquele barulho. Num mundo sem máquinas, o fragor da batalha era provavelmente o mais alto som imaginável. E nenhuma batalha era mais ruidosa que a naval. Os clamores, gritos e vivas de um confronto naval eram lugar-comum da literatura clássica. Depois das trombetas, dos sinos, dos gritos de guerra, do farfalhar dos remos e dos apitos, vinha a cacofonia dos esporões de madeira recobertos de bronze rompendo cascos de madeira. Havia o tanger de arcos e o zunir de flechas, o zumbir de dardos e às vezes o clangor metálico de espadas. E chegava a hora dos gritos dos moribundos. Enquanto isso, homens armados perfilavam-se de ambos os lados do estreito, e não surpreenderia se também estivessem presentes algumas mulheres e crianças. Os espectadores emitiam "gemidos, gritos — vencendo, perdendo — e todas as demais coisas que uma grande força correndo grande perigo teria de externar", como escrevia Tucídides a respeito de uma batalha posterior. Em Salamina, tudo isso era ampliado num espaço exíguo cercado de colinas.

Por todo o tempo os contramestres de remo entoavam suas ordens ritmadas. E não eram apenas ordens, mas exortações — súplicas por maior esforço, invocações de patriotismo ou da grandeza do império, promessas de recompensas ou ameaças com a ira de Xerxes, referências à tradição nacional e à necessidade de estar à sua altura. As equipes bem treinadas sabiam a importância do silêncio, para preservar a energia e ouvir adequadamente os contramestres.

Assim — voltando à relutância de Heródoto em decidir quem primeiro tirou sangue do inimigo, Atenas ou Egina —, o historiador reconhece tacitamente a dificuldade de pescar a verdade nas águas turvas e barulhentas do estreito. E havia mais um problema para o historiador: a religião. Como os eginetas, muitos dos combatentes de Salamina saíram do campo de batalha convencidos de que só os deuses poderiam ter vencido aquele combate pela Grécia. A esquadra persa tinha um contingente tão grande, os anteriores desastres das Termópilas e da Acrópole ateniense haviam sido tão terríveis, a situação dos refugiados em Salamina era tão precária, e a posição defensiva no Istmo, tão vacilante, que era difícil acreditar que os homens sozinhos, sem ajuda, tivessem invertido o esperado resultado. A Senhora de Salamina não seria a última intervenção divina relatada nessa batalha.

Posteriormente, houve quem alegasse ter visto uma grande luz brilhar na direção de Elêusis, no continente, alguns quilômetros ao norte do estreito. Também disseram ter ouvido vozes nas planícies Triásias, depois de Elêusis, das montanhas ao mar, como se uma multidão participasse de uma procissão religiosa — como nos Mistérios de Elêusis, realizados todo ano perto do dia em que transcorria a batalha. Daquela multidão barulhenta subia então, lentamente, uma nuvem, que descia sobre as trirremes.

Outros diziam ter visto as sombras dos filhos de Éaco com as mãos estendidas para proteger as trirremes gregas. Outros ainda insistiam em que o herói Cicreu (na mitologia grega, o primeiro rei de Salamina) aparecera às tripulações gregas na forma de uma cobra. E parece que certos eginetas viram alguma coisa no céu acima do estreito — nuvens? a estrela matutina? descargas elétricas? — simbolizando o deus Apolo e os Dióscuros (os filhos de Zeus, os heróis Castor e Pólux).

De modo que a intensidade das emoções religiosas, o barulho e a confusão dos combates navais e o hábito dos gregos de contar vantagem dificultavam qualquer tentativa de dizer *a posteriori* como tivera início a batalha. Na verdade, era difícil reconstituir a batalha de todo. Heródoto, por exemplo, reconhece que pouco pode "dizer com precisão sobre a maneira como lutava cada um dos bárbaros ou dos gregos". Mas ainda assim fornece indicações inestimáveis, exatamente como nossa outra fonte do século V, Ésquilo, para não falar de outros autores da Antigüidade. Tampouco tem Heródoto a mais remota dúvida sobre os motivos que fizeram com que a batalha de Salamina tivesse os desdobramentos que teve. Mas logo examinaremos esta questão mais detidamente: primeiro, voltemos ao início da batalha.

Depois que a trirreme ateniense ou egineta perfurou a trirreme fenícia, entrou na batalha um navio proveniente da ilha de Naxos, no Egeu, comandado por um certo Demócrito. Então, todos os navios passaram a mirar uns aos outros ao longo do estreito, de São Jorge à península de Cinosura.

Mas o confronto decisivo daquela manhã envolveu os fenícios e os gregos que estavam à sua frente. Para entender como se deram os acontecimentos, voltemos a Amínias. Quando vieram em socorro de sua embarcação, os outros navios atenienses poderiam ter-se voltado, dando assim oportunidade para uma investida dos fenícios. Mas é improvável que os fenícios tenham atingido mais de um ou dois navios atenienses, pois a formação dos atenienses não se rompeu. O que aconteceu então pode ter-se desdobrado assim:

Os fenícios tentaram atravessar a linha ateniense ou circundá-la com seus ágeis navios, mas ambos os flancos estavam protegidos por um promontório. As trirremes mantiveram-se unidas no meio da formação (protegidas por uma segunda linha na retaguarda, para impedir qualquer avanço dos fenícios). As rápidas embarcações fenícias simulavam um ataque e arremessavam, mas os atenienses não abriam caminho. Os fenícios investiam e recuavam, investiam e recuavam. Soldados extraordinários teriam feito todo o possível nas circunstâncias, mas lutaram com desvantagem. Descansados e confiantes, os gregos podiam dar-se ao luxo de um ou dois erros, mas o mesmo não se aplicava aos fenícios, cansados e assustados.

Nesse estágio inicial da batalha, "as hostes persas mantiveram-se firmes", segundo Ésquilo. Mas os persas não conseguiram sustentar a formação. "Os bárbaros não se mantiveram em formação de batalha", diz Heródoto. Os gregos ficaram dispostos em linha.

Várias coisas deram errado para os fenícios. O acanhamento do espaço no estreito impedia que recorressem a suas manobras habituais. Como diria mais tarde um comandante ateniense, uma esquadra rápida e ágil precisa de espaço para ver o inimigo a uma certa distância, e também para fazer movimentos bruscos. No estreito de Salamina, a velocidade dos fenícios não servia de ajuda.

Havia muitas embarcações no estreito, de modo que se os fenícios tentassem manobrar apesar dos obstáculos, podiam entrar em colisão com seus próprios navios, que estavam muito próximos uns dos outros. No estreito, dispor de maior número de embarcações revelava-se uma desvantagem. Algo semelhante aconteceria com a esquadra ateniense 67 anos depois, em 413 a.C., em outra batalha de trirremes. Nessa ocasião, três gerações depois de Salamina, a frota ateniense já não era formada por navios pesados; tornara-se tão leve e ágil quanto eram os fenícios em 480. Em 413, Atenas enfrentou problemas no ancoradouro da cidade grega de Siracusa, na Sicília. Os atenienses eram então os invasores, e Siracusa defendia seu próprio território, exatamente como Atenas fizera em 480. A esquadra de Siracusa conseguiu empurrar os atenienses para trás e mergulhá-los em confusão no acanhado espaço do ancoradouro. Na verdade, Siracusa dispunha de um trunfo magnífico, tendo fortalecido a proa de seus navios de modo a permitir o abalroamento pela frente do navio inimigo.

Em Salamina, os atenienses ainda não haviam fortalecido suas proas, mas também dispunham de um trunfo — e mesmo de vários. O inimigo persa estava exaurido depois de passar uma noite inteira remando. E também ainda se encontrava sob o impacto do ataque grego. Quando a *aura*, a brisa matinal, começou a soprar entre oito e dez horas, seus navios podem ter sido deslocados.

A brisa e as ondas "atingiram os navios dos bárbaros e os fizeram cambalear, aproximando-os lateralmente dos gregos, que investiram violentamente contra eles", informa Plutarco. Em sua reconstituição da batalha, o poeta Timóteo refere-se às "brisas [*aurai*] capazes de naufragar navios", provavelmente indicando fenômeno semelhante. Como seus navios dispunham de parapeitos e também de um centro de gravidade mais elevado que os das embarcações gregas, os persas ficavam particularmente vulneráveis à brisa.

Por qualquer desses motivos, ou por todos eles ao mesmo tempo, os fenícios se dispersaram, expondo suas popas ao inimigo. Os gregos simplesmente trataram de tirar vantagem da situação. Investiram seguidamente, infligindo todo o dano capaz de ser gerado pelo maior de todos os trunfos: o peso pesado de suas trirremes dirigido contra embarcações mais leves.

Timóteo pinta o quadro do choque causado pelo impacto — talvez pela abordagem com o esporão, talvez em conseqüência da destruição dos remos, ou ambas as coisas. Escreve ele que quando um golpe esmagador "era desferido contra um dos lados, todos os marinheiros caíam para trás na mesma direção, mas se um [...] do campo adverso despedaçasse os remos, eles eram trazidos de volta".

Em questão de algumas horas, a formação fenícia desfez-se completamente. Muitos de seus navios haviam sido abalroados. Os outros decidiram que era melhor sobreviver e voltar a lutar de uma outra feita do que enfrentar uma derrota certa. Alguns dos sobreviventes, entre eles importantes personagens fenícios, conseguiram chegar a salvo ao litoral da Ática ali perto. Encontraram refúgio numa embarcação próxima ou simplesmente nadaram.

As demais trirremes fenícias que conseguiram sobreviver deram meia-volta e fugiram em direção sudeste. Se passaram por perto do litoral da Ática, terão visto a luta à esquerda dos persas ter prosseguimento no centro do canal. Do lado esquerdo da formação dos persas, a batalha não se decidiu tão rapidamente quanto do lado direito. Heródoto sustenta que os jônios e outros gregos na esquerda dos persas saíram-se melhor que os fenícios; os cários provavelmente também estavam na esquerda dos persas. Muito poucos jônios aceitaram o desafio de Temístocles de lutar ferozmente para contribuir para a causa grega. Pelo contrário, os jônios mostraram-se mais fortes a serviço da Pérsia do que em Artemísio, precisamente por causa da vigilante presença de Xerxes em Salamina. Além disso, cabe imaginar que alguns dos navios persas que estavam fora do estreito tenham sido capazes de percorrer a pequena distância necessária para socorrer os jônios. Ainda por cima, a esquerda da formação persa não tinha de enfrentar as esquadras ateniense ou egineta de primeira linha. Em conseqüência, os navios da direita grega nada mais podiam fazer senão sustentar-se em sua posição até que a esquerda grega tivesse acabado com os fenícios e pudesse vir em sua ajuda.

Sentado em seu trono ao pé do monte Egaleu, Xerxes assistiu de camarote à humilhação da esquadra fenícia. Os poetas gregos descrevem-no a lamentar seu destino, mas o senhor de Persépolis não era homem de deixar cair a fachada em público. Parece mais merecedora de crédito a descrição de Xerxes durante a batalha feita por Heródoto: ele pedia a um ajudante militar que identificasse os navios, e volta e meia virava-se para um escriba, mandando que registrasse o nome de um raro capitão que se saíra bem — assim como o nome do seu pai e o de seu país.

Não era tanto a cena que se descortinava nas águas que deixava Xerxes indignado, mas os sobreviventes fenícios que se aproximavam da real presença em terra. Os fenícios botavam a culpa de tudo nos jônios. Os jônios tinham destruído trirremes fenícias, alegavam, pois eram traidores.

Mas as acusações chegavam na hora errada. No exato momento em que os fenícios faziam sua denúncia, ocorria no estreito lá embaixo um choque de navios. Inicialmente, uma trirreme da ilha grega de Samotrácia, combatendo pela Pérsia, abalroou uma trirreme ateniense. Em seguida, uma trirreme egineta abalroou por sua vez a da Samotrácia. Mas o esporão da embarcação egineta deve ter ficado preso, pois ela veio a ser invadida por soldados da Samotrácia, armados com dardos, que a dominaram.

Os indômitos soldados da Samotrácia não eram jônios, mas eram gregos, o que era suficiente para Xerxes. Enlouquecido de fúria, ele se voltou para os fenícios e mandou que fossem levados para ser decapitados. Não pretendia permitir que homens maus massacrassem os melhores, disse, numa vã tentativa de justificar sua raiva.

Não sabemos que destino teve Tetramnesto, rei de Sídon. Provavelmente sobreviveu à batalha, pois não é mencionado nas relações de baixas ilustres estabelecidas por Heródoto ou Ésquilo. Nem é provável que Xerxes tenha mandado executar um rei, pois os monarcas não gostam de lembrar aos súditos que o sangue real pode ser derramado. Mas uma coisa é certa: Tetramnesto jamais voltaria a desfrutar aos olhos de Xerxes do mesmo prestígio que tivera antes de Salamina. Pode até haver um fundo de verdade na história, veiculada mais tarde, de que trirremes fenícias fugiram de volta até seus portos de origem no Mediterrâneo oriental para não enfrentar a ira do Grande Rei.

Ariabignes provavelmente teve sorte se mereceu o mesmo destino. No auge da batalha, combatia num esplêndido navio capitânia, e é certo que ele estaria na mira de todos os gregos num raio a perder de vista. Ariabignes representava um verdadeiro troféu.

Como os generais participavam da batalha, os exércitos antigos arriscavam-se a perder a liderança. Os exércitos persas eram organizados de acordo com os ditames do Grande Rei e de sua família, e em geral entravam em colapso quando o comandante era morto. Os militares persas eram hierarquicamente organizados e avessos a iniciativas individuais, ao passo que os gregos mostravam-se grandes improvisadores. Nas Termópilas, por exemplo, os espartanos continuaram lutando depois da morte de Leônidas. Cento e cinqüenta anos mais tarde, quando o rei Dario III fugiu de Alexandre, o Grande, na batalha de Issus, na Síria, em 333 a. C., a formação persa entrou em colapso.

Conhecendo a importância do Grande Rei numa batalha, um general inimigo inteligente haveria de escolhê-lo como alvo. Na batalha de Cunaxa na Mesopotâmia, por exemplo, em 401 a.C., Ciro, o Jovem, príncipe rebelde, tentou matar o rei Artaxerxes, mas com isso conseguiu apenas perder a vida; curiosamente, o exército de Ciro, formado por mercenários gregos, continuou lutando até a vitória.

Em Salamina, Xerxes não podia ser atingido, mas seus prepostos eram seu meio-irmão Ariabignes e seu irmão Aquêmenes, comandante da esquadra egípcia. Ariabignes efetivamente morreu na batalha, segundo confirma Heródoto, sendo portanto, de longe, a mais famosa baixa em Salamina.

Heródoto não registra como nem quando morreu Ariabignes. Mas encontramos em outros escritores antigos uma história sobre a morte de um "comandante" persa não identificado ou do irmão "Ariamenes" de Xerxes (aparentemente uma mistura de *Aria*bignes e Aquê*menes*) logo no início da batalha, suscitando a fuga da frota persa em desordem. Os detalhes desses dois relatos não inspiram confiança, mas servem para lembrar que, como quer e onde quer que tenha sido morto Ariabignes, sua morte provavelmente contribuiu muito para o transe vivido pela frota persa.

E existe uma verdade poética na afirmação de Plutarco de que o corpo à deriva de "Ariamenes" foi reconhecido por Artemísia, que tratou então de levá-lo a Xerxes. Raramente terão os poderosos caído tão baixo.

CAPÍTULO DEZ

O ESTREITO DE SALAMINA: TARDE

No meio do dia 25 de setembro, Amínias de Palena ostenta sua vaidade como uma coroa de vitória. Sentado no convés de sua trirreme, recita ordens para o piloto, pensando de vez em quando nos excelentes animais que mais tarde haverá de sacrificar em gratidão aos deuses. Ou pelo menos é o que nos cabe imaginar, pois se Atena Niké, a Senhora da Vitória em pessoa, estendera-lhe a mão naquele dia, não podia haver melhor guia no caminho da glória. Agora ele pode erguer a cabeça acima dos outros gregos; já não é um homem sem sua cidade, não mais um refugiado de uma terra conquistada: é um homem empenhado na defesa do que é santo e sagrado e que devolve a terra da deusa, coberta de violetas, aos filhos de Palas Atena, uma cidade novamente grande e forte.

Sua trirreme percorre o estreito de Salamina em busca de navios persas em fuga. E eles não são poucos, pois o todo-poderoso Zeus incutiu medo no coração dos inimigos. Como Diomedes ceifando troianos na planície de Tróia castigada pelos ventos, Amínias leva o negror da morte aos homens da Ásia ocidental. A diferença entre os dois, claro, é que Amínias não pode realmente entrar numa guerra particular. Ao contrário do herói Diomedes, ele depende da cooperação de 199 outros homens, a tripulação de seu navio. Muitos deles são seus conterrâneos em Palena, com a mesma elevada auto-estima; são todos eles membros empedernidos de um clube muito restrito. Em Artemísio e agora em Salamina, conhecem perfeitamente a regra: derrubar ou ser derrubado.

Amínias representa os muitos capitães atenienses e eginetas que deram meia-volta e atacaram as frotas jônias e cárias depois de massacrar os fenícios. Conseguiu eliminar maior número que seus companheiros, mas de maneira geral não tinha lá tão grande experiência. As terríveis estocadas dos esporões gregos — "os avassaladores esporões", na formulação de Ésquilo — dividiram a frota persa. Os arqueiros de Sacéia tentaram defender seus navios atirando contra o inimigo à medida que se aproximava, mas os marinheiros gregos geralmente contavam com a proteção de escudos e os remadores eram protegidos pelo convés. Além disso, se a *aura* não chegou efetivamente a atrapalhar os navios fenícios, pode ter dificultado a firmeza dos tiros dos arqueiros. "A flecha", relata Ésquilo,

não oferecia ajuda, e toda a força foi posta a perder,
Vencida pelo choque dos esporões dos navios.

A potente flecha iraniana, por muito tempo a arma de choque preferida dos aristocratas persas montados, fora vencida pelo humilde instrumento de pescadores e barqueiros: "por uma simples remada". O mundo ficava de cabeça para baixo, e os homens da embarcação de Amínias estavam na vanguarda da revolução.

A derrota dos jônios e cários pode ser relatada por meio da experiência de capitães como Amínias. As batalhas de trirremes começavam com fileiras de navios em formação, mas logo evoluíam para uma série de combates individuais. E esses combates dependiam menos das regras dos

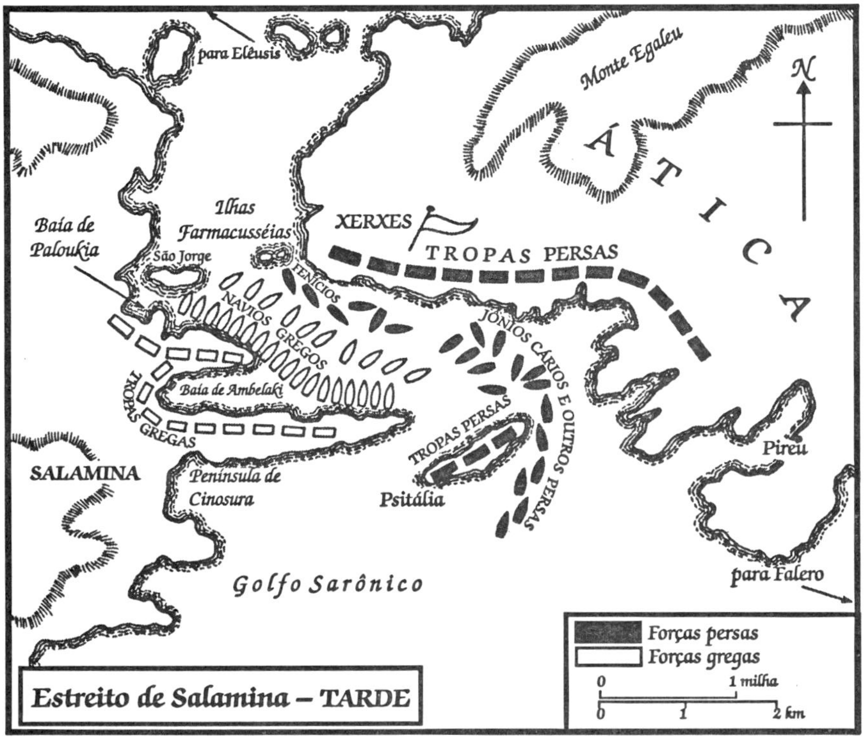

manuais que do caráter do capitão. O capitão ideal era ardiloso, rápido, flexível e implacável. Para ter êxito, dependia menos do próprio conhecimento do que de uma capacidade inata de avaliar uma situação e prever o próximo passo do inimigo. Hoje os especialistas dão a esta capacidade o nome de consciência da situação. O capitão deve ser capaz de improvisar. Reza uma moderna máxima militar que, "em tática, nada é verdade". Em Salamina, Amínias mostrou-se coerente com esta ausência de regras — e antes que o dia acabasse haveria de se arrepender.

Pela metade do dia, a tripulação de Amínias já estaria tão excitada quanto exausta. No fim de setembro, a temperatura ambiente no estreito de Salamina seria de aproximadamente 21 graus por volta do meio-dia. Nessa época do ano, o sol grego é quente e forte sem ser escorchante, como no verão. Mas ainda assim é desconfortável expor-se horas seguidas, especialmente com os reflexos intensificados na água. Os marinheiros e arqueiros no convés deviam estar pingando de suor. Só o capitão merecia a proteção de uma tenda de lona. Os homens debaixo do convés ficavam num espaço apertado e mal ventilado. Nem mesmo os *thranitai*, na fileira superior de remadores, recebiam o ar fresco que geralmente passava pela abertura dos suportes de remo. Durante a batalha, proteções laterais, feitas de lona ou pele de animal, eram penduradas sobre os suportes de remo para proteger os homens das flechas.

Enquanto a trirreme estivesse sendo movimentada a remo, os homens no convés tinham de ficar sentados, exatamente como os remadores lá embaixo. Os marinheiros tinham de aprender a lançar dardos sentados para atacar os oponentes num navio que se aproximasse para a abordagem. De difícil execução, o arremesso de dardos em posição sentada também tensiona os músculos das costas e dos braços, mobilizados para todo o trabalho que também deveria ser feito pelos músculos das pernas. E raramente ou nunca um marinheiro teria oportunidade de levantar-se e esticar as pernas, e muito menos dar uma caminhada.

Os remadores também tinham suas dores e queixas próprias. Modernamente, os remadores são capazes de mobilizar toda a força dos músculos da perna graças ao assento deslizante. O remador antigo sentava-se numa almofada de pele de carneiro presa a um assento fixo. Como seus pés estavam presos no soalho, o remador era obrigado a deslizar ligeiramente para a frente e para trás a cada remada. Desse modo, podia valer-se em certa medida dos músculos das pernas, mas puxava mais que o ideal pelas costas e os braços. Confinados num espaço exíguo, os antigos remadores não tinham a menor privacidade. Permanentemente com sede, tinham de se contentar com quantidades limitadas de água e alguns lanches durante um árduo dia de trabalho. Urinar não chegava a ser um problema, pois o corpo tendia a expelir a maior parte de seus líquidos pelo suor; durante uma batalha, só seria possível urinar no próprio assento. (A única mulher, Artemísia, certamente tinha seu próprio urinol.) Os receptáculos do porão eram irrigados pelo suor que pingava das duas fileiras de remadores posicionados acima.

Não havia a menor possibilidade de puxar conversa com o remador ao lado, sendo necessário manter silêncio para ouvir o apito e o contramestre. Mas o silêncio podia ser rompido de vez em quando pelo grito de alguém que precisasse da ajuda do carpinteiro do navio. Nos intervalos da batalha, ele não tinha mãos a medir.

E numa batalha longa como a de Salamina, que durou do alvorecer ao pôr-do-sol, não terão faltado intervalos. As tripulações descansavam; os navios se reagrupavam; as formações eram realinhadas. Depois de conseguir esporear um navio inimigo, por exemplo, a tripulação precisava de algum tempo para se recuperar. Como o litoral estava próximo, era possível mandar os mortos e feridos de volta à base, possivelmente em pequenos barcos despachados especificamente com esta finalidade. E uma vez tendo os gregos afugentado a esquadra persa, é possível que as trirremes tenham tido tempo para voltar à praia e ser reparadas, abastecer-se de alimentos ou renovar a equipe de remadores, se ainda houvesse homens disponíveis.

Devemos ter em mente ainda outro componente do estado de espírito desses homens: à medida que o dia avançava, quase todos viam tombarem forças amigas. Isso se aplicava especialmente aos persas, mas também aos gregos, que, não obstante seus êxitos, efetivamente sofreram baixas. Os gregos mais devotos acreditavam que as Queres* percorriam os campos de batalha, sedentas de sangue humano. As Queres não terão saído desapontadas de Salamina. De ambos os lados, navios foram abalroados, homens tombaram cortados por espadas, feridos por dardos, varados por flechas e esmagados por achas ou outras armas exóticas. Os que mais se expunham eram os soldados, pois até mesmo os navios que conseguiam escapar do esporão do inimigo podiam perder um ou dois homens no convés, na mira de uma flecha inimiga que atingisse alguma parte desprotegida do corpo.

*Nome grego das deusas fiandeiras do destino. O nome "Parcas" é o seu correspondente latino. O texto em inglês emprega "Fates". Logo, melhor empregar o étimo grego, já que o contexto é a Grécia. (*N. da R. T.*)

Alguns sobreviviam aos ferimentos, outros penavam durante dias até morrer de infecção. Mas havia também os que morriam imediatamente no estreito, especialmente quando atingidos no abdômen. A morte era às vezes dolorosa, desesperada, acompanhada de jorros de sangue e dos gritos da vítima. Muitos viam amigos e aliados morrendo e se armavam de determinação ainda maior para a luta. Outros ficavam amedrontados com o que viam. Outros ainda acabavam tornando-se indiferentes ao massacre.

Os combatentes mostravam-se alternadamente exaltados e exaustos, amedrontados e insensíveis, corajosos e apavorados. E certamente havia aqueles que se aferravam à tarefa, sentados no convés ou remando lá embaixo, convencidos de que, enquanto pudessem segurar o cabo de madeira, seriam capazes de guardar o juízo. Outros talvez se perdessem no grupo, deixando-se levar pelo contato tão próximo com tantos homens em tão pouco espaço.

Depois que os atenienses romperam a formação fenícia no estreito, a zona de combate em Salamina começou a se parecer mais que nunca com um campo de batalha dos Tempos Heróicos. À tarde, a batalha era uma confusão na qual pesadas trirremes gregas davam perseguição a trirremes persas mais leves que tentavam fugir do estreito, enquanto um grupo de novas trirremes persas inadvertidamente bloqueava a saída.

A batalha evoluiu para uma série de duelos individuais entre navios persas em busca de segurança e navios gregos sedentos de sangue. O estreito se havia transformado, no dizer de Heródoto, num *thorubos* — em mais uma utilização da palavra grega que significa caos, a mesma por ele empregada para descrever o pânico dos comandantes gregos em Salamina dois dias antes, quando ficaram sabendo que os persas haviam tomado a Acrópole ateniense.

Foi um momento terrível para a grande esquadra persa, sua hora de agonia. Foi maior o número de persas mortos na confusão dessas idas e vindas dos navios do que em qualquer outro momento da batalha. Escreve Ésquilo:

Todos eles se precipitaram em fuga desordenada,
Todos os navios da força bárbara.
Até que foram atingidos pelos remos quebrados
E os despojos dos naufrágios e
Foram desossados como atuns ou qualquer outra pescaria.

Alguns persas podem ter conseguido voltar à terra firme no continente, mas outros nadaram até o litoral de Salamina, onde foram dizimados por soldados gregos. Muitos persas morreram na água. Os persas não morreram sozinhos, mas se sentiam solitários, "viandantes em terra hostil", no dizer de Ésquilo. Tentaram "lutar terrivelmente com as mãos", mas acabaram afundando. E a última visão de muitos deles terá sido o bronze de um esporão inimigo a ponto de atravessá-los em direção ao casco de um outro navio.

A trilha de glória de Amínias tivera início por volta das sete horas naquela manhã, quando ordenou a sua tripulação que abalroasse uma trirreme fenícia, o que proporcionou ao capitão a primeira baixa inimiga do dia (ou talvez a segunda, como afirmavam os eginetas). No momento seguinte em que Amínias e sua tripulação aparecem nos registros da batalha, a esquadra persa já sucumbira. Naquele momento de confusão, Amínias voltou-se para seu mais extraordinário adversário até então: Artemísia, rainha de Halicarnasso.

Sob o sol do meio-dia, no estreito, Artemísia podia assistir à desintegração da esquadra de Xerxes. Seu contingente cário estava posicionado na ala esquerda da formação persa, ou por outra, naquela que havia sido a formação persa. Era um momento crítico, e de repente Artemísia viu que a trirreme de Amínias investia contra sua embarcação. Podemos imaginar o esporão do ateniense abrindo caminho em meio a um amontoado de remos quebrados, pranchas estraçalhadas e cadáveres flutuantes, fazendo borbulhar na passagem uma espuma de sangue.

Para entender o que aconteceu em seguida, temos de pôr em perspectiva o papel do personagem esquecido das batalhas marítimas da

Antigüidade, o piloto. Ele ficava de pé no tombadilho, manuseando o duplo leme. Tratava-se na verdade de um par de remos tamanho gigante, cada um deles preso a uma inclinação do casco e operado por uma cana. As extremidades das duas canas ficavam suficientemente próximas para que o piloto, de pé entre as duas, operasse cada uma delas com uma das mãos. Os gregos chamam a lâmina do leme de "asa", seu braço, de "pescoço", e a barra de leme, de "mastro" ou "haste", como numa lança ou num esteio de videira. O tamanho de uma trirreme ou de um navio mercante faz a barra de leme parecer minúscula, o que tem dado tratos à bola dos filósofos.

"Como se explica", pergunta um autor desconhecido cujos trabalhos chegaram até nós juntamente com os de Aristóteles, "que o leme, tão pequeno e posicionado na extremidade do navio, tenha tanta força que toda aquela massa seja deslocada por uma pequena cana e um único homem?" O escritor grego Luciano, da era romana, relata que o gigantesco navio cargueiro chamado *Ísis*, não obstante sua carga, era conduzido por "um velhinho" que usava "uma haste delicada e fazia girar os grandes lemes".

Usando apenas a própria visão e as canas, o piloto era capaz de manobrar a trirreme para escapar do perigo ou avançar sobre a presa. Esses lemes laterais revelavam-se altamente eficientes: permitiam que um navio desse a volta com rapidez, precisão e perda relativamente pequena de velocidade. E no entanto, paradoxalmente, o piloto devia usar o leme o menos possível, pois quanto mais tempo ele ficasse longe da água, menos peso teria o navio para arrastar. Especialmente na aceleração para o abalroamento, o leme devia ser desativado. Saber como usar o leme com eficiência e parcimônia era em si mesmo uma arte.

Uma vez tendo posto o navio a caminho, o piloto precisava ficar com os ouvidos atentos às ordens do capitão, que ficava sentado atrás dele na popa. Precisava ser um sujeito calmo, rápido e descomplicado. Não seria exagero afirmar que a vida de todos a bordo dependia da argúcia e da calma do piloto.

Quando Amínias bradou "Esporão!", seu piloto terá girado o leme na direção necessária para em seguida afastá-lo da água. A cada movimento rápido dos 170 remos da trirreme, chegava mais perto de se cumprir o destino de Artemísia.

Mas ela também tinha sob ordens o seu piloto, e sua própria notável engenhosidade. Artemísia ordenou ao piloto que fizesse manobras evasivas, mas de um tipo que teria envergonhado Penélope. Essa heroína da poesia épica grega declarou que se casaria assim que terminasse de tecer a mortalha de um velho. Mas toda noite desfazia o trabalho do dia, para enganar os pretendentes e manter-se fiel ao marido desaparecido, Odisseu. Artemísia desfez de forma ainda mais dramática seu próprio trabalho. Ordenou ao piloto que desse a volta e abalroasse um dos navios aliados da Cária.

Ela não podia se dar ao luxo da escolha. Artemísia não podia fugir do estreito, pois o caminho estava bloqueado pelo acúmulo de navios aliados, alguns deles inclusive em fuga, outros ainda tentando abrir caminho até a linha de frente, para impressionar o Grande Rei. Tampouco podia entrar ainda mais pelo estreito, pois ali as águas estavam sob controle do inimigo, e ela estaria em meio aos navios gregos. Assim foi que se voltou contra seus próprios homens.

A vítima foi a trirreme de um potentado local, Damasítimo, rei de Calinda, cidade da Cária ao sul de Halicarnasso. Quase vizinhos, a rainha Artemísia e o rei Damasítimo podiam ser rivais. Os dois haviam brigado no Helesponto em maio ou junho, e Heródoto especula que Artemísia talvez ainda estivesse ressentida em setembro. Ele imagina que, tendo Artemísia previsto a catástrofe persa em Salamina, talvez tivesse planejado antecipadamente o ataque. Mas por outro lado, talvez fosse apenas má sorte de Damasítimo, cujo navio acontecera de estar no caminho de Artemísia. Seja como for, ela deu a ordem, e seus homens abalroaram o navio aliado, levando-o a pique.

Damasítimo e sua tripulação devem ter ficado chocados. É possível que seus soldados tenham respondido disparando flechas ou atirando seus dardos contra o navio de Artemísia. Mas talvez tenham apenas afundado amaldiçoando o nome da traidora.

A ardilosa rainha foi então aquinhoada com uma dupla dádiva. Amínias viu o navio de Artemísia abalroar o de Damasítimo. Provavelmente terá então concluído que o navio de Artemísia afinal de contas era amigo, talvez uma embarcação persa que se tinha bandeado para o lado grego; caso contrário, não teria abalroado uma trirreme persa. Talvez imaginasse que seu vigia se equivocara redondamente na identificação e que o navio de Artemísia era na verdade grego. Um erro que teria sido compreensível. Afinal, os soldados do Halicarnasso usavam armaduras gregas, e embora também houvesse soldados iranianos e sáceos no navio de Artemísia, é possível que, na confusão da batalha, a armadura grega é que tivesse atraído o olhar do vigia. Seja como for, Amínias decidiu deixar Artemísia em paz. Ordenou então a seu piloto que mudasse de direção e atacasse outro navio.

Mas Amínias fora enganado. Não vira a própria Artemísia, que se encontrava por trás de um toldo. Se efetivamente tivesse reconhecido a rainha, teria posto tudo em risco para pôr as mãos sobre ela. Amínias não teria descansado até capturá-la ou ser capturado. Como qualquer capitão ateniense, ele estava a par da recompensa de mil dracmas para quem a capturasse viva, para não falar da honra de vingar a masculinidade dos atenienses. De modo que Amínias continuou naquela tarde a atacar navios inimigos em Salamina, mas acabara de perder o maior dos troféus.

Se escapou à ira de Amínias, Artemísia ainda devia enfrentar Xerxes. E era esta a segunda parte da recompensa por sua perfídia. Em vez de se indignar com o fato de Artemísia ter abalroado um de seus navios, Xerxes passou a tê-la ainda em mais alta conta. Parece que ele foi tão induzido a erro quanto os atenienses. De seu trono na colina acima do estreito, pelo menos segundo a versão corrente, Xerxes fora informado de que a trirreme de Artemísia abalroara outro navio. Seus cortesãos identificaram Artemísia, mas tomaram Damasítimo por um inimigo. "Senhor", perguntaram então ao Grande Rei, "vê como Artemísia luta com denodo?" Certamente se animavam por ter uma boa notícia a dar.

Fora uma longa manhã para o Rei dos Reis. É fácil imaginar todo o burburinho ao redor do real personagem. Eunucos carregando guarda-sóis para protegê-lo, escravos servindo quitutes em baixelas de ouro (devidamente testados, é claro, pelo provador real), assessores como Ariaramnes e o sempre presente Mardônio fazendo comentários sobre a batalha lá embaixo, mensageiros precipitando-se para a praia para levar suas ordens aos oficiais, que por sua vez haveriam de encaminhá-las à frota, e secretários anotando cada palavra sua. De início, todos certamente elogiavam a resistência da marinha persa e sua capacidade de virar a mesa contra os pérfidos gregos e sua suposta emboscada, que não passava de uma tentativa pueril de adotar uma estratégia que só estaria ao alcance de um homem dotado da sofisticação dos persas. Todavia, à medida que o sol se levantava sobre o estreito, ficava cada vez mais difícil ocultar a verdade.

E a verdade era algo que ninguém queria contar ao Grande Rei. Um incidente do período imediatamente anterior à batalha ilustra o grau de temor que prevalecia entre seus cortesãos. Conta-se que dois exilados gregos da corte persa, Demarato de Esparta e Diceu de Atenas, encontravam-se no oeste da Ática entre tropas persas que devastavam o interior. Certamente estavam guiando os saqueadores quando viram algo de forte presságio. Uma gigantesca nuvem de poeira ergueu-se das proximidades de Elêusis, acompanhada de um forte ruído. Para Diceu, parecia a procissão anual dos Mistérios Eleusinos, que se realizava naquela época. Disse então ao companheiro que aquele sinal representava um presságio de derrota para Xerxes. Se a nuvem evoluísse em direção ao Istmo, seu exército perderia uma batalha; se se encaminhasse para Salamina, sua marinha é que perderia.

"Cale-se! Não diga isso a ninguém", respondeu Demarato. "Se essas palavras chegarem ao rei, você é que perderá algo — a cabeça. Nem eu nem ninguém mais será capaz de ajudá-lo. Guarde suas palavras e deixe que os deuses cuidem do exército." Enquanto Demarato falava, a nuvem foi tomando o rumo de Salamina, e os dois puderam concluir qual o desastre que estava por vir. Mas nada disseram até que Diceu e seus descendentes repetiram a história.

Embora a história de Diceu pareça boa demais para ser verdade, não deixa de se escorar em algo que todos sabiam: o medo que Xerxes inspirava entre seus próprios homens. Enquanto contemplavam o desastre em andamento lá embaixo em Salamina, os soldados do Grande Rei teriam tentado negar o que os olhos de seu senhor viam. Podiam ter dito a Xerxes que seus navios estavam apenas se reagrupando para uma devastadora ofensiva. Podiam chamar a atenção para o poderio dos contingentes que estavam prontos para entrar no estreito e se lançar sobre um inimigo exausto. Talvez especulassem em voz alta sobre a possibilidade de enviar um mensageiro a Temístocles para oferecer um pesado suborno — e quem sabe ele não estava agora mesmo esperando exatamente isso. Se nada mais funcionasse, talvez pudessem confortar Xerxes com a idéia de que tantos homens haviam perecido proclamando a glória de seu real nome.

E certamente lançaram mão do que quer que estivesse ao alcance. Para começo de conversa, podem ter notado que um dos planos de Xerxes funcionara brilhantemente, exatamente como ele pretendera. Tal como dissera o rei, sua presença fez com que os combatentes lutassem melhor em Salamina do que em Artemísio. Não faz mal que fossem mais movidos pelo medo do que pela inspiração; o que importa é que se moveram. E também se moveram pela rivalidade.

Os fenícios e os jônios eram súditos da Pérsia, mas não se amavam reciprocamente. Ambos os povos eram potências navais; a esquadra dos fenícios era a preferida de Xerxes, mas os jônios queriam muito ocupar esse lugar. Para isso, seriam necessárias duas coisas: um desempenho de primeira linha no mar e amigos bem posicionados. Na Pérsia, não se conseguia nada sem um padrinho na corte para azeitar as engrenagens. Da mesma forma, os grandes cortesãos estavam sempre em busca de clientes para proteger. A maior fonte de prestígio era ser avidamente cortejado por um estrangeiro. Assim, cada povo da Pérsia tinha o seu padrinho no palácio, e todas as reuniões do conselho se dividiam em facções.

Ariaramnes, o líder do grupo pró-jônio na corte persa, não terá deixado de assinalar ao Grande Rei que as cidades dessa rica região combatiam magnificamente em nome de seu monarca. Muito poucas dentre elas deram atenção à propaganda de Temístocles, para que combatessem mal de propósito. Pelo contrário, os jônios se sobressaíram em Salamina pelo número de baixas causadas. "Tenho uma lista com os nomes de muitos capitães que capturaram navios gregos", afirma Heródoto, embora mencione apenas dois.

Os dois eram originários da ilha de Samos, ao largo do litoral da Anatólia. Um deles era Teomestor, filho de Androdamas, e o outro, Fílaco, filho de Histieu. Se qualquer deles ficasse incomodado com a questão da deslealdade à Grécia, podia reconfortar-se rememorando a história de sua ilha. Por mais virtudes que os moralistas sâmios pregassem, a fidelidade não estava entre elas. Num mundo de oportunistas, Samos se destacava.

Durante duas gerações, Samos oscilara em ziguezague. Em 525 a.C., o tirano sâmio Polícrates ameaçou aliar-se ao Egito contra a Pérsia. Por volta de 517, a Pérsia conquistou Samos, derrubou Polícrates e o substituiu por seu irmão Solisson, fiel cliente da Pérsia. Em 499, quando os jônios se revoltaram contra a Pérsia, Samos aderiu aos rebeldes. Ou melhor, aderiu inicialmente: foi o contingente sâmio na direita da formação grega na batalha naval de Lade, em 494 a.C., com sessenta navios, que deu meia-volta antes da luta, salvando a própria pele mas selando o destino da causa rebelde.

Teomestor podia ter justificado o que alguns consideravam um ato de traição à Grécia apresentando-o como motivado por uma causa mais elevada: a grandeza do império. Ou talvez pudesse contentar-se com uma causa mais modesta: as recompensas que provavelmente receberia de um agradecido Xerxes.

E se verificou que a Xerxes faltavam heróis para homenagear depois de Salamina, de modo que os sâmios tinham como reivindicar o grande troféu. Teomestor foi designado tirano de Samos. Fílaco recebeu uma grande propriedade e foi nomeado um dos benfeitores do Grande Rei, um *orosaggai*, membro de um corpo de elite.

E havia também Artemísia. Quando os cortesãos lhe chamaram a atenção para seu grande feito, o abalroamento de um navio inimigo, Xerxes mostrou-se sabiamente cético. "Foi realmente Artemísia?", perguntou. A pergunta de Xerxes mostra que era difícil perceber os detalhes do ponto em que se encontrava. Não surpreende que um escritor da era romana contasse uma história fabulosa sobre uma serpente, dotada de visão a distância de três quilômetros, que estava ao lado de Xerxes debaixo de um plátano dourado e relatava as proezas de Artemísia lá embaixo. O Xerxes da vida real certamente dispunha de batedores de olho atilado a seu serviço, e eles insistiam em que haviam visto claramente o "sinal distintivo" no navio de Artemísia.

Podemos supor que o que viram foi a placa pintada na proa com o nome do navio. Outra possibilidade é que o navio de Artemísia estivesse assinalado por alguma marca grande e visível, como o esporão em forma de focinho de javali usado nas pentarremes sâmias, ou as carrancas que possivelmente decoravam a proa de uma trirreme fenícia. Nesse caso, contudo, Amínias também teria reconhecido o seu navio.

Existe também uma história de que Artemísia agira com premeditação, levando a bordo bandeiras gregas de sinalização. Ao tomar a decisão de investir contra Damasítimo, mandara substituir por bandeiras gregas as bandeiras persas de seu navio. Nesse caso, todavia, tanto Amínias quanto os cortesãos de Xerxes teriam pensado que o navio de Artemísia era grego, de modo que só pode ser uma lenda.

Seria possível que os homens de Xerxes soubessem perfeitamente que Artemísia havia abalroado um navio persa, mas mentiram para fazer com que o Grande Rei não ficasse pensando exclusivamente em executar todos ao seu redor? Ariaramnes, inimigo dos fenícios, talvez se apressasse a distorcer a verdade para fabricar mais uma prova da incompetência dos fenícios. Caberia até imaginar a hipótese de uma conspiração entre ele e Artemísia. Mas todas essas possibilidades não passam de especulação.

Como quer que tenha sido obtido, o reconhecimento de Xerxes era algo muito bom para a rainha. Mas sairia pela culatra se ela fosse denunciada por sobreviventes do navio de Damasítimo. Para sorte dela, não houve sobreviventes. Foi uma bênção para Artemísia, pois raramente morriam todos no abalroamento de um navio. Os homens geralmente tinham tempo para abandonar a embarcação. Exceto no caso dos persas e dos medos, a tripulação de Damasítimo sabia em sua maioria nadar, pois vivia em ilhas.

Ou teria sido sorte? Os 230 marinheiros do navio de Damasítimo não poderiam ter morrido sem ficar um para contar a história se não tivessem sido atacados. O atacante pode ter sido Artemísia. Não lhe faltavam motivos para promover um massacre. Não é apenas que temesse os relatos que viessem a ser feitos por sobreviventes e que detestasse Damasítimo: ela precisava convencer seu perseguidor ateniense de que estava do seu lado. Para isso, a melhor maneira era seguir os procedimentos habituais, o que significava ordenar a seus arqueiros que atirassem contra os sobreviventes calíndios. Poderia até enviar seus soldados ao convés de Damasítimo, numa comissão de abordagem.

A Artemísia certamente não faltava coragem para ordenar um banho de sangue entre os aliados, mas será que seus homens teriam obedecido? Provavelmente eram tão devotados à rainha que teriam investido contra o trono de Xerxes se ela tivesse ordenado. Muito antes de Salamina, Artemísia teria escolhido a tripulação de seu navio capitânia e dedicado a ele a devida atenção. Seus remadores e marinheiros cários teriam recebido salários altos e um contramestre de trato ameno. Ao comandante de seus soldados iranianos e sáceos não teriam faltado as devidas lisonjas por parte da rainha.

Ela haveria de dirigir-se pessoalmente a cada um deles, dizendo que conhecera seus pais e que rezaria pela saúde de seus filhos. Concederia aos melhores dentre eles a honra de montar guarda em sua tenda. Distribuiria ditos sentenciosos entre os comandantes com enigmático laconismo. Nada teria feito para impedir que seus homens reagissem com violência ao serem insultados por outras tripulações por serem comandados por uma mulher.

Realizado todo esse trabalho, Artemísia teria transformado a maioria de seus homens em instrumentos maleáveis — e os demais estariam assustados o suficiente para não oferecer resistência. E se Damasítimo insultara sua rainha, pelos deuses, efetivamente merecera que seu navio fosse afundado, para defender a honra dos homens que a serviam. E se Artemísia quisesse que seus marinheiros sujassem as mãos, eles teriam bebido o sangue dos calíndios, se com isso pudessem agradá-la.

Mas apesar de tudo isso, pode ter sido simplesmente a proximidade dos gregos que pôs a perder Damasítimo. Afinal, pode ter pensado Artemísia, por que pedir aos homens que fizessem algo de que poderiam vir a se arrepender, quando os próprios gregos podiam cuidar de calar a tripulação de Damasítimo para ela? Ela talvez concluísse que os seus homens já estavam suficientemente comprometidos — depois de abalroar um navio aliado — para manter a boca fechada.

Com tantos navios gregos ao redor, os calíndios podiam morrer de muitas maneiras. Nadar no azul do mar Egeu era uma delas; outra seria nadar entre os cadáveres e destroços de uma grande batalha naval. Alguns talvez nunca conseguissem. Mesmo os bons nadadores podiam ter a cabeça atingida por um remo ou se afogar ao ser sorvidos para baixo de um navio. Outros podiam ser atingidos por dardos do inimigo. Mas a maior ameaça eram os arqueiros, para os quais os homens na água representavam alvos fáceis.

Compreensivelmente, as fontes gregas nada dizem sobre a brutalidade dos gregos com os inimigos que tentavam se salvar nadando em Salamina, mas não devem ter faltado demonstrações nesse sentido. A selvageria no mar era um subproduto de antigas lutas e ressentimentos. Em 433 a.C., por exemplo, uma enfurecida Corinto opôs-se em batalha de trirremes à suposta ingratidão de sua antiga colônia, Córcira. Corinto venceu a batalha, e normalmente seus capitães teriam navegado entre os destroços para recuperar e usar cascos do inimigo. Mas o que os capitães coríntios fizeram foi sair em busca de inimigos sobreviventes e massacrá-los ali mesmo na água. Em 413 a.C., Siracusa lutava pela sobrevivência frente a uma invasão ateniense. Enquanto prosseguia no ancoradouro a batalha das trirremes, os homens de Siracusa lançaram à água pequenos botes para participar dos combates, alguns deles com adolescentes munidos de forcados para matar os atenienses que saltavam de seus navios naufragados.

As pedras também serviam como armas a serem atiradas contra os homens na água, e sabemos que os atenienses usaram pedras contra as tropas terrestres persas durante a batalha de Salamina. Havia pequenos barcos na frota grega em Salamina, e os atenienses estavam suficientemente enfurecidos para usá-los numa missão de vingança, assim como os capitães atenienses se dispunham a massacrar aqueles que haviam profanado seus templos.

Timóteo faz a intrigante observação de que os gregos disparavam flechas em chamas contra os navios persas. Refere-se a "abrigos incendiados por lascas de madeira; e a multidão era massacrada debaixo das longas flechas com ponta de bronze". Afirma também que "o forte e fumacento fogo haverá de queimá-los [os jovens persas] com seu corpo selvagem". Os persas haviam usado essas armas no ataque à Acrópole e podem ter voltado a usá-las em Salamina; não dispomos do relato de Timóteo sobre o ponto de vista dos gregos a respeito da batalha.

Tenham utilizado flechas incendiadas, lanças, forcados, pedras ou as próprias mãos, o fato é que os gregos trataram os persas com brutalidade nas águas de Salamina. Disso podemos ter certeza, pois ao invadir o território grego os persas haviam abusado de um cadáver real, saqueado propriedades privadas, incendiado templos e estuprado, escravizado e matado civis. Os gregos teriam de ser verdadeiros anjos para não se vingar como podiam. De modo que, entre os soldados de Artemísia e as tripulações dos navios gregos próximos, Damasítimo e seus homens não levavam a menor chance.

Xerxes, contudo, se estava certo o informante de Heródoto, não sabia que a tripulação de Damasítimo fora enganada pela astuta rainha. Ele achava que Artemísia havia abalroado um navio *grego*, o que teria sido um grande feito num dia tão negro para sua causa. Mas era também um feito amargo, como teria observado o próprio Xerxes ao dizer uma frase que bem resume a insatisfação dos persas: "Meus homens se transformaram em mulheres", bradou o Grande Rei, "e minhas mulheres se transformaram em homens."

Amínias certamente se sentia confortável com sua masculinidade, ainda que um misterioso navio lhe tivesse roubado mais uma vítima. Mas não faltariam outras vítimas para sua fúria. Não sabemos ao certo quantos navios inimigos ele abalroou naquele dia em Salamina, mas sabemos que Amínias foi condecorado por bravura depois da batalha. E seu nome chegou até nós. Heródoto e Plutarco escreveram a seu respeito. Por mais de um século, é provável que toda criança de Palena tenha ouvido falar de Amínias como filho favorito do demo — uma honra para a qual não haveria outros candidatos na sonolenta cidadezinha do interior da Ática. Visitando o templo de Atena Palena na região, os jovens de Palenu possivelmente encontravam o batim de guerra ali depositado por Amínias, no gesto habitual de agradecimento à deusa local. Assim, um século depois de Salamina, quando a marinha ateniense encomendou um navio batizado de *Pallenis*, em homenagem ao demo de Palena, todos devem ter pensado nos gloriosos dias de Amínias naquele fatal estreito.

CAPÍTULO ONZE

O ESTREITO DE SALAMINA: NOITE

Polícrito, filho de Crios, herdeiro de uma família que não é inferior a nenhuma em Egina, em linhagem ou riqueza, está na barra do timão e espera. Seu esquadrão patrulha a passagem na saída do estreito. Ali, quando um navio persa passa em fuga na direção de Falero, um navio de guerra egineta, com seu bico de bronze, persegue sua vítima. E cada vez que um esporão arrebenta o casco lateral de um navio persa, o nobre Polícrito imagina que está ouvindo um menestrel cantando a glória do grande homem na maior armada de toda a Grécia. Não importa o número dos navios atenienses: só a ralé democrática pode confundir massa com excelência. As trinta trirremes da companhia egineta são superiores aos barcos a remo atenienses, como um nobre é superior a uma multidão. Ou assim podemos imaginar os pensamentos de Polícrito.

Nervosos e desidratados, calejados e amontoados, sangrando de arranhões e ferimentos superficiais de flechadas, arquejantes e suados, famintos mas furiosos, os remadores de Egina seguem remando, hora após hora, morto após morto. Surdos aos gritos dos agonizantes e aos brados

dos espectadores, sufocando os urros que querem soltar, eles nada ouvem além das ordens do contramestre e o som agudo da flauta. Abaixo deles há uma cena do "mar de esmeralda... avermelhado em suas cavernas pelo líquido dos navios, e havia gritos de batalha misturados com rugidos." Enquanto isso, no convés, os soldados eginetas se uniam e cobriam qualquer falha nas suas fileiras causada pelas flechas persas.

Os náufragos sofriam com o "líquido [que] espumava e enchia as cavidades nos seus esôfagos"; eles engoliam e vomitavam água salgada. Eles rangiam os dentes e gritavam insultos; eles tremiam e bramiam sua raiva contra a escuridão que se aproximava. Os remadores fenícios que haviam conseguido chegar à praia da Ática estavam sentados "nus e enregelados na beira do mar." E ainda assim as trirremes de Egina continuavam a remar caçando novas vítimas.

Os persas não desistiram de sua resistência até a noite. Este fato aparentemente inocente sublinha a natureza notável do desastre persa. Depois que os gregos destruíram as linhas persas e se voltaram para os fenícios e jônios que fugiam, a batalha estaria completamente terminada, à exceção da perseguição grega. Mas a luta depois continuou por horas. A geografia e a política seriam as culpadas. A reduzida largura do estreito tornou impossível para as fileiras persas a fuga para Falero, sem colidir com os navios que ainda estavam chegando.

Ésquilo descreve a colisão que resultou:

No começo a horda dos guerreiros persas
Se manteve. Mas quando a massa de navios
Encheu o estreito, não houve mais socorro de um navio para o outro.
De fato, eles se bateram nos seus próprios esporões com testa de bronze
E a grande armada de remos começou a tremer
Os navios gregos muito inteligentemente começaram a golpear
Num círculo, e os cascos dos navios viraram para baixo
E o mar não mais podia ser visto
Cheio de destroços e de cadáveres de homens.

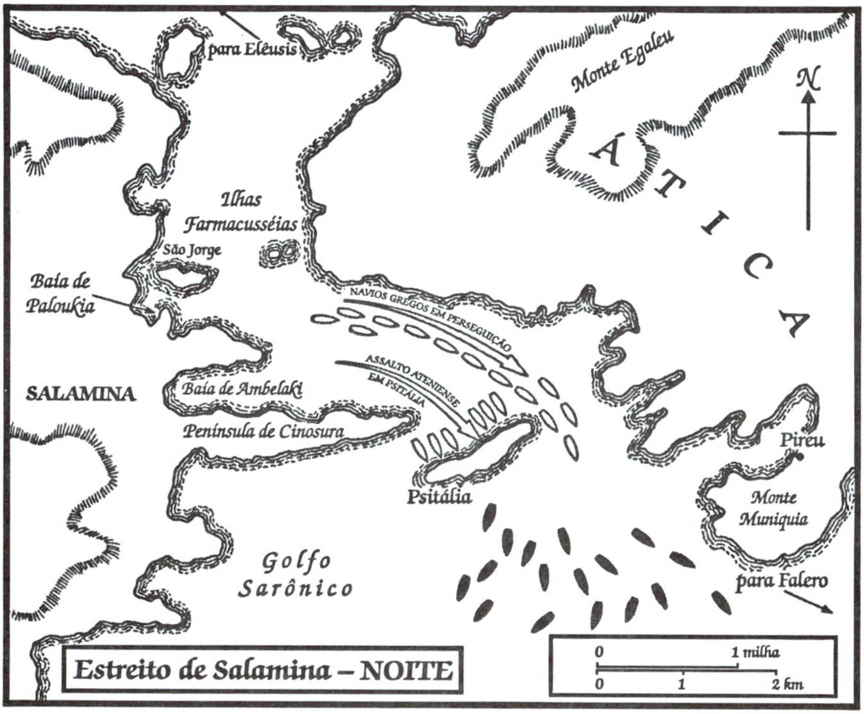

O poeta grego Timóteo escreve em tom similar: "O bárbaro exército persa recuou em fuga apressada, e uma fileira de navios, passando pelo longo estreito [do mar], colidiu e se destroçou..."

Mas por que as trirremes persas continuaram a aparecer depois que seus melhores esquadrões haviam sido destroçados? Seguramente, de alguma forma, a mensagem da derrota passou de navio a navio. O problema não era de comunicações; ao contrário, quanto mais se espalhava a notícia da derrota maior o desejo das fileiras anteriores se posicionar na frente. Os capitães persas disputavam por um lugar na linha de frente para se chocar com um navio inimigo enquanto Xerxes estava olhando, e assim serem registrados na sua lista como homens para depois ganhar recompensas. Enquanto os contingentes gregos em Salamina conseguiram esquecer suas rivalidades e lutarem cada um pelo bem comum, os contingentes persas pensavam na sua relação isolada com o grande rei.

Do mesmo modo, os navios persas tinham pouco interesse em continuar a luta além do ponto no qual pudessem colher sua recompensa. Compare a disposição dos espartanos de lutar até o último homem nas Termópilas com a decisão dos fenícios de dar meia-volta e abandonar as linhas de frente em Salamina, quando eles perceberam que não podiam derrotar os atenienses. O rei espartano Leônidas servia a uma causa transcendente, enquanto o rei fenício Tetramnesto meramente calculava as possibilidades. Valia a pena morrer pela liberdade, mas não havia percentagem em dar-se a vida em troca de poder para o Grande Rei, que ninguém aproveitaria.

Na noite de 25 de setembro, os gregos haviam forçado os persas a recuarem caoticamente. A ação da batalha de Salamina retrocedera para onde os persas haviam começado na noite anterior, na parte leste do estreito. Enquanto os eginetas esperavam escondidos na saída do canal, os atenienses dentro do estreito forçaram os navios persas a cair na sua emboscada. Entrementes, uma unidade ateniense havia desembarcado na ilhota de Psitália, que se encontra justo ao sul do esquadrão egineta. Ali, outro orgulhoso guerreiro colheu despojos sangrentos e glorificou o seu nome. Ele era o ateniense Aristides, filho de Lisímaco. Embora suas cidades fossem rivais, Aristides e Polícrito tinham uma coisa em comum: o ódio a Temístocles. E os navios das outras cidades gregas também registraram impressionante ferocidade; podemos mencionar Crotona, Naxos e Corinto.

Para que a emboscada egineta fosse bem-sucedida podemos imaginar que primeiro seria preciso remover os persas da ilhota de Psitália. Se eles tivessem permanecido ali poderiam sinalizar para seus navios avisando da emboscada, o que permitiria a algumas trirremes persas escapar costeando rapidamente ou talvez adotando um curso em ziguezague. Além disso, se os eginetas tivessem tentado esconder seus navios nas sombras de Psitália, os persas poderiam atingir seus homens com suas flechas. E assim, os persas tinham que ser removidos. Por outro lado, os atenienses estavam dispostos, se pudessem, a varrer o estrangeiro de qualquer centímetro do seu solo, ainda que minúsculo.

A missão foi confiada a um corpo de infantaria ateniense sob o comando de Aristides. Este "bravo homem", o "melhor dos atenienses", não parece ter comandado um navio durante a maior batalha naval de Atenas. Isso não é surpreendente, considerando que ele era um exilado político retornado. Mas ele teve seu grande momento quando os gregos irromperam pelas linhas persas e reinou o caos entre as trirremes do Grande Rei. Naquele momento era seguro reduzir as fileiras da infantaria ateniense disposta na praia de Salamina. Aristides reuniu um grande número deles — não sabemos quantos — e embarcou-os em pequenos barcos. Eles desembarcaram em Psitália e passaram pelo fio da espada os persas que ali estavam, até o último homem. Uma fonte da era romana sustenta que havia quatrocentos persas em Psitália. Isto é uma prova clara do espírito de vingança e sede de sangue que motivaram os gregos em Salamina.

Ésquilo descreve o incidente com estas palavras dramáticas no discurso de um mensageiro persa:

Quando Deus deu a glória de uma batalha naval aos gregos,
Naquele mesmo dia, quando eles protegeram sua pele com
armaduras de bronze,
Eles saltaram dos seus barcos e cercaram toda a ilha,
E os [persas] ficaram encurralados sem nada poder fazer.
Muitos caíram por terra,
Mortos pelos gregos com pedras nas mãos ou pelas flechas
dos seus arcos.
No final eles avançaram unidos, ferindo-nos, retalhando como carne
Nossos membros despedaçados até que todas as vidas foram
completamente destruídas.

Massacrar os persas encurralados foi um feito notável, mas não difícil.

Tanto o massacre de Psitália quanto a emboscada egineta representaram uma operação de limpeza. A armada persa havia sido derrotada. Agora era tempo de matar, o máximo que fosse possível. Enquanto seu exército terrestre estivesse na Ática, os persas poderiam manter Falero como uma base segura para sua frota. Os gregos, portanto, não podiam evitar que todos os barcos persas escapassem, embora pudessem tentar destruir a maior quantidade possível.

Em Salamina a marinha egineta cumpriu a promessa de sua magnífica tradição. Como as cidades fenícias, Egina era uma cidade de trabalhadores do mar. Seus comerciantes acumulavam fortunas: o egineta Sóstrato, filho de Laodamas, por exemplo, era o negociante mais rico da Grécia no século V a.C. Graças ao seu comércio, Egina sustentava uma população de 40 mil pessoas, embora a pequena ilha só possuísse terras aráveis para alimentar quatro mil.

A marinha egineta dominava o golfo Sarônico há décadas. Até seus deuses eram respeitados como poderosos protetores nas guerras navais, segundo testemunha o pedido dos gregos em Salamina pelas estátuas dos filhos de Éaco na véspera da batalha. A marinha de Egina havia sido tão poderosa que, antes de construir sua nova frota em 483 a.C., Atenas se viu reduzida a alugar navios extras de Corinto para guerrear com Egina, e estes navios alugados garantiram apenas uma vitória temporária para Atenas. Muito antes, numa ocasião memorável, talvez no século VII a.C., os eginetas haviam repelido uma força invasora ateniense com tanto denodo que somente um homem sobreviveu para contar a história — e tão logo ele chegou em casa foi prontamente assassinado por uma multidão enfurecida de viúvas de Atenas. Elas o mataram com suas agulhas de prender vestidos.

Em Salamina, os marinheiros de Egina desejavam não somente derrotar os persas, como também provar que eles, e não os atenienses desajeitados, mereciam dominar as ondas. Além disso, o governo democrático de Atenas dava arrepios na espinha dorsal da classe dominante de Egina. Apenas dois anos antes, eles haviam sido forçados a coibir uma revolução democrática na sua ilha; eles ficaram tão ultrajados a ponto de decepar as mãos de um revolucionário que procurara refúgio num templo. Atenas estava por trás daquela revolução, de modo que, em Salamina, os marinheiros e comandantes de Egina, que eram todos arrogantes, queriam demonstrar a superioridade da sua sociedade oligárquica sobre a democracia ateniense, que eles consideravam governo da multidão. Se era ou não verdade, o fato é que foi uma trirreme egineta a primeira a golpear, com seu esporão, um navio persa em Salamina e os eginetas sem dúvida pensavam que mereciam a honra.

A falta de confiança dos eginetas em Atenas pode explicar por que Egina não enviou todas as suas trirremes para Salamina. Os eginetas conservaram outros navios na sua base enquanto suas melhores trirremes participavam da batalha. Talvez eles temessem que Atenas fizesse um acordo com os persas e desse modo quiseram poupar uma reserva para defender sua ilha. Outra preocupação era um ataque dos próprios guerreiros persas.

Polícrito, filho de Crios, era um homem cujo orgulho da sua linhagem impressionaria um nobre da Pérsia. Cada nome grego antigo tinha um significado literal e Polícrito era alguém que dava valor ao significado de seu nome, idêntico ao do seu pai. Polícrito era "excelente além da medida", filho do "Carneiro". Dez anos antes de Salamina, os atenienses haviam desonrado o Carneiro. Em 490 a.C., enquanto os persas se preparavam para invadir Atenas em Maratona, Egina ofereceu terra e água aos persas, em sinal de submissão. Sem dúvida, os insulanos ficaram satisfeitos de juntar-se a um aliado tão poderoso contra seu odiado inimigo.

Mas os atenienses reagiram alistando a ajuda de Esparta, já então um poderoso estado antipersa. O rei espartano, Cleômenes, singrou para Egina para prender o homem que ele considerava o traidor da Grécia. Mas foi impedido por um egineta voluntarioso, nada menos que o pai de Polícrito, Crios. Crios não se intimidou com o espartano, a quem ele acusou de ter sido subornado.

Indignado mas impotente, Cleômenes prometeu voltar com reforços. Com um humor lacônico e sarcástico, ele disse ao homem cujo nome de família era "carneiro":

> *É melhor revestir seus chifres de bronze, carneiro, pois está trazendo uma montanha de encrenca para você.*

Cleômenes voltou logo depois e prendeu Crios, com outros eginetas preeminentes, mandando-os como reféns para seus ferozes inimigos, os atenienses. Posteriormente, nem a diplomacia nem a força conseguiram trazê-los de volta para Egina. Não sabemos se eles retornaram para casa ou morreram em Atenas.

Em nome da luta comum contra os bárbaros em 480 a.C., Polícrito poderia perdoar os atenienses por todos os seus crimes, exceto um: ele não podia perdoar a ruína de seu pai, causada pela aliança de Atenas com Cleômenes. Polícrito estava pronto a empurrar o nome de seu pai pela goela abaixo de cada ateniense que encontrasse. Na saída do estreito, ele quase conseguiu fazer isso. Enquanto os atenienses expulsavam os navios persas para fora do canal, os eginetas fecharam a rede. Heródoto escreve:

> *Quando os bárbaros foram postos em fuga e singraram para Falero,*
> *Os eginetas prepararam uma emboscada na passagem.*

"A passagem" mencionada por Heródoto se refere a uma área fora do estreito de Salamina, onde o mar se alarga. Podemos intuir que os eginetas esconderam seus navios atrás da península de Cinosura, atrás da ilha de Psitália, depois que Aristides comandou a operação de expulsar os soldados persas de lá.

"Quietos, rapazes", o contramestre teria dito aos seus remadores quando o navio de Polícrito se mantinha na tocaia. Podemos imaginá-los sentados em silêncio até que o último navio persa passasse às carreiras na direção de Falero. Polícrito teria escolhido cuidadosamente o momento do ataque, dando apenas uma boa distância para abalroar com o esporão sem dar aos navios persas distância para escapar.

A cooperação com Atenas deu a Egina a oportunidade de superar um velho inimigo. Aconteceu logo depois que o esporão da trirreme de Polícrito colidiu com um navio fugitivo de Sídon. Quer ele tenha sabido ou não, este era um prêmio especial, pois o navio era considerado pelos persas como um dos dez mais velozes de toda a frota. Polícrito então vislumbrou o estandarte de Temístocles, quando se aproximou do navio em fuga. Naquele ponto do fim do dia, as trirremes atenienses estavam lutando duas batalhas diferentes, uma contra barcos inimigos que pararam e resistiram, e outra contra os que abandonaram a luta e estavam em fuga. Mas a resistência devia ter chegado ao fim para que um comandante da importância de Temístocles quisesse deixar o estreito.

Aparentemente o que aconteceu depois é que Polícrito ordenou a seu piloto que colocasse sua trirreme entre Temístocles e o navio inimigo, provavelmente o que Temístocles estava perseguindo. A nave egineta se aproximou a ponto de Polícrito poder gritar para Temístocles. Ele zombou dele pelo fato de ter criticado os eginetas ao chamá-los de medos, isto é, pró-persas. Isto parecia ser um tema recorrente para Temístocles, talvez alguma coisa que ele costumava jogar na cara nos conselhos de guerra de Egina. Agora, Polícrito disse mais ou menos estas palavras: "Nós somos medos, Temístocles? Vou lhe mostrar quem é um medo!" E com isso Polícrito arremeteu o esporão de seu barco contra o navio inimigo. A resposta de Temístocles, se houve, não foi registrada.

Enquanto saboreava o acerto de contas, Polícrito podia também se alegrar com a descoberta que fizeram seus soldados quando abordaram o navio sidônio que ele destroçara com o esporão. Eles encontraram um seu compatriota, Píteas, filho de Isquereu.

Em agosto, Píteas estava servindo como soldado numa trirreme egineta comandada por um tal Asonides quando foi capturado pelo inimigo perto da ilha de Cíato, no norte da Grécia. Os persas também capturaram duas outras trirremes gregas, uma de Trezena e outra de Atenas. Os atenienses encalharam seu navio e os homens fugiram; a tripulação trezeniense foi aprisionada e um dos marinheiros teve sua garganta cortada em sacrifício humano. A maioria dos marinheiros trezenianos na trirreme egineta foi capturada rapidamente, mas Píteas resistiu, semeando a desordem entre seus atacantes.

Isso foi antes das batalhas em Artemísio e marcou o primeiro confronto entre as naves gregas e persas. Embora os persas fossem superiores em número, dez navios contra três, os gregos devem ter oferecido uma resistência valorosa. "Ele demonstrou ser o mais bravo dos homens naquele dia", comenta Heródoto. Píteas continuou lutando até que todo o seu corpo ficou cheio de ferimentos graves.

Quando ele finalmente caiu ainda respirava. Uma alta percentagem dos soldados nos navios inimigos era persa, e os persas admiram grandemente a bravura. Então eles fizeram um esforço para salvar Píteas. Trataram seus ferimentos com mirra, uma resina aromática colhida de brotos do deserto nas margens do mar Vermelho e usada na Antiguidade como curativo por suas qualidades bactericidas, sendo usada também em queimaduras e como incenso. Os persas cobriram as feridas de Píteas com longas tiras de tecido fino, do tipo usado no Egito para enrolar as múmias. Depois o levaram para o seu campo em Terma, no norte da Grécia, e o exibiram com admiração para todo o exército. Os outros cativos eginetas foram tratados como escravos.

Pensava-se que Píteas estava morto, mas em Salamina ele estava a bordo do mesmo navio que o havia capturado. A causa grega completara seu ciclo. O primeiro homem que resistira aos persas no mar foi liberado pelos seus compatriotas, no dia da maior vitória naval da Grécia.

A história de Píteas é apenas uma das notáveis na batalha de Salamina. Outra é a de Félos, um capitão de trirreme em Salamina que veio da colônia grega de Crotona, no sul da Itália. Félos já era famoso na Grécia por suas três vitórias nos Jogos Píticos em Delfos: uma na corrida a distância e duas no pentatlo, uma exaustiva prova de corrida, lançamento de disco, lançamento de dardo, salto e luta livre. Os Jogos Píticos eram pan-helênicos, como os jogos de Ístmia* e de Neméia (ambos perto de Corinto) e os mais famosos jogos de todos — os Jogos Olímpicos. Seus tempos atléticos já os havia passado em 480 a.C., quando Felos era

*Jogos Ístmicos e Jogos Nemeus. Os primeiros efetuavam-se em abril, em honra a Posídon; os segundos, em julho, em homenagem a Zeus, na cidade de Neméia. Ambos eram celebrados de dois em dois anos. (*N. da R. T.*)

cinqüentão mas ainda famoso. O campeão grisalho saiu da sua confortável inatividade para lutar pela causa grega em Salamina. Félos era aristocrata e muito rico: ele pagava do seu bolso a tripulação de sua própria trirreme, cheia de crotonienses que viviam na Grécia. Este foi o único navio da Magna Grécia e da Sicília a servir em Salamina, e ele lutou com distinção. Os homens de Félos capturaram mais de um navio persa em combate (não sabemos o número preciso). Depois da guerra, Félos anunciou a vitória erigindo uma estátua dele mesmo na Acrópole de Atenas.

Porém o mais bem-sucedido caçador de persas em Salamina foi provavelmente o capitão grego Demócrito de Naxos, o terceiro homem a começar a batalha, logo depois de Amínias de Palena e o navio egineto carregando as estátuas dos filhos de Éacos. Naxos havia mandado quatro trirremes para Salamina, mas para lutar pela Pérsia, não pela Grécia. Uma grande ilha no mar Egeu, Naxos havia sido saqueada pelos persas no ano 490 a.C. e seu governo não tinha estômago para revolta. Mas Demócrito tinha. Embora fosse apenas um capitão de navio, era o homem mais conhecido na ilha e convenceu os demais naxianos a unir-se aos gregos em Salamina, em vez de aos persas em Falero. (A ilha de Paros, vizinha de Naxos — e rival — também ficou afastada de Falero, mas Paros não ajudou os gregos em Salamina. Os parianos gostavam tão pouco de Atenas como da Pérsia, pois a Grécia tentara conquistar Paros em 489 a.C. Assim eles ficaram de fora, esperando para ver quem ganharia a batalha.)

Demócrito teve um grande dia em Salamina. O poeta contemporâneo Simônides celebrou seus feitos com estas palavras:

Demócrito foi o terceiro a começar a batalha, quando em Salamina
Os gregos confrontaram os medos para lutar no mar.
Ele tomou cinco navios, que cortou em pedaços, e capturou um sexto
Uma nave dória que havia sido levada pela mão do bárbaro.

Em outras palavras, Demócrito apresou cinco navios no total, e recapturou um navio grego dos persas. Imaginamos que cada um desses navios tenha sido atingido pelo esporão, mas não a ponto de não poder ser salvo pelo vencedor.

Um único capitão tomar cinco navios representa um feito extraordinário. Não deve ter havido muitos homens como Demócrito em ambas as frotas, mas no final ele não ganhou o prêmio por coragem durante a batalha. Este foi concedido a Polícrito de Egina, seguido por dois atenienses, Amínias de Palena e Eumenes do demo de Anagiros, um capitão do qual nada sabemos. Ouvimos também de outro capitão ou co-capitão ateniense (a posição de capitão às vezes era dividida) chamado Sosícles, da cidade de Peânia. Não sabemos se esses homens colocaram mais trirremes persas fora de combate do que Demócrito ou se eles devem sua fama e honra à influência de suas cidades. Apesar de tudo, o desempenho de Demócrito em Salamina simboliza as realizações gregas naquela batalha.

Corinto teve sua parte na glória. Um capitão coríntio chamado Diodoro capturou uma nave inimiga, e houve outros capitães coríntios cujos nomes não são conhecidos. Os marujos coríntios arriscaram suas vidas em Salamina com seus colegas gregos, e alguns coríntios morreram e foram enterrados num lugar de honra na cidade de Salamina.

O contingente coríntio poderia ter começado a batalha de Salamina ao amanhecer, singrando para o norte, como uma isca para induzir os persas a pensar que os gregos estavam fugindo e talvez para atrair alguns navios persas. Para continuar esta reconstrução possível, tão logo a batalha começou, um navio mensageiro grego remou até os coríntios para chamá-los de volta. Eles içaram suas velas, remaram rapidamente de volta e juntaram-se no combate perto dos atenienses e eginetas e contribuíram para a destruição da frota fenícia.

Ou assim podemos reconstruir a experiência coríntia na batalha. Quando Heródoto abordou o assunto, na metade do século V a.C., Corinto e Atenas haviam se tornado inimigos figadais. Os atenienses agora alegavam que os coríntios haviam se desonrado na batalha, enquanto Corinto e o resto da Grécia diziam o contrário. Os outros gregos insistiam que Corinto havia lutado nas primeiras fileiras da batalha. De fato, os monumentos à batalha, em Delfos e Olímpia, tinham o nome de Corinto insculpidos em terceiro lugar, depois de Atenas e Esparta. Além disso, nada menos do que quatro epigramas elogiando o papel de Corinto em Salamina sobreviveram em Roma, o que significa que ou os atenienses difamaram um rival ou Corinto trabalhou bem para esconder suas falhas. Que Atenas, que controlava Salamina, tenha permitido a Corinto divulgar tais epigramas na ilha, fora da cidade de Salamina, nas lápides da sepultura dos seus homens que ali morreram, sugere difamação.

O comandante coríntio Adimanto, ou assim diz a história ateniense, fugiu aterrorizado no momento em que as duas frotas se defrontaram. Ele içou suas velas e seguiu para o norte, seguido de toda a sua esquadra de quarenta navios. Mas um navio mensageiro veloz, "enviado por intervenção divina", alcançou os coríntios saindo da costa de Salamina. Um mensageiro denunciou Adimanto como traidor e lhe disse que os gregos estavam vencendo. Adimanto e seus homens voltaram, mas apenas a tempo para o fim da batalha.

Como a batalha durou cerca de doze horas e Salamina é uma ilha pequena, dificilmente seria verdade que os coríntios perderam a maior parte da batalha. Os epigramas contam uma história de valor coríntio. O epigrama na lápide em Salamina se lê:

Estranho, uma vez vivemos na cidade de Corinto com
água abundante
Mas agora Salamina, a ilha de Ájax, nos abriga
Aqui tomamos os navios aos fenícios e persas
E medos: e também protegemos a sagrada Grécia.

Uma placa comemorativa coríntia foi erigida em território coríntio no estreito, no santuário de Posídon, onde os bienais Jogos do Estreito se realizavam. O epigrama é eloqüente:

Quando toda a Grécia se equilibrava no fio da navalha
Nós a protegemos com nossas almas e jazemos aqui.

Este cenotáfio (monumento memorial sobre uma tumba vazia) situava-se na área geral na qual o comandante coríntio Adimanto desejava ter movido a frota grega de Salamina. Ele não realizou seu desejo, mas pelo menos conseguiu que fosse feito um memorial. Podemos imaginar que o cenotáfio ficava perto do navio persa capturado em Salamina que, de acordo com Heródoto, ainda estava bem conservado no estreito na sua época, cerca de 430 a.C.

O coríntio Adimanto tinha um orgulhoso epitáfio em Corinto onde se lia:

Este túmulo é de Adimanto, através de quem
Toda a Grécia colocou a coroa vitoriosa da liberdade.

Talvez também como parte da campanha de publicidade de Adimanto, ele deu a suas filhas o nome de "Vitória com Navios" (Nausinice), "Pegue os Despojos" (Acrotínio) e "Defesa contra a Força"(Alexibia); seu filho se chamava "O Mais Bravo" (Aristeu).

Há também uma dedicatória no templo da deusa Leto, pelo capitão coríntio Diodoro, que diz:

Os remadores de Diodoro tomaram estas armas dos medos hostis
E as dedicaram a Leto, como memorial da batalha naval.

Tradicionalmente, os guerreiros dedicavam os escudos inimigos, mas talvez o navio de Diodoro houvesse deixado ornamentos de popa.

Finalmente, existe a história de que uma mulher de Corinto pediu a Afrodite que seus homens "se lançassem de coração e alma na luta contra estes bárbaros". Esta foi uma prece inspirada, pois a expressão grega para "se lançar" significa "dar uma marrada" (os antigos cômicos ganhavam dinheiro com o duplo sentido sexual da expressão). Além disso, Afrodite era adorada em Corinto pelas prostitutas sagradas, e alguns escritores antigos relatam que não eram todas as mulheres de

Corinto mas só as prostitutas que faziam essa oração. Estátuas de bronze de mulheres foram colocadas no templo de Afrodite na Acrópole de Corinto com esta inscrição:

Estas estátuas de mulheres foram erigidas porque elas rezaram
às deusas cipriotas
Em intenção dos gregos e seus cidadãos que lutam leal
e abertamente.
A brilhante Afrodite não tinha intenções de entregar
Sua Acrópole aos arcos e flechas dos medos.

Esta inscrição notável consegue celebrar Corinto enquanto faz pouco de Atenas e da masculinidade ateniense. A referência à Acrópole de Afrodite pode lembrar ao visitante a Acrópole de Palas Atena e sua captura pelos persas. A referência a "lutar leal e abertamente" poderia contrastar favoravelmente com os "subterfúgios à beira da traição" de Temístocles. Finalmente, a expressão grega para "lutar leal e abertamente" pode também significar "lutar com tesão" — uma oração adequada para Afrodite, afinal de contas. Os gregos não eram pudicos e o que eles queriam dizer era que os coríntios eram homens grandes em todos os sentidos, e eles fizeram os persas engolirem isso.

Ao meio-dia, durante a batalha de Salamina, uma sentinela persa, em cima da colina de Muniquia, no Pireu, olharia para um mar cujas cores variavam do azul-turquesa ao prata e ao cinza. Olhando a sudoeste, ele veria a baía de Falero, de cujo porto a frota persa saíra na noite anterior. Atrás, as montanhas se debruçavam no horizonte sul até o cabo Suniun.

Virando de costas, olhando para o noroeste, os persas teriam uma visão nítida das ruínas da Acrópole de Atenas. O monte Himeto, famoso pelo seu mel, parecia uma cortina atrás dela para o sul. O monte Pentélico, rico em mármore, ficava a nordeste, enquanto o monte Parnes, com florestas de pinheiros, ficava perto da planície da Ática, ao norte. Virando agora para o sudoeste, o persa veria as colinas baixas e acidentadas da ilha de Salamina na névoa distante com o pico cônico do monte Oros, na ilha de Egina atrás dele. Olhando atrás para o leste, seguindo a curva costeira da Ática, ele veria a entrada da baía de Salamina.

Enquanto apreciava o cenário, a sentinela persa teria visto a vitória atrás dele e a incerteza pela frente. Enquanto o dia passava, se ele continuasse observando, teria visto como os navios persas batiam em retirada na direção de Falero, perseguidos pelos seus inimigos vitoriosos. Era um espetáculo de horror no início de uma tarde de outono quando o mar estava colorido de um azul prateado, refletido na luz brilhante. Estava tudo azul, prata e cinza — e vermelho de sangue.

Não havia lugar de honra para os mortos persas e eles eram muito mais numerosos do que os coríntios, de fato mais numerosos do que todos os gregos. Não sabemos quantos tripulantes persas morreram em Salamina. Heródoto não tenta dar números. Ele diz apenas que muitos persas, medos e seus aliados morreram além de Ariabignes. As perdas gregas foram poucas. A menos que morressem na "lei das mãos" (corpo a corpo) os gregos geralmente nadavam para a segurança, ao contrário do inimigo, pelo menos os marinheiros e oficiais iranianos e címtios. Os jônios e outros gregos da frota persa, bem como os fenícios e cários certamente sabiam nadar.

Ésquilo, também, fala de alguns persas morrendo em combate corpo a corpo e de outros que sobreviveram à luta para depois se afogar. Ele cita dezenove "chefes" persas que morreram em Salamina; embora na sua maioria seja constituída somente de nomes, talvez escolhidos pelo poeta pelo seu som ritmado, embora um fosse o rei ou *syennesis* (um título formal) de Cilícia. Ele era um homem importante da rica região na Anatólia do sul. Heródoto não menciona a sua morte, mas se Ésquilo está certo, foi um golpe significativo para Xerxes. E da mesma forma, as baixas de países dos quais vieram as de Ésquilo, se lhe dermos crédito: além da Pérsia havia Báctria, Cilícia, Egito, Lídia, Mísia e Fenícia.

Um autor da era romana, talvez citando uma fonte grega do século

V a.C., escreve que os gregos perderam mais de quarenta trirremes em Salamina, enquanto os persas perderam mais de duzentas, uma proporção de 1 para 5. Isto confirma o resultado extraordinário da batalha. Também se ajusta ao fato de que Xerxes continuou a ter um grande número de trirremes, mesmo depois de Salamina. Assim, estes números podem ser mais ou menos corretos.

Usando-os apenas como exemplo, parece que os persas perderam mais de seis mil marinheiros, bem como um pequeno número de oficiais de elite. Se, como palpite, um número igual de remadores da frota persa morreu pela "lei das mãos", então o número total de persas mortos em Salamina seria superior a 12 mil. Lembrando o destino dos homens de Damasítimo, que foram todos massacrados, este número talvez seja considerado o mínimo. Não seria surpreendente se os persas tivessem perdido 20 mil homens ou mais.

O mensageiro persa de Ésquilo assim resume o desastre:

Por certo que nunca em um único dia
Morreu um número maior de homens.

E depois que cada navio persa era abalroado ou havia escapado, havia ainda sobreviventes agarrados aos destroços, que poderiam ser salvos se fossem gregos, ou mortos e abandonados à sua própria sorte se fossem persas. Suas vozes desarticuladas, diz Ésquilo, podiam ainda ser ouvidas ao pôr-do-sol, que em Atenas ocorreu às 7h18 da noite de 25 de setembro.

Então, o vento e as ondas provavelmente já teriam começado sua entrega sinistra de cadáveres na praia, um processo que continuou por vários dias. Esses cadáveres eram geralmente de navios persas, que formavam a esmagadora maioria das baixas. Ésquilo declara que:

As praias de Salamina e qualquer lugar por perto
Estão cheias de corpos, apodrecendo desgraçados.

E:

Os corpos sacudidos, tingidos do mar
São carregados, depois da morte...
Sem rumo em ambas direções.

E:

Perdidos de um navio de Tiro, perto do promontório
De Salamina, eles jazem no promontório rochoso.

"E o mar estrelado repleto de seus cadáveres [persas]", diz Timóteo, "e as praias estavam carregadas." Enquanto alguns corpos acabaram em Salamina, parece que a maioria foi levada pelos ventos em direção da Ática. No fim do dia soprou um zéfiro, um vento oeste que por fim levou os destroços, os remos e corpos até as praias da Ática, perto do cabo Colias, não muito ao sul de Falero.

Depois da batalha, Mardônio, conselheiro chefe de Xerxes, lançou a acusação de covardia nos fenícios, nos egípcios, nos cipriotas e nos cilicianos. Ele poderia estar certo, se a definição de covardia fosse que em certo ponto eles decidiram fugir em vez de lutar. De modo algum estes esquadrões deixaram de ter baixas, mas cada um provavelmente preferiu deixar de perder.

A marinha persa estava despreparada para a batalha com um inimigo que não podia ser intimidado nem subornado — como os gregos. A frota persa era menos uma organização naval do que política. Não era uma estrutura única, mas um grupo de chefes cada um cultivando os favores do senhor. Era menos uma marinha do que uma corte real flutuante.

E assim, alternando entre o excesso de confiança e a covardia, a frota persa em Salamina lutou bem mas nunca sabiamente. Tivesse ela a força de vontade para continuar lutando, poderia ter causado maiores perdas aos gregos, aumentando assim a possibilidade de uma vitória final, caso Xerxes continuasse a luta no mar por mais um dia. Por outro lado, recuando sem que cada unidade tentasse sua sorte, os persas poderiam ter guardado sua força para mais tarde. No final, eles não fizeram nada.

A questão mais importante deixada pelo conflito em Salamina é esta: por que os gregos ganharam a batalha e os persas perderam? Heródoto, que compreendeu Salamina tão bem como um escritor antigo, dá sua resposta sucintamente: boa ordem *versus* desordem. Os persas caíram dispersos; os gregos, não. Heródoto escreve:

> *Como os gregos lutaram [com cada navio] em ordem e [com todos os navios] em ordem de batalha, enquanto os bárbaros nem permaneceram em prontidão em ordem de batalha nem fizeram nada sabiamente, era somente de se esperar que as coisas resultassem para eles do modo como ocorreu.*

Mas o estudante de história quer ir mais um passo adiante e perguntar por que os persas desmoronaram. Para isso, há três respostas: choque, comando e geografia.

Na alvorada de 25 de setembro, os persas ficaram chocados ao descobrir que os gregos estavam prontos para lutar. Os persas não estavam preparados para isso nem mental nem psicologicamente. Eles estavam esperando uma perseguição fácil a um exército quebrado, não uma luta difícil. À primeira luz da aurora os gregos possivelmente deixaram o inimigo desorientado mandando os coríntios para o norte numa fuga simulada. Em Salamina os gregos estavam na sua melhor forma psicológica e haviam passado a noite dormindo em terra firme, em vez de terem ficado acordados e remando exaustivamente. O choque fez com que os gregos semeassem com facilidade a desordem na frota persa.

Muitos comandantes persas foram mortos em combate, incluindo o comandante mais graduado, o meio-irmão de Xerxes, Ariabignes. As marinhas persas (e exércitos) eram mais vulneráveis à perda de um chefe do que os gregos porque os persas eram mais centralizados. E a Pérsia não encorajava a iniciativa individual do modo como os gregos faziam, especialmente no caso de uma democracia como Atenas. Diversamente dos gregos, os persas tinham pouca lealdade a uma causa. Em vez disso, eles lutavam principalmente para impressionar Xerxes. Eles não tinham o menor incentivo para combater até a morte. O sistema de comando persa contribuiu para a quebra da boa ordem em Salamina.

Finalmente, os gregos tiraram toda a vantagem da geografia fora do comum do estreito de Salamina. O espaço restrito tornou impossível aos persas usarem sua superior velocidade. De igual modo, o canal transformou o peso das trirremes gregas de um estorvo numa vantagem. E tornou desfavorável a superioridade numérica dos persas, porque seus barcos colidiam uns com os outros. Se, numa reconstrução provável, o vento normal matutino começou a soprar, o resultado seria tornar os navios persas mais instáveis do que os gregos. Assim, a geografia do estreito contribuiu para a desordem da frota persa.

Choque, comando e geografia: três blocos de construção, empregados de modo mortal, transformaram a batalha de Salamina de um martelo para ser usado pelos persas numa emboscada preparada pelos gregos. A Pérsia esperava esmagar os gregos com sua superioridade numérica, mas caiu numa emboscada na qual sua própria superioridade trabalhou contra ela. Raramente tantos foram feridos por tão poucos.

Atenas e Egina foram responsáveis pelo maior número de navios persas postos fora de combate durante a batalha. Ambos os feitos foram extraordinários, mas no caso de Egina foi colossal, pois suas trinta trirremes representavam apenas um sexto dos 180 navios de Atenas. Sem dúvida Atenas avariou outros navios inimigos pela manhã, além daquele abalroado pelo navio onde estavam as estátuas dos filhos de Éaco, mas o que realmente distinguiu Egina em Salamina foi a emboscada levada a efeito na tarde. Os eginetas "exibiram feitos dignos de menção", diz Heródoto: de fato um grande elogio, considerando sua promessa, na sentença de abertura que seu livro seria "uma exibição de... grandes e magníficos feitos" de modo a não serem esquecidos.

A RETIRADA

CAPÍTULO DOZE

FALERO

Quando o vento sopra forte na noite de 25 de setembro, ele verga a frota de navios de guerra como se fosse um campo de trigo na brisa da tarde. A marinha persa está em fuga, seus homens semimortos nos seus assentos. Em uma das trirremes o vigia grita que o inimigo interrompeu a perseguição, mas os remadores assustados continuam remando. Quando passam o Pireu, ao lado direito, e o piloto começa a ajustar o leme para circular a baía de Falero, o capitão dirige seus pensamentos para a praia. A rainha de Halicarnasso está sempre pensando, e ela sabe que Xerxes convocará um conselho de guerra. Ela tem que ponderar a melhor maneira de usar o crédito que granjeou por ter abalroado o que ela acha que o alto-comando terá pensado que era um navio inimigo. Compreende que não deve exagerar, agora que sua previsão de um desastre naval se concretizou. Entrementes, como Artemísia sabe, deve manter seus homens satisfeitos e quietos sobre o que eles realmente fizeram em Salamina, ou assim imaginamos.

Enquanto os navios sobreviventes se retiram para a praia em Falero, ao fim do pior dia na história da frota persa, supõe-se que os homens se

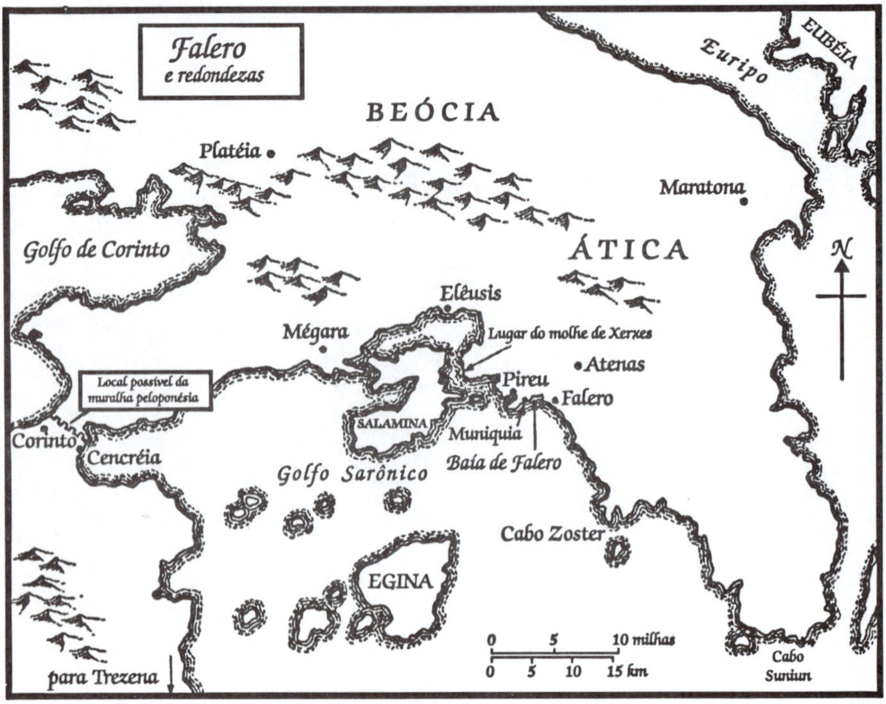

esbarram na pressa de chegar à praia e correr para o acampamento. Os soldados ali aquartelados terão que correr para os navios a fim de ajudá-los, mandando os escravos disponíveis para carregar os mortos e feridos. Os cadáveres serão cremados, os feridos levados para os médicos.

E há muitos corpos. Nos dias que se seguiram à batalha de Salamina as praias da Ática se tornaram o maior cemitério de etnias diversas na história da humanidade até aquela data. Foi um testemunho à diversidade do império persa e à loucura dos seus líderes.

Quanto aos homens feridos na batalha, os que apresentavam ferimentos nos membros, fraturas simples ou entorses, tinham uma chance razoável de sobreviver. Os ferimentos seriam untados com mirra, ungüento de fícus ou vinho, para reduzir a infecção e estancar o sangramento, e depois seriam enfaixados com linho ou algodão. Um membro fraturado seria esticado e ajustado; untado com linimento contendo uma mistura de gordura, resina e ervas; depois cuidadosamente envolto em bandagens com uma leve compressão. Alguns dias depois, as bandagens teriam que ser verificadas e trocadas. As entorses e deslocamentos seriam ajustados e a dor tratada com ervas e massagens, mas nem sempre com sucesso. O pai de Xerxes, Dario, por exemplo, uma vez sofreu tanto com o deslocamento da clavícula que nem os médicos egípcios — na época considerados os melhores do mundo — puderam curá-lo; somente Demócedes, da cidade greco-italiana de Crotona, que pertencia ao império persa, conseguiu curá-lo.

As possibilidades de sobrevivência eram escassas para quem precisasse de cirurgia. Os médicos da Antigüidade carregavam caixas de medicina de bronze, medindo cerca de 8 por 13 centímetros, onde guardavam seus instrumentos, incluindo bisturis, ganchos, fórceps e verrumas. Os cirurgiões da Antigüidade tinham consciência da importância da limpeza. Os médicos gregos e do Oriente Próximo obtinham certo sucesso na extração de flechas e pontas de lanças das feridas. Tinham certa habilidade em tratar pulmões, e experimentavam com verrumas e brocas para tratar ferimentos cranianos. Entretanto, as possibilidades de sobrevivência nesses casos eram pequenos.

"Um médico vale por muitos homens com sua habilidade de arrancar flechas e aplicar medicamentos nas feridas", diz Homero. Mas duvida-se que na baía de Falero, houvesse médicos em número suficiente para todos os feridos de Salamina. Assim, e considerando a ineficácia da maioria dos médicos da Antigüidade, se avaliados segundo nossos parâmetros, alguns homens tinham que aceitar o pior: atendimento médico precário pelos seus desastrados camaradas, ou tentativas de sortilégio pelos agregados da tropa, que ofereciam panacéias, feitiços, rezas e amuletos. O número de mortos certamente aumentava nas horas e dias depois da batalha.

Enquanto isso, os vivos podiam, ao menos, ser alimentados e receber água e vinho para beber. Depois de quase 24 horas no mar, estavam tão famintos e sedentos quanto cansados. Ainda assim, as conversas eram sobre como sair de Falero imediatamente, ainda naquela noite, antes que os gregos pudessem atacá-los. Com o cair da noite, o campo desarvorado se iluminou com tochas. Gritos de dor e lamentação pelos mortos podem ter se misturado com ruídos, imprecações e choque.

Não se sabe se Xerxes visitou a frota naquela noite, mas ele não ficou ocioso. Ele sentiu o perigo que o ameaçava. Xerxes sabia que quando Dario invadira a Cítia (hoje Ucrânia) em 513 a.C., o exército correu o risco de ficar encurralado, quando suas pontes sobe o Danúbio quase foram destruídas. Agora Xerxes temia pelas suas pontes no Helesponto. Ele queria que os remanescentes da frota persa voltassem às pressas através do mar Egeu para proteger a linha de suprimento da expedição.

E ainda queria esconder seus planos. Então, imediatamente após a derrota em Salamina, talvez no dia seguinte, Xerxes ordenou a seus engenheiros que começassem a construir uma ponte entre a terra firme e Salamina. Eles amarraram navios mercantes fenícios, presumivelmente navios que transportavam suprimentos para os navios de guerra fenícios na Grécia. Os persas planejavam usar estes navios como ponte provisória ou como base para uma ponte suspensa por cima deles. Em outras palavras, como haviam fracassado em chegar a Salamina pelo mar, planejavam atacar por terra. Eles provavelmente remaram os navios mercantes ao lado das praias da Ática, defendendo-os com alguns navios de guerra restantes. Com uma grande escolta, os persas poderiam dar a impressão que planejavam outra batalha naval, justamente a desinformação que queriam passar aos gregos.

Em 26 de setembro, no dia seguinte à batalha, Xerxes convocou um conselho de guerra. Ao contrário da última vez, Xerxes não reuniu todos os reis e comandantes de esquadra a seu serviço. Desta vez reuniu somente os persas, com exceção de Artemísia. A rainha de Halicarnasso emergira dos destroços dos estreitos como Afrodite surgindo das águas. Agora era não somente a mulher mais poderosa da corte de Xerxes, como também a mais influente de todos os aliados não persas do rei.

No conselho, Mardônio aconselhou Xerxes a fazer pouco caso de

Salamina. “Nossa luta não será decidida com destroços de madeira, mas com homens e cavalos.” E acrescentou:

> *Os persas não têm nada a ver com o que aconteceu, nem se pode dizer que de alguma forma nossos homens foram covardes. Se os fenícios, egípcios, cipriotas e cilicianos foram covardes, este desastre não tem nada a ver com os persas.*

Era uma forma de se justificar perante a elite persa. Quando as más notícias de Salamina chegaram a Susa, os persas

> *rasgaram suas túnicas e gritaram e se lamentaram e culparam os macedônios. Os persas assim fizeram, pois eles sofriam pelos navios e temiam pelo próprio Xerxes.*

Em termos estratégicos, os navios eram menos importantes do que o rei, mas os persas pensaram justamente o contrário.

Depois de ouvir Mardônio e seus outros conselheiros persas, Xerxes fez uma coisa extraordinária. Ele os dispensou, juntamente com seus guarda-costas. Por uma vez a tenda real estava vazia, à exceção do Grande Rei e do conselheiro que lhe inspirava mais confiança. Se tivesse dado ouvidos aos conselhos de Artemísia antes de Salamina poderia agora ser o senhor da Grécia. Pelo menos finalmente aprendera em quem confiar.

Artemísia deve ser perdoada se não se deteve para saborear o momento. Afinal de contas, era a viúva meio-cretense de um governante menor de uma pequena cidade da Anatólia, a cerca de três mil quilômetros da capital imperial. Conseguira, com dificuldade, escapar viva de um desastre naval e somente por ter traiçoeiramente abandonado o seu aliado à vista de testemunhas. Era uma mulher numa sociedade na qual o pior insulto era dizer de um homem que era “pior do que uma mulher”. E no entanto ela chegou ao ápice do poder.

Se ainda não o tivesse feito, Xerxes iria honrá-la brevemente com o prêmio de bravura na batalha. Conta-se que Artemísia recebeu uma armadura grega completa como um reconhecimento de seus feitos. Ao mesmo tempo, Xerxes lhe deu uma roca de fiar e uma almofada de coser para o "comandante da frota". A almofada de coser é usada para fiar lã. Na Grécia era símbolo de feminilidade. Assim, dar uma almofada a um comandante naval era certamente um insulto.

Não sabemos a que comandante se referiu com a frase "o comandante da frota": o principal candidato é provavelmente Megabazo, filho de Megabates, um dos dois comandantes persas das esquadras fenícias (juntamente com Prexaspes, filho de Aspatine). Megabazo pode ter tido a função hereditária de "o comandante", a julgar pelos documentos oficiais de Persépolis. Na era romana, Megabazo era chamado o comandante em chefe de 480 a.C., que pode se entender por esta posição. Mas a sorte de Megabazo pode ter acabado depois de Salamina, pois nem ele nem os outros comandantes persas sobreviventes, Aquêmenes e Prexaspes, foram renomeados para um comando naval no ano seguinte.

Se a roca e a almofada eram um insulto, uma armadura grega completa significava um cumprimento. Tanto na Grécia como na Pérsia a coragem na batalha, especialmente em terra, era considerada o maior sinal de masculinidade. E certamente o presente de Xerxes representaria nada menos do que o melhor em materiais e artesanato: seguramente alguma coisa com o melhor pêlo de cavalo para a plumagem e com uma incisão artística no elmo, no protetor peitoral e perneiras, e um espetacular brasão no escudo, talvez um dos leões ou touros alados comuns na arte persa.

Se é realmente verdade que Xerxes deu a Artemísia uma armadura grega, isto pode refletir os costumes da Cária, onde os gregos tinham muita influência e os soldados usavam armamentos gregos. Em Atenas, uma armadura e uma coroa de flores eram o prêmio normal de valor. Os monarcas persas eram sensíveis aos costumes dos seus súditos.

Mas ninguém naquele tempo consideraria Xerxes demasiadamente generoso no seu presente para Artemísia. Afinal, Teomestor foi recompensado com a tirania de Samos, e Fílaco recebeu uma propriedade e foi listado como um dos Benfeitores do Rei. Duas gerações mais tarde, um país pobre, Acarnânia, recompensou um general ateniense não apenas com uma, mas trezentas armaduras. Mas aquele general havia ganho a batalha; Artemísia apenas salvara alguma honra especiosa em meio a um desastre.

A conferência se reuniu na tenda de Xerxes, em 26 de setembro: era uma hora de ansiedade para Xerxes, e Artemísia lá estava para reassegurá-lo. Deixemos de lado seu charme e coqueteria: Artemísia era quem melhor conhecia o ofício de estratégia naval no serviço de Xerxes. Seu meio-irmão, comandante dos cários e jônios, o comandante Ariabignes, estava morto; seu irmão Aquêmenes, comandante da medíocre frota egípcia, caíra em desgraça, juntamente com três reis fenícios e dois comandantes persas, que tinham posto mais elevado do que os reis. Os capitães de Samos e da Samocrácia conseguiram algumas vitórias em batalha, junto com outros. Mas somente Artemísia previra o desastre se os persas lutassem em Salamina. Além disso, ela lutara brilhantemente, ou assim parecia a Xerxes e seus cortesãos.

Não se fala da presença de um intérprete na sessão privada de Artemísia com Xerxes. A menos que se possa supor a presença de um, temos que concluir que a habilidosa rainha havia aprendido um bom persa, pois o Rei dos Reis dificilmente se rebaixaria a falar outra língua além da falada pelo povo governante.

Mardônio havia sugerido que Xerxes escolhesse entre dois cursos de ação. Ou o rei ordenaria que o exército persa completo entrasse em ação contra os gregos no Istmo ou ele ordenaria que toda a marinha e parte do exército batesse em retirada de toda a Grécia, e Xerxes com eles. Neste caso, Mardônio ficaria no comando do resto do exército; e, ele prometeu, submeteria toda a Grécia à autoridade do Grande Rei. Mardônio preferia o segundo curso de ação, diz Heródoto, porque poderia restabelecer sua reputação após a derrota da expedição que comandara com tanta fanfarra.

Xerxes perguntou a Artemísia qual o curso de ação que ela recomendava. Ela respondeu que Mardônio deveria ficar na Grécia com uma parte do exército. Nesse caso arcaria com todos os riscos, enquanto Xerxes poderia tomar todo o crédito se Mardônio fosse bem-sucedido. O rei não precisava se imiscuir na ameaça grega. "Se Vossa Majestade e sua casa sobreviverem", disse Artemísia, "os gregos terão que enfrentar várias disputas pelas suas vidas e suas propriedades — e terão que fazê-lo freqüentemente." Além disso, acrescentou, ele tinha de fato incendiado Atenas.

Artemísia disse a Xerxes o que ele queria ouvir. Mesmo que cada homem e mulher do seu séqüito lhe dissesse para ficar, acrescenta felinamente Heródoto, Xerxes estava muito assustado para permanecer na Grécia. Entretanto, até Heródoto admite que Xerxes tomou uma decisão ponderada e oportuna. Xerxes perdera uma batalha, mas não queria desistir da guerra. A única questão era a estratégia a seguir. O rei compreendeu rapidamente a extensão completa do desastre naval. Com a mesma presteza ele compreendeu que o resultado de Salamina levantava uma questão mais importante do que a Grécia: a Jônia.

Em Salamina os gregos haviam ganho o controle do mar. Sem restrições, eles podiam, em algum tempo, desafiar e reconquistar os ganhos obtidos com tanto sacrifício pelo império na última geração: o norte da Grécia, as ilhas do mar Egeu, e o maior de todos os prêmios, a Jônia. A questão era como manter os gregos contidos.

De fato, em pouco mais de 24 horas, Xerxes encontrou uma resposta, uma nova estratégia que ele imediatamente começou a pôr em prática. A conquista da Grécia não era mais sua prioridade. Como não mais poderia flanquear o inimigo pelo mar, seu exército não atacaria os gregos no Istmo. Em vez disso, sua política seria a de bater em retirada com toda a frota persa e uma parte do exército persa. Xerxes deixou no território grego apenas a força militar necessária para manter os gregos desorientados e desunidos. Entrementes, ele pessoalmente se mudaria para a parte do seu império que mais precisava da sua atenção: a Jônia. Dentro de dois meses depois de Salamina, Xerxes se mudou para Sardes, a capital da província. Ele ali permaneceria durante o ano seguinte, até o outono de 479 a.C.

O resultado fora desastroso. No mesmo ano em que decidira se retirar de Atenas, Xerxes perdera não apenas o Peloponeso, mas quase todas as suas possessões no território grego, bem como, ao se retirar, as principais ilhas gregas do leste do mar Egeu, como as cidades-Estado da Jônia e Cária. As outras ilhas se seguiriam um ano mais tarde. Vinte anos depois da revolta jônica, em 499 a.C., uma aliança grega em terra firme estava empurrando o Grande Rei de grande parte do mar Egeu para a costa da Anatólia.

O que dera errado? Xerxes cometeu três erros, mas desistir do ataque ao Istmo e mudar-se para Sardes não foi um deles. De fato, a retirada da Grécia estava certa. A conquista do Peloponeso — a única parte da Grécia livre dos persas — teria trazido glória e uma fonte de mercenários para Xerxes, e pouco mais do que isso. O império persa era vasto e rico e a Grécia era pequena e pobre. Apesar da métrica elegante de Ésquilo e as 200 mil palavras das *Histórias* de Heródoto, apesar dos montes de despojos tomados dos persas e os monumentos de mármore que comemoravam as vitórias gregas, apesar da pontaria dos seus lanceiros e a força da sua frota — apesar de tudo, a Grécia tinha pouco a oferecer. Os reis da Pérsia já possuíam mais riquezas na cidade de Persépolis do que as que existiam em toda a península grega.

A grande vantagem em conquistar a Grécia, além da glória, era a prevenção. Deixados sem limites, os gregos poderiam se expandir. As ilhas do mar Egeu, a Jônia, o Egito estavam todos esperando para se libertar do jugo persa. Deixar a Grécia inconquistada daria um mau exemplo para os outros povos irrequietos do império. Em suma, a Grécia representava menos uma fonte de recursos do que uma ameaça.

Além disso, o tempo e a despesa da guerra com a Grécia tinham que ser subtraídos dos recursos disponíveis para policiar o resto do império. À primeira vista pareceria que Xerxes demonstrara covardia decidindo se retirar de Atenas. Na verdade, o Grande Rei demonstrou maturidade. Sua presença representava um recurso limitado. Onde quer que o Grande Rei fosse, seus servidores funcionavam melhor. Seria irresponsável permanecer na Grécia quando era necessário em tantas outras partes do seu reino.

Já em Falero, depois da batalha de Salamina, Xerxes estava pensando em outras disputas de fronteiras. Ou assim podemos concluir de um detalhe revelador: os duzentos navios egípcios da sua frota voltaram para casa. Mas seus soldados ficaram para trás, formando uma parte do exército persa sob o comando de Mardônio. Foi uma escolha interessante.

De um lado, os egípcios haviam ganho o prêmio por bravura em Artemísio, onde capturaram cinco navios gregos com suas tripulações. Com suas lanças de abordagem, grandes machados de batalha, facões e longas adagas eles pareciam grotescos e talvez possantes. Não havia soldados egípcios no exército persa, uma lacuna que estes soldados poderiam preencher. Por outro lado, o esquadrão egípcio encontrara um lugar na lista de covardes em Salamina, compilada por Mardônio. Talvez ele culpasse os capitães e não os soldados por sua falta de espinha dorsal. Ou talvez a decisão de guardar os egípcios fosse mais política do que militar. O comandante da frota egípcia era Aquêmenes, o irmão de Xerxes e governador do Egito. Talvez Mardônio tenha decidido lisonjear Aquêmenes para melhorar seus laços com a família de Xerxes.

E então havia o lado negativo da permanência dos egípcios na Grécia: eles não estariam no Egito. A província do Nilo havia se revoltado contra o jugo persa há apenas seis anos. Se os navios egípcios haviam sobrevivido às tempestades e às batalhas relativamente indenes — como seu valor em Artemísio e ausência em Salamina poderiam sugerir — então os soldados poderiam ser dois mil ou mais. Quando dois mil homens armados presenciam de perto a derrota do Grande Rei, por que mandá-los para casa, uma terra desleal? Dentro de uma geração o Egito se rebelaria de novo; em 480 a.C. os persas assim pressentiram.

É claro que os soldados jônios também representavam rebeldes em potencial, mas, diversamente dos egípcios, os jônios provaram ser leais e úteis marinheiros em Salamina. Melhor seria resguardá-los para uma outra batalha naval do que desperdiçá-los em confronto à lança de algum hoplita espartano.

Não se falou mais dos navios egípcios em 480 ou 479 a.C. Aparentemente, Xerxes achou que podia dispensá-los, bem como os cilicianos, cipriotas, lícios e panfílios. Tudo que restou foram os cários, jônios e fenícios, o âmago tradicional da frota persa. E aquela frota ficaria agora baseada no leste.

Isso era parte da nova estratégia de Xerxes. Retirando sua frota da Grécia, Xerxes mudou a equação de poder. Sem aquela frota, a Pérsia teria dificuldade em deter a frota grega e manter o controle do mar Egeu. Mas não era impossível. Embora parecesse paradoxal, o exército persa poderia derrotar a marinha grega. Isto seria feito conquistando a Grécia e privando a marinha grega de sua base. Mas como o exército persa poderia conquistar a Grécia sem a marinha persa para lhe dar a mobilidade para superar as defesas gregas?

A resposta de Xerxes depois do desastre de Salamina foi reverter ao velho sistema de tratar com os gregos: suborno. "Ares", o deus da guerra, diz Timóteo no seu poema sobre Salamina, "é rei: a Grécia não teme o ouro [da Pérsia]." Era uma bela pretensão, mas não era verdade. As riquezas do Grande Rei ainda podiam comprar traidores. Os líderes de Tebas favoráveis à Pérsia pensaram deste modo. Assim, disseram aos seus senhores como conquistar a Grécia sem uma batalha:

> *Mandai dinheiro para os homens que têm o maior poder nas cidades e dividireis a Grécia. Então, com a ajuda deles, derrotareis facilmente os que não estão do vosso lado.*

Este era um bom conselho. Os espartanos estavam seriamente preocupados com a suspeita de que Atenas faria um acordo com os persas, e isso poderia acontecer. Se os persas houvessem adotado uma ofensiva de persuasão depois de Salamina, se tivessem feito um gesto grandioso oferecendo a Atenas uma concessão substancial em reconhecimento à sua vitória no mar, então os persas poderiam ter feito um acordo. Mas os persas fizeram apenas uma oferta minúscula, seguida por um ataque doloroso mas não letal.

Atenas, pensaram os persas, poderia se vender barato. Os atenienses haviam voltado para o que restava de suas casas algumas semanas depois de Salamina, quando o exército persa se retirara para o norte. Na primavera de 479 a.C., os persas mandaram como embaixador o rei da Macedônia, seu vassalo e amigo de longa data. Ele informou que Xerxes agora oferecia aos atenienses uma anistia pelos crimes contra ele; oferecia autonomia, uma expansão do seu território, e uma promessa de ressarcir o custo de reconstrução dos templos. Em compensação, Xerxes esperava acrescentar o poder naval de Atenas ao seu reino.

Quando os atenienses recusaram a proposta, Mardônio invadiu a Ática pela segunda vez, em junho de 479 a.C. Uma vez mais os atenienses evacuaram seu território para Salamina. De novo Mardônio mandou um embaixador, agora em Salamina, para reiterar a proposta de Xerxes. Quando um membro do conselho ateniense, chamado Lícides, propôs que o embaixador fosse ouvido, seus compatriotas enfurecidos o mataram a pedradas. Mais ainda, uma multidão de mulheres atenienses, para não ficar em inferioridade, foram à casa de Lícides e mataram a pedradas sua mulher e filhos.

Para Mardônio, os atenienses eram teimosos. Um observador neutro diria "determinados." A segunda invasão da Ática somente aumentou a resistência ateniense. Ela os galvanizou a ameaçar Esparta de fazer um acordo com o Grande Rei a menos que ela saísse da "Fortaleza Peloponesa" e arriscasse o seu exército de elite na defesa da Ática. Os espartanos concordaram: os persas haviam provocado justamente o que queriam evitar. Em suma, os persas demonstraram não serem mais sagazes na diplomacia do que na guerra naval.

A inépcia diplomática de Xerxes foi seu primeiro erro; seu segundo foi confiar a Mardônio as forças persas remanescentes na Grécia. Depois do fracasso das negociações, um general mais cauteloso evitaria uma batalha frontal com a bem armada infantaria da Grécia. Ou, se a batalha fosse inevitável, insistiria em escolher um terreno onde pudesse fazer melhor uso da superioridade da Pérsia em cavalaria. Mas o cabeçudo Mardônio lançou seus homens num confronto sobre um terreno onde não podia usar seus cavaleiros. Enfrentando a férrea falange grega na batalha de Platéia em agosto de 479 a.C., Mardônio perdeu seu exército e sua vida.

O terceiro erro de Xerxes foi deixar de reconstruir sua frota no leste. Resultou que a vitória grega em Salamina não foi apenas naval mas psicológica, pois abalou a confiança do inimigo na sua esquadra. "Eles levaram um grande golpe", diz Heródoto dos persas: "No mar, seu espírito se quebrou."

Seja por acidente ou de propósito, os gregos haviam atingido a chave da política naval da Pérsia em Salamina quando devastaram a frota fenícia. A Pérsia, que nunca fora uma potência naval, colocara sua confiança nos fenícios. Mesmo após as perdas devido às tempestades e em Artemísio, Xerxes tinha pouca confiança em todos os navios de sua armada, exceto nos fenícios. E foram precisamente os fenícios que mais o desapontaram em Salamina.

Depois dos fenícios, os melhores esquadrões da frota de Xerxes eram os cários e os jônios (juntamente com os outros gregos). Mas o contingente cário não era grande e os jônios raramente eram dignos de confiança. O primeiro pensamento de Xerxes, depois de Salamina, foi que os jônios iriam entregar as pontes do Helesponto para a frota grega. Além disso, precisamente porque os jônios lutaram tão bem em Salamina, eles também haviam sofrido perdas no estreito. Os dois esquadrões da frota persa estavam sangrando e as unidades incólumes eram inconfiáveis.

A Pérsia perdera uma batalha naval, mas em vez de continuar a guerra no mar, os persas acharam bem fácil praticamente descartar sua marinha. De fato, pareciam aliviados em voltar para seu elemento natural: a terra. A guerra com os gregos continuou com grande intensidade por mais um ano, mas a frota persa não se afastou da costa da Anatólia. Eles não esperavam que a frota grega se aventurasse através do Egeu para desafiá-los. Quando os gregos fizeram justamente isso, em agosto de 479 a.C., os persas estavam muito temerosos dos gregos para combatê-los no mar. Em vez disso, encalharam seus navios na costa anatoliana em Micale, oposta a Salamina, somente para perder a batalha terrestre que se seguiu. Os gregos incendiaram os navios persas na praia de Micale.

Duas outras coisas são surpreendentes com relação à frota persa em Micale. Era composta de apenas 300 trirremes, bem longe das quase 700 trirremes em Salamina, para não mencionar as 1.207 trirremes, depois que os persas atravessaram o Helesponto. Nem incluíam os fenícios, cujas unidades haviam sido mandadas para outro lugar antes da batalha. Se os persas queriam usar os navios fenícios em outro lugar, digamos na Trácia, ou onde quer que os persas desejavam assegurar-se que pelo menos uma parte de sua frota escapasse, não está claro. Qualquer das hipóteses é testemunho da fraqueza naval dos persas.

Mas o tesouro do Grande Rei não estava vazio em 479 a.C., e ele deveria tê-lo usado sabiamente para construir navios. Para subornar comandantes jônios. Para afagar o ego dos fenícios descontentes. Para comprar para seus capitães qualquer equipamento que eles dissessem que precisavam. A longo termo, o melhor modo de manter o império persa no mar Egeu seria lutar por ele no mar.

Xerxes havia desenvolvido uma nova estratégia depois da derrota em Salamina. Era uma boa estratégia, mas ele e seus generais a executaram de modo deficiente. Então a Pérsia falhou.

Por fim, Xerxes subestimou a democracia. Ele não compreendeu nem sua tenacidade nem sua capacidade de aprender com seus erros. No dia seguinte a Salamina o pesadelo de Xerxes foi a perseguição pela marinha grega até o Helesponto. Um ano depois ele não mais considerava isso como provável. Certamente, ele pensou, se os atenienses não haviam prosseguido para a Anatólia depois do seu momento de triunfo em Salamina, não o fariam em 479 a.C., uma vez que não defenderam a Ática na segunda invasão. O autocrata não era capaz de conceber o poder do povo em armas uma vez provocado.

Mas seus capitães entenderam. Vinte e quatro horas depois do fim da matança em Salamina, os navios restantes de Xerxes deixaram a baía de Falero pela última vez. Partiram de noite para que os gregos não soubessem. Saíram sem ser vistos, mas não sem medo.

Perto do cabo Zoster, não longe de Falero, os vigias confundiram uma série de promontórios com navios inimigos. Ansiosos para fugir eles se dispersaram. Mais tarde perceberam o erro e se reagruparam.

Os navios persas estavam impacientes para atingir as praias, de modo que se apressaram pelo nordeste através do mar Egeu em direção ao Helesponto. Mas pelo menos um esquadrão seguiu a rota mais longa, costeando o território grego, que oferecia mais proteção contra os ventos. Ou assim podemos deduzir, pelo destino de dois navios cários capturados por navios de Peparetos (hoje Skopelos), uma ilha grega no noroeste do mar Egeu, ao norte de Eubéia.

Peparetos não era membro da Liga Helênica contra a Pérsia. Era uma ilha fértil com um bom porto e provavelmente poderiam ter construído e armado algumas trirremes. Ou talvez foram os piratas peparetianos que atacaram os cários: os navios deviam estar desgarrados e portanto fáceis de ser capturados. De qualquer modo, o povo de Peparetos comemorou o feito em Delfos depois da guerra. Ali eles encomendaram uma estátua de Apolo, patrono de Delfos, a um grande escultor ateniense. A estátua de bronze, que era quase duas vezes o tamanho natural, desapareceu há muito tempo, mas a inscrição ainda existe. Ela diz:

Feito por Diopites, o ateniense.
Porque os peparetianos capturaram dois navios cários na
ponta de suas lanças
Eles deram um décimo dos despojos ao veloz Apolo.

Artemísia não estava entre as vítimas. Xerxes lhe deu a honra de trazer seus filhos ilegítimos para Éfeso, um porto na Jônia. Hermótimo, o eunuco, foi designado para juntar-se a ela e servir como guardião das crianças. Podemos imaginar os dois mestres de artimanhas a bordo do mesmo navio, cada um tentando extrair informações do outro sem dar nada em troca.

Xerxes teve uma jornada menos agradável. Ele não partiu com a frota. Xerxes e o exército persa ficaram em Atenas por uma semana depois da batalha de Salamina. Eles provavelmente partiram em 2 de outubro. Os espartanos no Istmo estavam prontos, parece, a perseguir os inimigos em retirada, mas mudaram de idéia por causa de um mau agouro: quando o rei Cleombroto estava realizando um sacrifício houve um eclipse parcial.

Os persas marcharam para a Tessália, a cerca de 300 quilômetros de Atenas. Ali, Xerxes deixou Mardônio e suas forças para a campanha do ano seguinte. O Grande Rei e uma parte do exército persa continuaram por mais 500 quilômetros até o Helesponto. Marcharam rápido. Ao todo, levaram 45 dias para percorrer a distância de 900 quilômetros de Atenas até as pontes, cerca de metade do tempo da viagem de três meses dos persas até Atenas. Xerxes provavelmente chegou ao Helesponto em 15 de dezembro.

Foi uma viagem dura. Os persas planejaram "viver dos frutos da terra", para usar o antigo eufemismo para roubar e extorquir comida da população local. Mas em conseqüência da viagem dos persas para o sul, três meses antes, os gregos do norte sabiam o que deles esperar e presumivelmente muitos fugiram para as montanhas, levando consigo suas provisões. Os persas, em alguns locais, viram-se reduzidos a comer capim, ervas, folhas e brotos e cascas de árvores. Isto causou disenteria e alguns homens doentes tiveram que ser deixados para trás ou morreram.

Quando alcançaram a cidade grega de Abdera, na Trácia, Xerxes celebrou um tratado de amizade com os habitantes. Como sinal de amizade, ele os presenteou com uma adaga de ouro e uma tiara com detalhes em ouro. Presumivelmente eles alimentaram os persas melhor do que estavam acostumados. De qualquer modo, os abderenses afirmam que Xerxes estava tão preocupado na sua viagem que Abdera foi o primeiro lugar onde ele comeu bem — mas Heródoto descarta essa história.

Quando os homens de Xerxes finalmente chegaram ao Helesponto, logo depois eles se encontraram com a frota persa que zarpara da baía de Falero em direção norte no fim de setembro. Os navios transportaram os homens através do Helesponto, porque as pontes haviam sido destruídas pelas tempestades. Na cidade de Abidos, no lado da Anatólia do estreito, os homens finalmente encontraram abundância de comida, mas suas tribulações ainda não haviam terminado. Os homens famintos se empanturraram e isso, com a mudança da água, causou mais mortes. O resto do exército seguiu com Xerxes para Sardes, no sul.

Heródoto, que tem pouco respeito por Xerxes como guerreiro, nada diz sobre a atividade do Grande Rei no ano seguinte, além da paixão que ele teve por uma certa Artaunte. Ela era a mulher do seu irmão Masistes, e Xerxes passou algum tempo com ela em Sardes. Ele não consumou o caso até mais tarde, quando ambos voltaram para Susa. Os resultados foram desastrosos, incluindo assassinato e rebelião. A moral da história, segundo Heródoto, é que Xerxes era um escravo da sua luxúria — e das mulheres.

Mas embora Xerxes se tivesse embaraçado com este caso, supõe-se que ele trabalhou, militar e politicamente, de forma séria em Sardes. De fato, podemos imaginá-lo influenciando, convencendo e ameaçando os jônios para manter sua lealdade ao Grande Rei. E seria surpreendente se, durante os nove meses que ficou em Sardes, Xerxes não consultasse o estrategista que vivia a cerca de 300 quilômetros ao sul, a rainha de Halicarnasso, que o fizera pensar que lutara melhor do que qualquer homem da sua frota.

CAPÍTULO TREZE

ANDROS

Há um cheiro forte de maresia na ilha de Andros, mesmo na tenda, e um homem que saia ao ar livre sentirá o cheiro da brisa marinha. O mar está escuro à noite, mas o ruído das ondas lembra a sua presença. Para Euribíades, filho de Euríclides, o mar é algo instável e os marinheiros indignos de confiança. Embora seja comandante-em-chefe da marinha grega, ele nunca se acostumou com o povo do mar e seu hábito de desafiar seus superiores. E sendo espartano, julga-se superior a qualquer estrangeiro. Por dois meses teve que agüentar o desrespeito de Temístocles, e ele o agüentará de novo hoje à noite no conselho de guerra grego. Euribíades pode ter desejado ficar em Esparta, onde podia sentir a terra sob seus pés e onde as pessoas de nível inferior conheciam o seu lugar.

Assim podemos imaginar as frustrações de um espartano enquanto seus aliados continuavam a discutir. Era provavelmente a noite de 27 de setembro, dois dias depois da batalha de Salamina. A marinha persa fugira da baía de Falero na noite de 26 de setembro. Quando os gregos souberam que o inimigo escapara decidiram persegui-lo imediatamente.

Com a marinha persa em fuga, era seguro deixar somente uma força simbólica de navios gregos em Salamina.

Os persas haviam velejado para Atenas naquele verão seguindo a rota costeira do território da Grécia. Aquela rota fazia sentido estratégico quando eles esperavam esmagar a marinha grega em Artemísio, mas era o caminho mais longo para Anatólia. Agora que tinham pressa em alcançar o Helesponto no outono, os persas seguramente iriam diretamente através do mar Egeu, pulando de ilha em ilha. Assim os gregos suspeitavam e foram direto de Salamina para a primeira escala lógica do inimigo: a ilha de Andros.

Andros dista cerca de oitenta milhas náuticas de Salamina, e mesmo cansados e calejados depois de uma batalha, os remadores poderiam fazer a viagem em um dia. Todavia, por mais que se apressassem para chegar a Andros, os gregos não encontraram ali nenhum navio persa. Se dese-

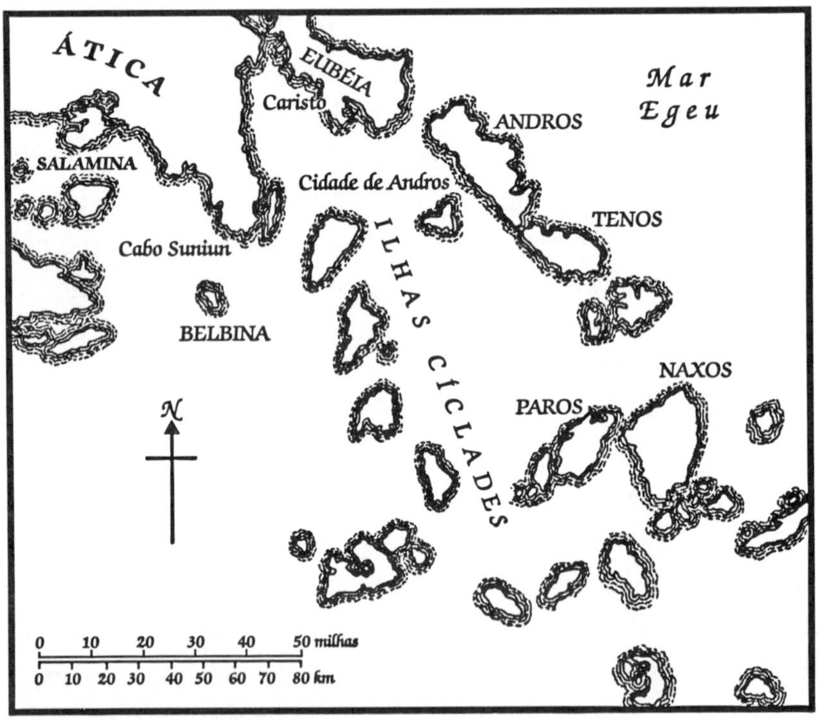

Salamina e Andros

javam alcançar o inimigo deveriam se afastar mais de casa. Os atenienses eram arrojados, mas não era isso que desejavam, então eles reuniram um conselho para decidir o próximo passo. Que não era óbvio, pois sua sorte oscilara nos últimos dias.

Quando as trirremes gregas voltaram a Salamina na noite de 25 de setembro, os gritos de alegria e congratulações deram lugar à pressa da atividade após a batalha, o mesmo ocorrendo no campo persa. Cirurgiões, soldados e escravos correram para ajudar os vivos e dispor dos mortos. A diferença, é claro, é que em Salamina também havia orações de ação de graças e talvez até reuniões de família por parte dos homens atenienses e suas esposas e filhos ali refugiados. E havia mais trabalho a realizar.

Os gregos teriam levado para Salamina todos os despojos que servissem para alguma coisa, restantes de ambas as frotas. Depois de uma batalha naval os vitoriosos sempre salvavam os barcos e os rebocavam até a praia. Os cascos de madeira das trirremes quase sempre boiavam, mesmo depois de abalroados. Os carpinteiros navais se ocupavam deles imediatamente para repará-los e dar-lhes condições de navegabilidade. Os coletores gregos de salvados esquadrinhariam o estreito à busca de cascos à deriva, desde que ficassem longe dos arqueiros persas na costa da Ática, ainda sob o domínio dos homens de Xerxes. Era uma lembrança de que a vitória no mar fora excepcional mas não absoluta.

De fato, os gregos se prepararam para um novo ataque após a batalha. Sabiam que, apesar dos danos infligidos aos navios persas, a maioria das trirremes inimigas escapara. Na confusão da batalha, os gregos provavelmente não sabiam que percentagem dos navios afundados pertencia aos melhores navios dos seus inimigos. E a vitória grega não fora obtida sem sangue: também haviam sofrido baixas e perdido navios, embora em menor número do que os inimigos.

Heródoto chama a frota ateniense de "a salvação da Grécia", mas os gregos ainda não sabiam disso no dia seguinte à batalha de Salamina. Haviam ganho uma grande vitória sobre a frota persa, mas não grande o suficiente para destruí-la. O que não compreenderam inicialmente foi o tamanho do golpe infligido à ambição de Xerxes.

Quando viram os persas começarem a construir uma ponte sobre os barcos, devem ter se admirado da exuberância de Xerxes. De repente teriam que temer um ataque por mar e por terra. Depois veio o choque de descobrir que a frota persa deixara a baía de Falero em 27 de setembro. Não sabemos como os gregos conseguiram esta informação, pois os navios inimigos escaparam durante a noite. Talvez, quando os navios se aproximavam de Salamina naquela manhã, os gregos tivessem enviado uma pequena flotilha para investigar e assim souberam da verdade.

No dia anterior, os gregos se teriam admirado do espetáculo representado pelos cadáveres persas em Salamina. Alguns homens ainda tentaram nadar até a praia, só para serem mortos pelos soldados gregos. Outros, mortos, deram na praia, mas um forte vento oeste soprara depois da batalha e arrastara os mortos para fora de Salamina na direção da Ática. Além disso, depois de afundar, algumas horas depois da morte, muitos dos corpos permaneceram no fundo do mar até que os gases da putrefação os fizessem emergir. Por fim as praias de Salamina e da Ática teriam o cheiro inconfundível da carne humana em decomposição.

Os remadores mortos estariam quase nus, mas os soldados persas usavam jóias de ouro, e os oficiais também, em maior quantidade ainda. Os salvados pertenciam ao Estado ou, no caso, à aliança grega, para serem distribuídos depois de totalmente reunidos. Entretanto cada indivíduo era um catador independente, incapaz de resistir a pegar para si qualquer objeto do tesouro que pudesse apanhar sem risco. Consideremos neste contexto uma história a respeito de Temístocles e um amigo. Estavam andando pela praia depois de uma batalha naval, provavelmente Salamina, e viram cadáveres trazidos pelas ondas com braceletes e colares de ouro. Quando o amigo os apontou, Temístocles disse: "Sirva-se, você não é Temístocles." Um general não podia ser surpreendido com as mãos sujas.

Nada sabemos sobre os prisioneiros em Salamina, embora geralmente houvesse prisioneiros nas batalhas navais. Os cativos ricos pagariam resgate, os pobres seriam escravizados. É possível que em Salamina os gregos estivessem demasiadamente furiosos e os persas muito pressionados, para ter tempo de fazer prisioneiros. Os persas, de fato, capturaram pelo menos quinhentos civis atenienses na Ática, mas provavelmente os mandaram a pé para o leste para não ocupar o espaço valioso a bordo dos navios.

De qualquer modo, a frota persa tinha pressa de sair da baía de Falero. Para alcançá-los em fuga, os gregos partiram de Salamina com seus "navios de corrida", como um monumento ateniense à vitória os chamou mais tarde, até que a armada vingadora chegou a Andros.

A ilha de Andros é grande e vertical. Suas montanhas escarpadas, com terraços para o cultivo de figos, azeitonas e uvas, erguem-se em precipício do mar como uma tela bronzeada com listras vermelhas sobre um fundo de azul esmaltado. Andros é a primeira escala para Eubéia, a 11 quilômetros de distância, e para a Ática, cuja ponta sul no cabo Súnico dista setenta quilômetros. A localização de Andros foi tanto sua sorte quanto seu azar. Vendo-a como um ponto conveniente para escala dos seus navios, os persas conquistaram Andros em 490 a.C. e impuseram um tributo. Depois de Artemísio eles forçaram os ilhéus a contribuir com navios para a sua frota. Com Salamina tão perto, os andrienses não tinham desculpas para ficar em cima do muro. Não sabemos como seus navios se comportaram na batalha, mas agora que uma frota grega encolerizada aportara em Andros, os insulares teriam muita coisa a explicar.

O centro da Andros clássica dominava uma grande baía. Situava-se na costa oeste da ilha de Andros, onde o porto era abrigado dos ventos. A cidade se localizava na metade do caminho da costa da ilha, longa e delgada entre os dois picos da montanha mais alta de Andros.

Como Andros era hostil à causa grega, os comandantes provavelmente reuniram seu conselho de guerra fora da cidade, em uma das tendas montadas na praia, junto da frota atracada. Era ali que Euribíades tinha que enfrentar o desafio de Temístocles. Temístocles se comportava com a desenvoltura de um homem que ainda estivesse em Salamina, olhando através do estreito para as montanhas conhecidas da Ática. Apresentou seu caso contra o comandante-em-chefe como um matemático mostrando sua nova equação.

Temístocles argumentou que o caminho para o Peloponeso passava pelo Helesponto. Que os gregos velejassem além de Andros, perseguindo a frota persa através das ilhas até as pontes ligando a Europa à Ásia. Os gregos poderiam terminar o trabalho começado em Salamina: poderiam derrotar os persas com seus navios. Isolados e apavorados, Xerxes e seus homens praticamente teriam que nadar até em casa no seu desespero para escapar.

Embora não tivesse pena dos vencidos, Euribíades seguramente estava pronto para ceder ao gênio estratégico de Temístocles, agora que ele o havia confirmado no mar cheio de sangue em Salamina. Não, ceder era antiespartano. Tirteu, um poeta favorito em Esparta, resumiu a ética nacional nesta ode à batalha: "Que cada um finque os pés no chão e resista em posição de sentido e a face impassível."

Euribíades enfrentou o ateniense e arrebanhou os demais contra ele. Os comandantes de Egina e outras ilhas teriam concordado com Temístocles, mas os da terra certamente pensaram que ele havia enlouquecido com a vitória. Apesar de os gregos estarem instalados em Andros, Xerxes ainda ocupava Atenas, e o exército persa estava marchando para o Istmo. Criados num mundo onde as batalhas se decidiam por homens que lutavam em terra firme, a maioria dos gregos achava óbvio que o caminho do Peloponeso passasse pelo Istmo de Corinto. A que serviria destruir as pontes do Helesponto quando o exército persa ainda estava forte e perigoso na pátria grega?

Euribíades argumentou que, longe de cercar Xerxes na Grécia, eles deviam fazer tudo para encorajá-lo a voltar para casa. Deixe as pontes em paz; deixe Xerxes atravessá-las. Isolá-lo na Grécia seria como encurralar um leão faminto. O bárbaro saltaria com maior ferocidade do que nunca, ameaçando de conquista as cidades da Grécia, uma por uma. De fato, era possível que os persas deixassem agora a Grécia, pois não tinham mais marinha e lhes faltava comida.

Podemos imaginar que Euribíades teria outra razão, talvez inconfessável, de se opor ao plano de Temístocles. Conceder a supremacia ao poder marítimo equivaleria a anunciar a hegemonia de Atenas.

Temístocles falara somente para seus compatriotas, pois a maioria dos atenienses concordara com ele. Eles não estavam dispostos a ficar sentados em Salamina esperando pacientemente enquanto os persas decidiam o que iriam fazer. A vitória no estreito pode tê-los convencidos do que esperavam em Artemísio: haviam construído a marinha mais eficiente do Mediterrâneo oriental. Do Adriático até o Nilo, nenhuma potência marítima podia desafiar a frota de Atenas. E tendo percebido isso, os atenienses queriam gritar anunciando o fato alto e bom som.

Mas não estavam dispostos a fazê-lo contra os demais gregos. Ou melhor, Temístocles não estava disposto a liderar isoladamente seus compatriotas naquele caminho. Quando viu que não ganharia o debate no Conselho de Guerra, Temístocles decidiu desistir. Aceitaria as razões da maioria dos aliados e voltaria com a frota para terra firme. Primeiro, devia convencer os atenienses. Os homens da frota ateniense não hesitariam em deixar seus aliados em Andros e saírem atrás dos persas por sua conta.

Temístocles saiu do conselho e convocou uma reunião dos atenienses. Sentado do lado de fora, perto dos seus navios, era um pequeno grupo de homens. Os atenienses haviam juntado 180 trirremes em Salamina. Admitindo que haviam perdido alguns navios na batalha, que outros precisavam de reparos e que outros mais deveriam ficar de guarda na ilha, Atenas poderia mandar facilmente 100 navios para Andros. Sem dúvida, alguns desses barcos haviam perdido homens na batalha, e alguns dos sobreviventes eram escravos e sem direito a participar de assembléias, mas não é de surpreender se cerca de 15 mil cidadãos atenienses ou mais ouviram o discurso de Temístocles em Andros.

Temístocles abordou três temas: estratégia, religião e os interesses dos atenienses. Agora que fora reconhecido como gênio militar pelo seu próprio povo, Temístocles falou do modo incisivo de um homem lustrando a sua reputação. "Forçados a lutar, os homens derrotados se batem de novo e superam sua covardia anterior." Ele concordou com Euribíades que seria perigoso encurralar os persas na Grécia.

Abordando a religião, Temístocles disse que não foram os homens da Grécia que repeliram "uma grande nuvem de homens", mas foram "os deuses e heróis que tiveram ciúmes de um homem — um homem ímpio e mau — que dominaria toda a Ásia e a Europa." Então ele recitou a lista dos crimes cometidos por Xerxes contra os templos, as estátuas dos deuses e até contra o mar, que ele havia chicoteado e encadeado como punição do Helesponto por ter impedido a primeira tentativa dos persas de cruzá-lo.

O leitor moderno que sinta a tentação de saltar estas referências à religião deve lembrar que para os antigos gregos era muito tênue a linha divisória entre o mundo humano e o divino. Quando um grego queria dizer que compreendia os limites da tecnologia naval, diria que era uma pessoa temente que respeitava o poder do deus dos mares, Posídon. E quando queria dizer que os gregos haviam espertamente usado a natureza em Salamina, desde a largura do estreito à força dos ventos, ele as atribuiria à ajuda dos deuses e heróis.

Finalmente, Temístocles aconselhou os atenienses a pensar nas suas famílias, a reconstruir suas casas e plantar seus campos. Na primavera eles velejariam para o Helesponto e para a Jônia. Como os persas ainda estavam na Ática, ele estava prometendo o que não podia cumprir — como muitos políticos. Sem dúvida era desnecessário explicar aos seus ouvintes que os persas não poderiam ficar na Ática por muito tempo, pois lhes faltava comida. Mas era audacioso prometer uma ofensiva naval no próximo ano, e ainda mais que não se deteria no Helesponto, mas incluiria a Jônia!

Temístocles ganhou o dia com estas palavras. Ele usara palavras ociosas mas depois cometeu um ato de traição ostensiva. Ou assim diz Heródoto: ele relata que Temístocles mandou um pequeno navio para Atenas, talvez um barco de dez remadores com uma vela. A tripulação era inteiramente composta de seus subordinados de confiança, homens que permaneceriam fiéis, mesmo sob tortura. Entre eles estava seu escravo Sicínio. Eles se dirigiram para a baía de Falero e o acampamento persa. Ali, enquanto os outros ficaram a bordo, Sicínio desceu e entregou uma mensagem a Xerxes.

Um sinal de como estavam aterrorizados é o fato de os homens permanecerem a bordo. Um barco pequeno não poderia ter chegado rapidamente à Ática, vindo de Andros, e a tripulação normalmente deveria estar ansiosa para vir à terra firme. Mas eles estavam mais ansiosos para sobreviver. O intrépido Sicínio disse ao Grande Rei que era portador de uma mensagem de Temístocles. O esperto ateniense queria prestar um favor ao rei, assim ele informava que os gregos estavam perseguindo sua frota e planejavam destruir as pontes no Helesponto. O caminho estava livre para Xerxes se retirar por terra e em paz.

Pode parecer estranho que, depois de Salamina, Xerxes quisesse ouvir Sicínio em vez de fazer prendê-lo e decapitá-lo. Mas a história mostra quanto eram escorregadios Sicínio e seu senhor. Eles poderiam ter argumentado que a mensagem de Temístocles era verdade, como afinal de contas o era em grande parte. Se Panécio, o desertor teniano, não houvesse avisado os gregos, eles teriam sido surpreendidos pelos persas e Xerxes teria sido vencedor. Assim, tendo entregue a segunda mensagem, Sicínio teria contentado a todos, mesmo que a mensagem fosse completamente falsa. Xerxes e seu exército, que teriam que partir no inverno, deixariam a Ática mais cedo; Temístocles teria a satisfação de ter contribuído para a libertação de sua pátria e ao mesmo tempo manter aberto um canal para o inimigo; e Sicínio e sua tripulação escapariam de volta para Andros.

Mas uma questão permanece: estava Euribíades certo ao reter a frota grega? A curto prazo provavelmente estava certo, pois o outono, com o risco de tempestades, era uma estação errada para uma ofensiva naval. Mas a longo prazo estava errado. Os gregos foram tolos em não atacar a frota persa no ano seguinte, antes que os persas tivessem a oportunidade de reparar sua frota avariada. Se os gregos pudessem impedir o inimigo de aumentar seu poder naval através do mar Egeu, fariam com que fosse muito, muito difícil para a Pérsia conquistar a Grécia. Quanto ao argumento de Euribíades, de que retendo Xerxes na Grécia somente o forçaria a atacar, a grande questão era se os persas poderiam vencer o exército grego liderado pelos espartanos no Istmo antes que o suprimento de comida persa acabasse. A resposta representaria um risco para Esparta: não é de admirar que Euribíades tenha preferido não procurá-la.

Privado de sua ofensiva naval, Temístocles fez depois uma coisa notável. Ele e seus aliados haviam detido a Pérsia em nome da liberdade. Eles preferiram a morte a dar ao Grande Rei terra e água e submeter-se a sua exigência de pagamento de tributo. Os insulanos do Egeu haviam sido forçados a fazer justamente isso pela marinha persa. A maioria deles, como Andros, havia lutado ao lado de Xerxes em Salamina, mas precisaria de uma coragem excepcional para agir de outro modo. Agora que os gregos haviam derrotado a frota persa, eles velejaram para Andros e anunciaram sua liberdade.

Mas Temístocles ordenou aos andrienses que pagassem tributo à *sua* frota. Em outras palavras, disse-lhes que de fato trocaram um senhor por outro. Os andrienses, que ficaram estupefatos com a demanda, recusaram. Para não ficar sem palavras, Temístocles disse que Atenas tinha duas grandes deusas que precisavam de dinheiro: Persuasão e Necessidade. Para não ficar para trás, os andrienses replicaram que tinham duas grandes deusas deles mesmos: Pobreza e Dificuldades, e não podiam pagar.

O jogo de palavras era elegante mas deu lugar à força. Os gregos sitiaram Andros para conseguir o dinheiro exigido. O centro de Andros ficava numa colina que sobe espetacularmente do mar para a Acrópole, a uma altitude de 370 metros, mais do que duas vezes a altura da Acrópole de Atenas. A cidade era protegida por uma muralha de pedra bem construída que a ligava ao porto e à Acrópole. Um homem sensato teria dado de ombros à idéia de tomar uma fortaleza assim por assédio. Mas mesmo tentando conquistar a cidade os gregos poderiam somente salvar as aparências diante da recusa dos andrienses em pagar tributos. De qualquer modo, o assédio não deve ter durado muito, pois os gregos se deslocaram para Eubéia e depois para Esparta. Naquela época do ano a estação de vela estava chegando ao fim. Andros permaneceu inconquistada.

Todavia, quietamente e aparentemente sem um momento de hesitação, os gregos iniciaram uma aventura paradoxal. Se um filósofo perguntasse a Temístocles como ele podia defender a liberdade ateniense por um lado e atacar a liberdade andriense por outro, ele teria descartado a contradição. Quem assume uma missão divina de libertar sua pátria não deixa que a contradição o detenha.

Além disso, os gregos não tiveram nenhum escrúpulo em usar o direito do vencedor aos despojos. Depois da batalha de Maratona em 490 a.C., o triunfante comandante de Atenas, Milcíades, liderou uma expedição à ilha de Paros. Era aliada da Pérsia e uma ilha muito rica. Milcíades prometeu aos seus concidadãos o ouro de Paros. Mas o assédio de Paros fracassou. Milcíades foi ferido e tudo que ele conseguiu pelas suas dores quando voltou para casa foi um júri que lhe impôs uma grande multa por incompetência; ele teria que pagá-la mas morreu antes em conseqüência de seus ferimentos. Não é de admirar que Temístocles fosse inexorável em Andros.

Ele certamente não escolheu Andros pelo seu desejo de dinheiro. Depois que Sicínio e sua tripulação voltaram de Falero, Temístocles os mandou para outras ilhas gregas próximas que haviam apoiado a Pérsia. A mensagem foi a mesma de Andros: pague ou sofra assédio e destruição. Paros, que retivera suas trirremes de Xerxes até depois de Salamina, cedeu às exigências, bem como Caristo, uma cidade ao sul de Eubéia. Outras cidades podem ter contribuído; os indícios não são claros.

Seria fácil criticar Temístocles por extorquir dinheiro, especialmente porque ele o fez em segredo dos outros colegas comandantes. Mas é preciso lembrar que todas as cidades que Temístocles assaltou haviam apoiado o ataque contra Atenas; que uma marinha custava caro para manter; e que Esparta e outras cidades do Peloponeso estavam prontas a abandonar o território ateniense à sua própria sorte. E se Temístocles ficou com alguma parte do dinheiro coletado para ele mesmo, é preciso lembrar, também, que ele nada recebeu de Atenas pelos seus serviços.

Mas Temístocles provavelmente deveria ter assumido a tarefa de atacar Caristo. Quando o assédio a Andros falhou, a frota grega fez uma curta viagem até Eubéia. Caristo era a principal cidade ao sul de Eubéia. Sua elevada Acrópole situava-se a vários quilômetros da costa. Um assédio não seria mais bem-sucedido do que em Andros, de modo que os gregos se contentaram em danificar o interior de Caristo. Isso poderia ter significado saques de fazendas, destruição de vinhedos e derrubada de algumas oliveiras enquanto a população apavorada se amontoava dentro da cidade. Se Euribíades soubesse que o antigo aliado persa estava pagando dinheiro de proteção a Atenas ele podia tê-la poupado. Todavia, parece que Caristo pagara pouco, em comparação com Paros, que pagou a Temístocles para deter o ataque, de modo que a cidade eubéia tem alguma culpa pela sua desdita.

O exército grego retornou depois para Salamina. Xerxes e o exército persa já haviam se retirado de Atenas para o norte da Grécia. Isso significava, primeiro e além de tudo, que os atenienses poderiam voltar para as suas casas. De Trezena e Egina, e acima de tudo de Salamina, houve um movimento maciço de retorno. Imaginamos que a marinha ateniense ajudou as pessoas a voltar para casa, justo como havia tomado parte na evacuação.

A Ática provavelmente estava intacta na maior parte. Os persas não ficaram tempo suficiente para infligir grande devastação na infra-estrutura da terra. Mas perseguiram alvos prestigiosos. Além de destruírem templos e derrubarem estátuas, levaram obras de arte para a Anatólia. As maiores perdas foram uma estátua de bronze da deusa Ártemis, retirada do seu santuário rural em Brauron e um grupo de estátuas dos heróis Harmódio e Aristogiton. As imagens destes homens, honrados como matadores de tiranos, foram levadas da Acrópole de Atenas para o palácio de Xerxes em Persépolis, no sudoeste do Irã. Quando Alexandre o Grande ali chegou como conquistador, em 330 a.C., providenciou para que as estátuas fossem trazidas de volta para a Grécia. As originais desapareceram, mas ainda existem excelentes cópias da era romana.

Em Salamina os comandantes tinham o espaço para tomar conta de um importante ritual após a batalha: distribuir o espólio. Era um procedimento comum para os vitoriosos esquadrinhar o campo — ou os navios e a praia — procurando qualquer coisa de valor. Depois, cabia aos comandantes dividir o despojo. Era de se esperar que cada comandante guardasse alguma coisa para ele mesmo. E a bravura no campo de batalha seria também recompensada.

Depois da batalha, o que mais se falou foi da bravura de Egina, seguida pela dos atenienses. Os deuses eram reverenciados antes das cidades e dos indivíduos. O sistema grego era dedicar um décimo do saque aos deuses. O dízimo de Salamina consistia em vários objetos, incluindo três trirremes fenícias, um em Salamina, como oferta a Ájax, e os outros dois como oferta a Posídon, um em cabo Súnio na Ática e o outro no santuário pan-helênico no Istmo. Este foi o navio que Heródoto viu cinqüenta anos depois da batalha.

O santuário de Apolo em Delfos era o mais sagrado da Grécia e o deus também tinha que receber uma oferta gratulatória. A frota em Salamina mandou bastantes despojos para Delfos para erigir uma estátua de Apolo de quase cinco metros, segurando um ornamento da popa de um navio. Mas os sacerdotes de Delfos fizeram saber que Apolo sentia-se diminuído por Egina, a maior beneficiária do saque em Salamina. Os eginetas compensaram isso construindo um monumento em Delfos, consistindo em três estrelas de ouro e um mastro de bronze, que Heródoto também viu.

Depois de dividir os despojos, os aliados gregos deixaram Salamina. Finalmente iriam para o Istmo. Depois que lançaram seus navios e iniciaram a viagem, à medida que a ilha desaparecia na distância, alguém nas trirremes que partiam poderia ter pensado como o mundo mudara desde a noite de 24-25 de setembro, quando o deslocamento grego para o Istmo fora interrompido pelas notícias que o inimigo havia cercado Salamina.

Ístmia era um santuário religioso, consagrado a Posídon, senhor do mar. Era também território pertencente a Corinto. Ístmia ficava logo atrás da muralha improvisada montada um mês antes para deter os persas. Aqui, a ameaça presente à Grécia freqüentemente vinha à mente dos homens. Não era o local da reflexão ponderada, mas era onde a aliança havia escolhido para tomar uma decisão importante.

Os comandantes deveriam escolher qual deles receberia um prêmio por bravura em Salamina. A carreira de cada homem e a honra que cada grego desejava dependia do resultado. Ganhar o voto seria esplêndido. Apoiar um perdedor seria fatal. No que poderia ser um esforço para substituir solenidade por favoritismo, os comandantes seguiram um ritual para o processo de votação: um por um, deveriam andar até o altar de Posídon e depositar seu voto.

Mas, infelizmente, ninguém se levantou para a ocasião. Cada general, sem exceção, votou em si mesmo. Mas também pediu para ser escolhido para o segundo lugar. Nessa matéria, uma maioria — mas não todos — votou por Temístocles. Mas o ciúme impediu a outorga de qualquer prêmio. A marinha se dispersou e cada comandante voltou para casa, mas não sem espalhar um rumor, como Heródoto relata:

> *O nome de Temístocles era louvado e havia concordância de que ele era o homem mais perspicaz da Grécia.*

Mas um homem ambicioso como Temístocles queria mais do que um rumor de apoio; queria um reconhecimento formal. Ele não o recebera dos seus colegas em Salamina nem receberia dos seus concidadãos em Atenas. A democracia desconfia dos grandes homens e Temístocles não se envergonhava de lembrar os atenienses da sua grandeza. Podemos encontrar os sinais do debate do pós-guerra em Atenas sobre se Salamina fora uma vitória do povo ateniense ou do seu mais famoso estrategista. Além disso, faz parte da natureza humana odiar quem vê a nossa fraqueza secreta, e Temístocles vira seus compatriotas no seu momento mais vulnerável.

Uma anedota reveladora é contada sobre um certo ateniense chamado Timodemo da aldeia de Afidna. Era uma pessoa insignificante cuja inveja de Temístocles beirava a insanidade, mas o levou ao conhecimento público. Timodemos dizia constantemente a Temístocles que ele seria um nada se não fosse ateniense. Finalmente, Temístocles espetou seu inimigo com ironia: "Se eu viesse de [pequena ilha de] Belbina", disse Temístocles, "eu seria um nada, mas mesmo sendo ateniense, Timodemos, você é um nada." Timodemos pode ter sido um bufão, mas, em seu favor, suspeita-se, havia milhares de atenienses, cada um achando que através de seus sacrifícios pessoais — desde a luta num navio no estreito ou a vida de esmola no exílio — ele ou ela haviam feito a diferença. E nenhum deles desejava se inclinar diante de uma estátua de Temístocles, não importando quanto ele pudesse merecer sua reverência.

Desrespeitado na sua própria cidade-Estado, Temístocles teve que ir para Esparta para conseguir reconhecimento. Se isso parece estranho é preciso lembrar que quanto mais Esparta glorificou Temístocles mais honrou seu próprio herói, Euribíades. Esparta gostava tanto quanto Atenas do culto à personalidade. Assim, eles escolheram o gesto perfeito para forçar Temístocles e Euribíades a partilhar sua glória: deram a cada um uma coroa de oliveira, Euribíades por bravura e Temístocles por sabedoria e destreza. Equivalia a dizer que nenhum dos dois homens poderia ter obtido a vitória sozinho.

Os espartanos deram também a Temístocles uma carruagem, a mais bela disponível em Esparta. Provavelmente seria um modelo simples, dado o fato de que os espartanos não gostavam de luxo. Mas ninguém poderia negar as homenagens prestadas a Temístocles em Esparta. A maior de todas foi a escolta que ele recebeu: trezentos homens escolhidos acompanharam Temístocles até a fronteira quando ele partiu. Heródoto não sabia de nenhum outro homem na história que houvesse recebido tal honra de Esparta. E o número trezentos, é claro, lembra os trezentos homens que morreram com Leônidas nas Termópilas. Na verdade, isso representava uma certa diminuição da importância de Salamina, mas que se dê ao homem o que lhe é devido: o gesto também significa que a maior potência militar da história da Grécia se associou a Temístocles na sua hora mais exuberante.

Não deve ter sido fácil voltar para a simplicidade diária da Atenas democrática, especialmente uma Atenas de luto. À perda do coração religioso na Acrópole adicione-se a experiência de morte, exílio e devastação. Atenienses morreram em Artemísio, na Acrópole e no estreito de Salamina; atenienses foram arrastados para a escravidão no leste. Uma sociedade cujo sofrimento se espalhara por todos como em Atenas estava pronta para abraçar um soldado desconhecido mas não desejava coroar um rei.

Quando a guerra começou de novo na primavera de 479 a.C., Temístocles não comandava nenhum exército ateniense. Os generais em evidência eram seus rivais, Aristides e Xantipo. Aparentemente, Temístocles não conseguira se eleger no sufrágio anual de dez generais, mas, de qualquer modo, ele caíra em desfavor. Não seria a última vez que uma democracia descartaria um líder dominante.

À inveja e medo de ambição podemos acrescentar outra razão para o eclipse de Temístocles na sua casa: ele era a sombria percepção de que a guerra não acabara. Temístocles fora o arquiteto de uma estratégia naval. Seu brilhante sucesso agora garantia o seu eclipse. Uma segunda Salamina não salvaria a Grécia: desta vez a ameaça era uma batalha de infantaria.

Em termos mais modernos, Salamina era uma Gettysburg* grega; não era Appomattox Courthouse.** Salamina foi Stalingrado, não a batalha

*Batalha decisiva, em 1863, da Guerra da Secessão nos Estados Unidos. (*N. do T.*)

**Batalha final, em 1865, da Guerra da Secessão nos Estados Unidos, na qual o general Grant, da União, derrotou o confederado general Lee. (*N. do T.*)

de Berlim. Salamina foi uma batalha decisiva porque quebrou a marinha persa, mas não expulsou os persas da Grécia. Salamina quase trouxe a vitória final para os gregos, mas não foi a última batalha da guerra.

Contrariamente ao que Euribíades antecipara em Andros no outono de 480 a.C. nem todos os persas deixaram a Grécia. Um grande exército inimigo permaneceu na península grega, ameaçando a Ática e o Peloponeso e mais além, apoiado e ajudado por Estados gregos famosos como Macedônia e Tebas. No fim, só uma parede de lanças espartanas e um mar de sangue espartano os expulsaria. O resultado traria glória para Esparta mas não para Euribíades, pois ele era um comandante e não um general. E Atenas teria glória também, pois seus lanceiros lutaram valorosamente na linha de frente, mas nada desta glória iria para Temístocles.

Ainda assim, glória não é o mesmo que poder. Depois da vitória terrestre grega em Platéia e tanto na terra como no mar em Micale (uma batalha em 479 a.C.), a estrela de Temístocles se alçou novamente em Atenas. Tão logo expulsaram os persas da Grécia, os gregos se voltaram uns contra os outros. Para enfrentar Esparta, os atenienses precisavam de um líder que fosse ao mesmo tempo bravo, inescrupuloso e insidioso. Nem o heroísmo ferrenho de Aristides nem a energia teimosa de Xantipo eram suficientes. Só Temístocles, com sua teia de intrigas, serviria.

Reinstalado no poder, Temístocles conseguiu resistir a Esparta e reconstruir as muralhas de Atenas (os persas as haviam destruído). Ele o conseguiu mentindo deslavadamente aos seus antigos amigos, os espartanos. Usando diplomacia e táticas procrastinatórias, Temístocles conseguiu impedi-los de descobrir que Atenas estava reconstruindo sua muralha — até que fosse tarde. Os espartanos ficaram furiosos, mas Atenas se protegeu da interferência externa. Temístocles conseguiu também que os atenienses acabassem de fortificar seu novo porto em Pireu, um projeto iniciado anos antes e que nunca terminara.

Temístocles foi o principal porta-voz, nesses anos, defendendo o ponto de vista de que o futuro de Atenas estava no mar. Foi um defensor incansável do poder naval. Espicaçou os atenienses para que se mudassem para o Pireu e ali trabalhassem e raciocinassem como uma potência marítima. Em outras palavras, disse que a frota de Salamina não era uma aberração mas a Atenas real.

Temístocles foi um pensador criativo e revolucionário. Mas como muitos profetas, não recebeu honra na sua terra. Sua base política em 470 era fraca e ele não desempenhou um papel importante na formação da confederação naval que Atenas estabeleceu em Delfos em 477 a.C. A liderança em Atenas passou para outros políticos.

Todavia Temístocles foi o verdadeiro pai da nova Atenas. Ele fundou a frota e assim salvara o seu país. Mas tendo elevado o poder de Atenas a novas alturas, plantou as sementes de um novo conflito. Cinqüenta anos depois de Salamina, os dois aliados contra a Pérsia levariam todo o mundo grego a um novo conflito ainda mais destrutivo. A guerra do Peloponeso (431-404 a.C.) foi brutal a ponto de fazer muita gente querer de volta os bons e velhos tempos da invasão bárbara.

Por dois meses no momento de maior perigo para a sua civilização, Temístocles e Euribíades esqueceram sua rivalidade. Seu esforço comum salvou a Grécia. Mas apenas temporariamente: a indiferença dos gregos para os perigos a longo prazo da competição levaram à sua perdição. A imagem de um ateniense e um espartano ao lado um do outro e cada um com uma coroa de flores da vitória não seria vista de novo.

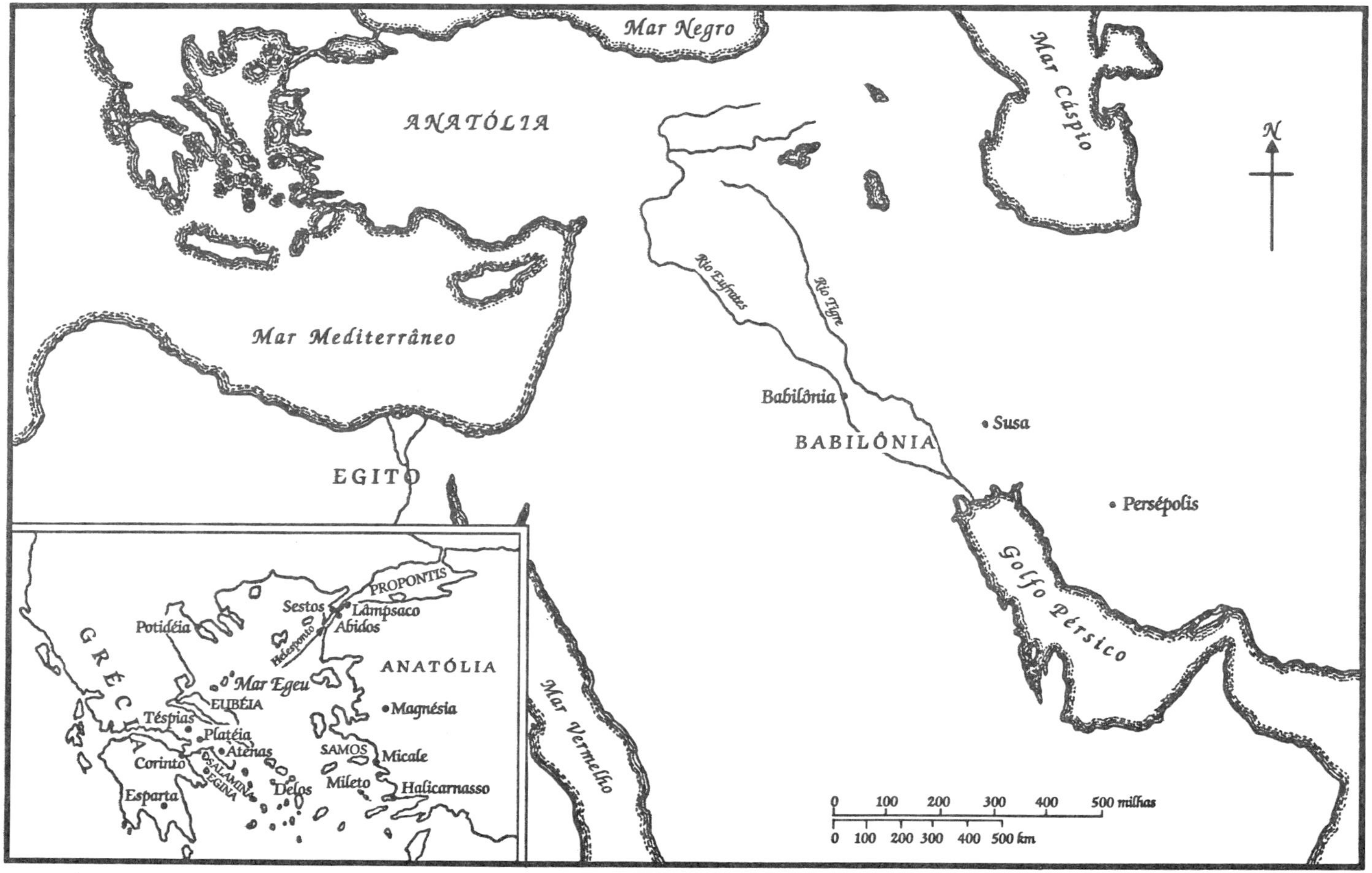

Grécia e o Antigo Oriente Próximo

EPÍLOGO

SUSA

Ele está em pé na entrada da sala do trono. Pronto para começar o próximo ato numa vida que já contém drama bastante para uma musa exigente. Temístocles está a mais de 3 mil quilômetros de casa, mas há muitos anos que está fora de casa. Primeiro foi expulso de Atenas numa época de lutas políticas internas. Depois foi acusado de traição e teve que fugir para salvar sua vida. Viajou de um confim ao outro do mundo grego; implorou, subornou, flertou, dirigiu coligações, ameaçou, fez amigos e finalmente conseguiu chegar à Pérsia à custa de muita bajulação. Ele fez a última jogada de uma vida cheia de riscos. Agora chegara o momento de ver se daria certo: Temístocles terá uma audiência com o Grande Rei. A data é provavelmente início do ano 464 a.C. O local é o palácio real na cidade de Susa, que era a capital, juntamente com Persépolis.

Temístocles sofrera o destino de muitos políticos numa democracia. O povo gosta de ver seus líderes subirem bem alto e caírem depressa. Quanto mais um político permanece na crista da onda, mais o público se preocupa sobre o que ele quer. Um homem perspicaz como Temístocles deixava as pessoas nervosas, e não ajudava o fato de ele ter construído em Atenas um templo para a deusa Ártemis do Bom Conselho, para trombetear sua própria genialidade. Seus inimigos políticos tiveram prazer em se reunir contra ele e no final da década de 470 a.C. ele sofreu ostracismo. Viveu exilado em Argos, um inimigo espartano no Peloponeso. Alguns anos mais tarde, Esparta afirmou ter prova de que Temístocles era um agente persa e ele fugiu de Argos. Depois de muitas aventuras ele chegou a Susa.

Com o rosto redondo e seu jeito rústico e atarracado, Temístocles não se parecia com o que o rei persa poderia esperar. Como era diferente das estátuas trazidas de Atenas pelo exército persa; estas estátuas todas possuíam faces longilíneas com traços bem-cuidados. O visitante grego que estava de pé na entrada do salão de audiências real parecia mais um bruto do que um herói.

Mas o jovem rei sabia perfeitamente quem era o grego. Artaxerxes não estava no trono havia muito tempo, mas fora exaustivamente esclarecido pelos seus conselheiros. Ele se tornara rei depois do assassinato em agosto de 465 a.C. do seu pai, Sua Alteza Real de Abençoada Memória, Xerxes, filho de Dario, Rei dos Reis. Xerxes fora morto numa intriga da corte. E agora, Artaxerxes, sentado no seu trono, iria receber o velho adversário do seu pai. De todos os gregos dúplices que fediam a sal do mar Egeu, nenhum era mais traiçoeiro do que Temístocles.

Artaxerxes com certeza sabia disso. Nem ele nem seus conselheiros poderiam se deixar enganar pela carta escrita por Temístocles, na qual o ateniense alegava que salvara Xerxes em 480 a.C., quando convenceu os gregos a não destruir as pontes sobre o Helesponto. Vendo Temístocles, Artaxerxes poderia ter vontade de se levantar e pegar uma lança de um dos seus guarda-costas e transpassar com ela o ateniense infame. Mas, por outro lado, ele provavelmente sabia que o velho grego era conhecedor de muitos segredos preciosos. E ter Temístocles na folha de pagamento persa era um golpe de propaganda. Assim o jovem Artaxerxes recebeu, no salão do herdeiro de Ciro, o Grande, o maior inimigo que seu querido pai enfrentara.

Os gregos podem ter ficado surpresos ao saber disso, mas os persas provavelmente prantearam Xerxes como um grande homem. Durante seu reinado, Xerxes foi um realizador que construiu o maior dos palácios reais na cidade de Persépolis. Como guerreiro, esmagou rebeliões no Egito e na Babilônia. E foi um estrategista que poderia ser lembrado na Pérsia, não como o homem que perdeu a guerra com a Grécia, mas em vez disso como o rei que retificara a fronteira ocidental. Xerxes compreendeu, ao contrário dos demais, que as forças do império estavam muito espalhadas e fragmentadas. Foi preciso recuar as fronteiras do império no oeste. Mas, primeiro, ele deu uma lição aos gregos.

A expedição do Grande Rei à terra dos bárbaros gregos realmente representou um dos maiores acontecimentos na história, ou assim os persas poderiam pensar. Com a ajuda dos céus, o Rei dos Reis construiu as pontes do Helesponto. Ele reuniu tantas tropas e navios que o horizonte se turvou. Depois de forçar cada cidade no seu caminho a lhe oferecer hospitalidade, Sua Majestade aniquilou o exército espartano nas Termópilas e matou o ignóbil rei Leônidas. Depois ele tomou Atenas, incendiou os templos dos deuses falsos e mentirosos, devastou a terra e vendeu como escravos todos os habitantes que não haviam fugido. Tendo submetido à sua vontade todas as terras desde a Trácia até o Istmo de Corinto, Sua Majestade impôs tributo e retornou em magnífica forma para a Anatólia.

Houve, é claro, os erros usuais cometidos pelos escravos do rei. O desafortunado Mardônio perdeu sua vida numa emboscada armada pelos bárbaros gregos quando seu exército se retirava depois de uma campanha de pacificação. E Artaxerxes ouvira algo sobre uma escaramuça de navios perto de alguma ilha chamada Salamina, na qual o rei de Sídon havia tido dificuldades com certos capitães gregos. Mas, depois de mostrar sua força, o exército persa se retirara para dentro de fronteiras seguras.

Em 477 a.C., Atenas celebrara uma aliança naval com as cidades-estado gregas. Fora celebrada na ilha de Delos, localizada na parte central do mar Egeu e consagrada ao deus Apolo. Os historiadores geralmente se referem a ela como a Liga de Delos. A aliança abrangia cerca de 150 cidades-Estado gregas do mar Egeu, Eubéia e a costa nordeste da Grécia, o mar de Mármara e a costa oeste da Anatólia. Atenas ocupava a liderança da aliança. Muitas destas cidades-Estado haviam sido sujeitadas ao Grande Rei.

A Pérsia exigia tributos dos seus súditos. Atenas fazia a mesma coisa. Para ser efetiva, a Liga de Delos precisava ter uma frota poderosa, e o poder naval custava caro. Assim, com a exceção de alguns Estados-membros, que contribuíam com navios de guerra e homens, todos os membros da Liga de Delos pagavam tributo a Atenas. As cidades-Estado gregas substituíram uma potência imperial por outra.

Desde a sua fundação, a Liga de Delos se comprometeu com a expansão. Não somente os seus membros prometeram defender a Grécia contra qualquer novo ataque da Pérsia, como também juraram atacar as terras do Grande Rei para vingar os danos causados à Grécia por Xerxes em 480 a.C., e adquirir espólio.

A Liga de Delos se criou e viveu à custa da Pérsia, mas os persas podiam aceitá-la com descaso. Eles poderiam ter visto as coisas assim: só porque o tesouro imperial persa deixara de manter os tiranos nas cidades gregas como Samos e Mileto, que agora pertenciam à Liga de Delos, uma certa quantidade de disparates se espalhara sobre a liberação dos jônios. Os gregos podiam bravatear, mas a satrapia da Jônia ainda estava sediada em Sardes. Os cavaleiros persas continuavam a cavalgar os ricos vales dos rios que correm no interior da Anatólia desaguando no mar Egeu. Algumas cidades gregas na costa da Anatólia ainda pagavam o tributo anual ao Grande Rei; que diferença fazia se algumas delas também pagassem para ter a proteção dos atenienses?

Enquanto isso, a estratégia da Sua Majestade falecida, abençoado seja o seu nome, funcionava lindamente. Os bárbaros gregos tinham sido deixados para fazer o que eles melhor sabiam: lutar entre si. Atenas estava criando um império naval no mar Egeu, enquanto os espartanos se enfureciam e preparavam uma guerra contra a força emergente de Atenas antes que fosse tarde demais.

Artaxerxes podia não saber disso, mas o império persa duraria mais 150 anos após Salamina. Não haveria mais expansão, mas depois das perdas para Atenas nas décadas de 470 e 460, os persas conseguiriam manter seu império, apenas com algumas rebeliões ocasionais em alguns locais, suprimidas prontamente. A Liga de Delos durou somente 75 anos. Depois que ela desapareceu, em 404 a.C., o Grande Rei usou uma combinação de diplomacia e suborno para manter os gregos divididos e complacentes. Somente a ascensão de uma nova potência, a Macedônia, liderada pelos reis Felipe e Alexandre, derrubou finalmente o império persa em 330 a.C.

Entrementes, os persas poderiam sorrir, displicentes, à menção do ditado de que a imitação era a forma mais sincera de lisonja. Tão logo foi fundada a Liga de Delos começou a se parecer com o império persa. Os aliados de Atenas se rebelaram como os aliados persas haviam feito no passado. Os generais atenienses zarparam com frotas para esmagar os rebeldes, que eles executaram ou escravizaram, como os persas tentaram fazer em Atenas ou Salamina. Os políticos atenienses começaram a se dar ares imperiais, escrevendo memorandos, não sobre seus "aliados", mas sobre "as cidades sobre o controle de Atenas". Os consumidores de Atenas desenvolveram um gosto por roupas persas e arte persa — mas aquilo só fez sentido porque as potências imperiais se atraem naturalmente.

Dentro de duas gerações da criação da primeira democracia do mundo, Atenas conseguira também o feito notável de criar a primeira democracia imperial. Em casa, Atenas defendia a liberdade e a igualdade. No estrangeiro, Atenas não hesitava em usar todos os meios necessários para manter a autoridade da liga que ela liderava. Depois de fazer uma heróica resistência contra Xerxes, em nome da liberdade, Atenas descobrira que para manter a sua liberdade teria que transigir com excessos comprometedores no estrangeiro.

Salamina, já se disse, foi uma grande batalha porque, sem aquela vitória, o mundo seria privado da glória que foi a Grécia. Mas isso subestima a resiliência e a força da civilização grega.

Se os gregos tivessem sido derrotados em Salamina, Xerxes partiria para a conquista do Peloponeso. Temístocles e os atenienses que sobrevivessem teriam fugido para o sul da Itália. E ali eles bem que poderiam se reagrupar. Do mesmo modo como a Grécia continental salvou a Jônia em 480 a.C., a Itália grega poderia ter salvo a Grécia continental. Atenas, no exílio, poderia ter incentivado os gregos do oeste a pegar em armas contra o invasor. Juntos, eles poderiam ter velejado de volta para a Grécia e expulsado os bárbaros a ferro e sangue.

Ou talvez os exilados teriam permanecido no sul da Itália. Ali poderiam ter prosperado. Logo, mesmo que tivessem sido derrotados em Salamina os antigos gregos poderiam muito bem ter criado a civilização clássica — no exílio na Itália. Mas não teriam criado a democracia imperial.

A derrota em Salamina não privaria o mundo da glória grega, nem da sua esperteza e ambição. Salamina ofereceu aos gregos a primeira prova de uma tentação à qual não puderam resistir. Graças a Salamina, Atenas permaneceu livre e a Grécia não foi escravizada. A democracia foi salva e nasceu o império ateniense.

E foi precisamente a contradição entre democracia e império que tornou Atenas tão instigante por mais de um século depois de Salamina. Atenas fracassou no seu ideal de liberdade e o fracasso gerou críticos. Eles incluem historiadores como Heródoto e Tucídides e poetas como Sófocles, Eurípides e Aristófanes. E incluem o crítico mais mordaz de todos: Sócrates. E Sócrates inspirou Platão, Aristóteles e a tradição ocidental da filosofia política. Aquela tradição, o debate sobre a democracia e seus descontentes, é o verdadeiro legado de Salamina, e a razão final pela qual ela poderia ter sido justamente a maior batalha do mundo antigo — e certamente a sua maior batalha naval.

Nos anos que se seguiram a Salamina, Atenas seguiu a estrada da democracia e do império. Enquanto isso, o fluxo constante de exilados políticos gregos para a corte do Grande Rei não diminuiu. E agora — para retornarmos à cena em Susa, em 464 a.C. — Artaxerxes, filho de Xerxes, um rei aquemênida, o Rei dos Reis, estava prestes a colher o fruto mais fino de todos.

O Grande Rei acenou para que o estrangeiro grego entrasse. Temístocles avançou. Dizem que os gregos eram demasiadamente orgulhosos e amantes da liberdade para se inclinar até o chão perante o Grande Rei, como todos os seus súditos faziam. Não sabemos como Temístocles se comportou naquela ocasião, mas a voz corrente, mais tarde, insiste que ele se prostrou sem hesitação.

Aquela noite, conta a história, Artaxerxes falou três vezes no seu sono: "Tenho em minhas mãos Temístocles, o ateniense."

A audiência de Temístocles com Artaxerxes foi um sucesso. O ateniense pediu e obteve um ano para aprender a língua e os costumes persas. Quando voltou a se encontrar de novo com o Grande Rei, ele impressionou Artaxerxes como um homem genial. O rei nomeou Temístocles governador da cidade jônia de Magnésia, localizada no rico vale do rio Meandro. Magnésia deveria fornecer a Temístocles o "seu pão", e ele também ficou com o controle da cidade próxima de Miunto, para "sua carne", e da cidade de Lâmpsaco para "seu vinho", pois a região de Lâmpsaco era famosa por seus vinhos. A família de Temístocles juntou-se a ele no exílio, e em Magnésia suas parentes mulheres serviram como sacerdotisas no templo de Ártemis.

E então o estrategista da vitória sobre a frota persa em Salamina, a batalha que marcou o início da transferência do mar Egeu do controle persa para o grego; o fundador da marinha ateniense, o visionário que transformou sua cidade natal de uma potência terrestre de segunda classe em um gigante marítimo; o homem que havia humilhado Xerxes e esmagado seu poder marítimo — o homem que agora atravessara o mar Egeu para viver confortavelmente no exílio com sua família, foi nomeado administrador nas províncias persas e tornou-se um vassalo do filho de Xerxes, o Grande Rei Artaxerxes I.

Temístocles morreu em Magnésia em 459 a.C. O Egito se revoltara contra a Pérsia de novo e Atenas havia mandado navios para o Nilo para ajudar os rebeldes. A lenda conta que Temístocles se envenenou para não obedecer à ordem do Grande Rei de fazer guerra contra Atenas. Mas ele provavelmente morreu de morte natural. Um monumento a Temístocles foi erguido na praça do mercado em Magnésia. Enquanto isso, sua família acatou seu último desejo e levou secretamente seus ossos para casa, sepultando seus restos mortais em solo ateniense. Ou foi o que se disse. Com certeza a lei ateniense proibia o enterro de um traidor na Ática, como Temístocles havia sido condenado. Mas provavelmente havia muitos atenienses em 459 a.C. que teriam prazer em honrar seu velho comandante com um túmulo grego em casa.

Temístocles não foi o único veterano de Salamina a ver sua vida dar voltas inesperadas depois da batalha. Consideremos primeiro o lado grego, começando pelos atenienses. Em 480 a.C., o rival de Temístocles, Aristides, ainda tinha seu momento de glória pela frente. Em agosto de 479, Aristides comandou a infantaria de Atenas na batalha de Platéia, passando assim à história como um dos salvadores da Grécia. Não muito depois, Aristides ajudou Temístocles a iludir os espartanos enquanto Atenas se cercava com uma muralha defensiva. Em 477, Aristides fez a primeira imposição de tributo para os membros da Liga de Delos. Mas guardou pouco dinheiro para si mesmo, pois morreu pobre por volta de 468. Foi enterrado em Falero, uma lembrança digna da noite em que Aristides ajudou a inclinar a balança contra a frota persa que ali estava atracada. Seu filho, Lisímaco, foi um grande fracasso; seu neto, também chamado Aristides, provavelmente morreu no serviço ativo durante a guerra do Peloponeso.

Ésquilo cobriu-se de glória como dramaturgo, depois de 480 a.C. Além de suas peças, *Os persas*, em 472, e *Sete contra Tebas*, em 467, ele escreveu uma trilogia clássica, *Orestéia*, em 458. Mais tarde, ele visitou a

Sicília grega, onde morreu e foi enterrado na cidade de Gela, em 456. Dois dos seus filhos também foram dramaturgos.

Depois da vitória na batalha de Micale em 479 a.C., o general ateniense Xantipo velejou para o Helesponto, onde assediou a cidade de Sestos. Sestos fica no lado europeu do Helesponto, do lado oposto à cidade de Abidos: as cidades gêmeas dominavam a travessia do estreito. De fato, Sestos foi a primeira cidade européia em que Xerxes entrou quando ele atravessou o Helesponto em 480 a.C. Depois de um sítio de meses, Sestos foi tomada por Xantipo e seus homens, na primavera de 478.

Xantipo morreu não muito depois (não se sabe o ano preciso), mas deixou um filho muito ambicioso: Péricles. Um refugiado adolescente em 480 a.C., Péricles veio a se tornar o primeiro homem de Atenas. Mas antes ele teve que derrotar um rival. Cémon, o hábil e jovem conservador, que jubilou-se como cavaleiro antes de Salamina, dominou a política ateniense na década de 460. Ele teve grandes vitórias contra a Pérsia no leste. Mas Péricles conseguiu desacreditá-lo e tomou o seu lugar.

De 460 a 430 a.C., Péricles iria liderar Atenas na sua Idade de Ouro. Foi sob a direção de Péricles que a cidade completou sua revolução democrática. Foi também no governo de Péricles que a Liga de Delos tornou-se o maior império marítimo que o Mediterrâneo jamais conheceu. Com o tributo arrecadado daquele império, Péricles financiou o maior projeto de construção da história grega: Atenas reconstruiu os templos na Acrópole que os homens de Xerxes haviam destruído em setembro de 480. Quarenta e dois anos mais tarde, em 438 a.C., a peça central daquele programa de reconstrução foi inaugurada — o mais famoso edifício da Grécia antiga: o Partenon.

Sicínio, o escravo de Temístocles, presumivelmente viveu confortavelmente como cidadão da pequena cidade-Estado de Téspias, na Grécia central. Téspias está situada a oeste de Tebas, no vale fértil ao pé do monte Hélicon, conhecido na lenda como o lar das Musas. Nos seus dias heróicos em 480 a.C., Téspias resistiu a Xerxes e foi destruída. Mas a cidade foi reconstruída depois da guerra e teve tempo para se devotar à sua divindade favorita, Eros, o deus do amor. Sicínio, podemos imaginar, desfrutou sua vida como um tespiense, contando histórias sobre seu fatídico encontro com o Grande Rei.

No Peloponeso, Adimanto de Corinto transferiu seu rancor contra Atenas para a próxima geração. Seu filho Aristea, um comandante militar carismático, liderou uma força coríntia de assim denominados voluntários, num conflito não declarado contra Atenas, em 432 a.C. Quando a guerra do Peloponeso finalmente estourou logo depois, Aristeas partiu numa missão militar para o Grande Rei, cuja ajuda ele queria obter contra Atenas. Mas Aristeu foi capturado no caminho e executado pelo Estado ateniense em 430 a.C.

Não está claro se Félos conseguiu voltar para casa em Crotona, mas sua memória permaneceu. Depois de derrotar o exército persa na batalha de Gaugamela no norte do Iraque em 330 a.C. Alexandre o Grande mandou uma porção dos despojos para a longínqua Crotona em reconhecimento à contribuição de Félos para a vitória em Salamina.

Alguns dos outros personagens principais da batalha de Salamina não deixaram traços nos registros históricos depois de 480 a.C. Não se fala mais de Euribíades de Esparta, por exemplo, comandante da frota grega, ou do durão soldado egineta Píteas de Egina, nem do orgulhoso capitão egineta Polícrito, nem do ás ateniense Amínias de Palene. Do lado persa, Tetramnesto, rei de Sídon, não é referido depois de Salamina. O eunuco Hermótimo desaparece depois de 480 nos largos corredores dos palácios em Persépolis e Susa.

Mardônio, o conselheiro chefe linha-dura da expedição de Xerxes, morreu no campo de batalha em Platéia em 479 a.C. Uma de suas adagas foi parar em Atenas, na Acrópole, como parte do espólio inimigo, um saque total no valor de 500 talentos, que representavam três milhões de salários diários naquela época. A adaga de Mardônio pesava 7 quilos. Aparentemente era toda de ouro.

O irmão de Xerxes, e tio de Artaxerxes, Aquêmenes, ainda estava vivo em 464 a.C. Ele era governador do Egito (em Salamina comandou o esquadrão egípcio). Ele morreria combatendo uma rebelião egípcia em 459.

Sobrevive ainda a anedota de que Xerxes recompensou Demarato de Esparta por lhe ter informado a dura verdade sobre a força do inimigo: ele permitiu que Demarato escolhesse seu pagamento. Supõe-se que Demarato pediu para entrar na cidade de Sardes, o orgulho da Anatólia, dentro de uma carruagem e usando uma tiara, um privilégio da realeza. Em outras palavras, Demarato pediu para ser reconhecido novamente como rei, e com um esplendor do Oriente Próximo, jamais cogitado em Esparta. Não se sabe se esta história é ou não verdadeira, mas é certo que Demarato e seus descendentes continuaram a florescer no império persa. Dario havia dado ao exilado espartano terras e a governadoria de três cidades na Anatólia, não longe de Tróia: Halisarna, Teutrânia e Pérgamo. E seus descendentes atravessariam todas as adversidades e manteriam seu domínio nessas cidades por duzentos anos, até depois da morte de Alexandre, o Grande.

Não restam detalhes das atividades de Artemísia depois de 480 a.C. Não sabemos como nem quando ela morreu. Mas a dinastia para a qual ela trabalhara com tanto esmero para promover, durante a expedição de Xerxes, ainda estava viva e próspera uma geração mais tarde. Entre 460 e 450 a.C., seu filho ou sobrinho Ligdamo governou como rei de Halicarnasso, como mostra uma inscrição daquela data. Sua posição foi um tributo à sua habilidade de sobrevivência. Acima e abaixo da costa oeste da Anatólia nas décadas de 470 e 460 a.C., a marinha ateniense expulsou os persas e os governantes que os apoiavam. Um por um, os reis, príncipes e tiranos caíram, à exceção de alguns poucos governantes hábeis que conseguiram mudar de lado tão facilmente como um caçador troca de flechas. Ligdamo de Halicarnasso foi um dos bem-sucedidos.

Se Heródoto pudesse influir, Ligdamo teria sido um fracasso. Quando jovem em Halicarnasso, o futuro historiador aderiu a uma rebelião contra a casa reinante. Mas a rebelião fracassou e Heródoto foi exilado. O resto é história.

NOTAS

Ao citar autores antigos, segui as abreviações da obra padrão de referência, *The Oxford Classical Dictionary* 3ª ed. (Oxford: Oxford University Press, 1999). Os títulos das obras antigas, entretanto, são citados na sua tradução para o inglês.

CRONOLOGIA DE EVENTOS RELACIONADOS À BATALHA DE SALAMINA, EM 480 A.C.

9 *Todas as datas são aproximadas*: Esta cronologia é baseada em fontes antigas e estudos modernos. Seu objetivo é seguir a narrativa de Heródoto, que é uma história coerente e crível, mas infelizmente vaga e contraditória em relação a algumas datas. Nestes casos, segui estudiosos que oferecem as menores mudanças às datas de Heródoto.

NOTA IMPORTANTE SOBRE OS NAVIOS

13 *As trirremes eram navios graciosos e bem-acabados:* A maioria dos dados técnicos citados nesta seção vem da experiência de *Olympias*, uma reconstrução hipotética de uma trirreme do século IV a.C. feita em Atenas e usada até as décadas de 1980 e 1990. Levei em consideração as críticas e anotações a respeito.

16 *"velocidade e maneabilidade"*: Plutarco, [Vida de Címon], 12.2.

17 *O opop, O opop e ryppapai... "Bre-ke-ke-kex, ko-ax, ko-ax"*: Aristófanes, *Frogs* [Sapos], 208-209, 1073.

PRÓLOGO — PIREU

21 *manhã de verão de 430 a.C.*: É plausível que Heródoto estivesse em Atenas naquela data, como discutido por J. L. Myres, *Herodotus, Father of History* [Heródoto, pai da história] (Oxford: Clarendon Press, 1953), 14-16. Imaginei sua viagem a bordo de um navio, mas não o panorama.

22 *Homem cinqüentenário*: A data de nascimento de Heródoto é 484 a.C. Para uma discussão sobre a tradição biográfica, ver J. Gould, *Herodotus* (Londres: Weidenfeld & Nicolson, 1989), 4-18.

22 *tinha uma barba longa*: Ver, por exemplo, o busto de mármore no Metropolitan Museum of Art, Nova York.

22 *capa sobre a túnica*: Imagino Heródoto na roupa típica de um grego adulto.

24 *"a divina Salamina"*: Heródoto 7.141.4.

24 *os vitoriosos ergueram dois monumentos*: Hdt. 8.121.

25 *um grande fato demográfico:* A população estimada do mundo em 500 a.C. era de cerca de 100 milhões. Ver Colin McEvedy e Richard Jones, *Atlas of World Population History* (Harmondsworth, Eng: Penguin, 1978), 343. Hoje, a população do mundo é de cerca de 6 bilhões de habitantes. A estimativa de 300.000 representa 0,3 por cento de 100 milhões, enquanto 0,3 por cento de 6 bilhões é 18 milhões.

29 *"O que se segue é uma récita"*: Hdt 1.1.1.

CAPÍTULO UM: ARTEMÍSIO

35 *"Eu posso não saber como afinar a lira"*: Plutarco, *Life of Themistocles* [Vida de Temístocles] 2.3.

35 *"Quando os atenienses viviam sob uma tirania"*: Heródoto 5.78.

42 *"tempestade monstruosa"*: Hdt 7.188.3.

45 *"Quando os fenícios estão enfileirados contra o inimigo"*: Sosylus de Lacedaemon, Felix Jacoby, *Die Fragmente der Griechischen Historiker, Zweiter Teil, Zeitgeschichte, B. Spezialgeschichten, Autobiographien und Memoiren. Zeittafeln* (Berlim: Weidmannsche Buchhandlung, 1929), no. 176, frg. 1.2, pp. 904-905.

49 *"Cadáveres e destroços de navios"*: Hdt. 8.12.1-2.

49 *"Destruam a frota grega"*: Hdt. 8.15.2.

49 *"Os bárbaros não passarão"*: Hdt. 8.15.2.

51 *"foi tudo feito pelo deus"*: Hdt. 8.13.1.

54 *"Com numerosas tribos"*: Plutarco, *Life of Themistocles* 8.3. trad. John Dryden.

54 *"Os filhos de Atenas erigiram"*: Plutarco, *Life of Themistocles* 8.2. trad. John Dryden - Pindar frg. 93, Alexander Turyn, *Pindari Carmina, cum fragmentis* (Cambridge, Mass.: Harvard University Press, 1952), 302.

55 *"Homens da Jônia"*: Hdt. 8.22.1-2.

55 *serpente pérfida*: Plutarco, *Life of Themistocles* 29.1.

CAPÍTULO DOIS: TERMÓPILAS

61 *"muita gente mas poucos homens"*: Heródoto 7.210.2.

61 *"governante de heróis"*: R. Schmitt, "Achaemenid Dynasty", *Encyclopedia Iranica*, vol. 1 (Londres: Routledge & Kegan Paul, 1983), 417.

62 *"Sou capaz nas mãos e nos pés"*: XPIOP (Xerxes Persepolis Inscription letter "l", in Old Persian), trad. Achaemenid Royal Inscriptions Project (Chicago: Oriental Institute, University of Chicago, 1998), http:// www-oi.uchicago.edu/cgi-bin/aritextbrowse.pl?text=xpl&language=op&banner=yes&translation=yes.

64 *"entremeado de branco no centro"*: Curtius 3.3.17. trad. John Yardley, *Quintus Curtius Rufus, The History of Alexander* (Penguin: Nova York, 1984), 31. A referência é ao rei Dario III em 331 a.C. quando ele liderou seu exército na marcha contra Alexandre, o Grande.

64 *"Isto é de fato minha capacidade"*: XPIOP, trad. Achaemenid Royal Inscriptions Project.

66 *"fariam que o território da Pérsia só tivesse fronteiras com o céu"*: Hdt. 81-2.

67 *"Eu pago bem aos homens leais"*: XPIOP, Achaemenid Royal Inscriptions Project.

70 *"sugerem que Xerxes construiu o canal"*: Ver um resumo das escavações em: http://www.gein.noa.gr/xerxes-canal/ENG-XERX/ENGWEB.htm.

72 *"Quando estava em campanha contra a Grécia"*: Polyaenus, Stratagems 7.15.1.

73 *"aqueles que usam o cinto (*banda*) de vassalagem"*: in Schmitt, *"Achaemenid* Dynasty," 419.

73 *"encontrassem o filho mais velho de Pítio"*: Heródoto 7.39.3. Xerxes pode ter pensado no pai, como sempre, pois Dario havia ordenado que todos os filhos de Eubazo fossem mortos, quando aquele persa tentou manter seus filhos fora da expedição contra a Cítia em 513 a.C. (Hdt. 4.84). A punição de Xerxes foi mais leve e mais cruel do que a do seu pai.

74 *"a casa e o governo tirânico"*: Hdt. 7.52.2.

78 *"saltando de ilha em ilha"*: Hdt 7.235.3.

CAPÍTULO TRÊS: ATENAS

82 *A distância entre as Termópilas e Atenas*: Ver C. Hignett, *Xerxes' Invasion of Greece* (Oxford: Clarendon Press, 1963), 195-196.

84 *cerca de 16 quilômetros por dia*: O grande exército de Alexandre, o Grande, marchava em média vinte quilômetros por dia, incluindo um dia de folga para descansar os animais. Neste passo, o exército de Xerxes teria chegado a Atenas em onze dias depois de deixar as Termópilas. Mas o exército pequeno e eficiente de Alexandre não levava agregados. Na sua retirada da Grécia no outono de 480 a.C., Xerxes viajou 900 quilômetros de Atenas ao Helesponto, isto é, cerca de 75 quilômetros por dia. Mas o exército em retirada não parava para conquistar, e representava só uma parte da força de invasão de verão, pois o o resto ficara na Tessália (Heródoto 8.115.1).

85 *Titraustes*: Diodoro Sínculo 11.60.5; Plutarco, *Life of Cimon* 12.5.

86 *Salgeus de Beócia*: Estrabão, *Geography* 9.2.9, cf 1.1.17.

87 *"um nada"*: Hdt. 8.106.3.

87 *somente com um orifício para urinar*: uma forma brutal mas bem comprovada de castração. Ver Vern Bullough, "Eunuchs in History and Society," in Shaun Tougher, org., *Eunuchs in Antiquity and Beyond* (Londres: Duckworth, 2002), 1-2.

92 *"Ó miseráveis"*: Hdt. 7.140.2.

92 *"Zeus que vê longe"*: Hdt. 7.141.3-4.

95 *"eles ficaram e esperaram"*: Hdt. 7.139.6.

99 *"Que Zeus, que habita no céu"*: Teógnis 757-764.

99 *"cheia de dor, tristeza e lamentação"*: Archaeological Museum of Kerameikos, Athens, Inventory I.318.

100 *estátua de Apolo*: Considere-se o Apolo do Pireu uma estátua de bronze descoberta na cidade moderna, de 530-520 ou 500-480 a.C. Piraeus Museum, Inv. 4645.

100 *selo cilíndrico iraniano*: Metropolitan Museum of Art, Nova York, Inv. L. 1992.23.8.

100 *"longo tempo"*: Hdt. 8.52.2.

101 *"abriram as portas e mataram todos os asilados"*: Hdt. 8.52.5.

CAPÍTULO QUATRO: SALAMINA

105 *Ele veste uma roupa rústica*: Ver uma estatueta de bronze de um espartano do século VI a.C. no Wadsworth Atheneum, Hartford, Connecticut.

107 *População de Salamina*: A população atual de Salamina é de 34 mil habitantes. Ver http://salamina.gr/english/information.htm.

107 *cada grego em Salamina estava em desacordo com os demais*: Esta é uma especulação baseada no boatos entre os comandantes (e talvez as tripulações) sobre os planos de Euribíades (Heródoto 8.74.2) bem como na bem conhecida reputação dos marinheiros gregos.

107 *"açoitada pelo mar"*: Sófocles, *Ajax* 598.

109 *Cinosura*: Sobre a identificação, ver J. F. Lazenby, *The Defence of Greece, 490-479 B.C.* (Warminster, Eng.: Aris & Phillips, 1993), 177.

109 *Psitália*: Sobre a identificação de Psitália com a ilha de Lipsokoutali da Grécia moderna, em vez de São Jorge, ver C. Hignett, *Xerxes' Invasion of Greece* (Oxford: Clarendon Press, 1963), 397-402. Ver também Lazenby, *Defence of Greece*, 179.

110 *"a muralha"*: Homero, *Iliad* 3.226-229.

110 *banheiros públicos*: Ver Pseudo-Demóstenes 50.34-35.

112 *"chegavam a trinta dezenas"*: Ésquilo, *Persians* 339-340.

113 *"argueiro no olho do Pireu"*: Aristóteles, *Rhetoric* 1411a.

115 *do grande ateniense Sólon*: Sua estátua ficava em Salamina em 345 a.C. (Aeschines, *Against Timarchus* 25), mas como Sólon era um grande herói ateniense no seu tempo, em 594 a.C., podemos imaginar que ainda estivesse no local em 480 a.C.

116 *Ciro, o Grande*: Hdt. 1.153.2.

116 *mensageiro ateniense*: Presumo, segundo Agostino Masaracchia, *Erodoto, La battaglia di Salamina: libro VIII delle Storie/Erodoto* (Milão: Fondazione Lorenzo Valla, A. Mondari, 1977), 183, que Heródoto 8.50 e 8.56 é uma única mensagem.

117 *thorubos*: Hdt 8.56.1.

117 *na baía de Paloukia*: como Constantin N. Rados alega em *La Bataille de Salamine* (Paris: Fontemoing & Cie., 1915), 290.

118 *Mnesífilo*: Muitos duvidam desta anedota pois destila veneno contra Temístocles (ver Hignett, *Xerxes' Invasion*, 204). Mas até Temístocles precisava às vezes de ajuda; além disso, para aumentar o drama, a história sublinha a elasticidade de Temístocles. Ver C.J. Fornara, *Herodotus: An Interpretative Essay* (Oxford: Clarendon Press, 1971), 72, n.19.

118 *onde a frota espartana provavelmente estava atracada*: Rados, *Bataille de Salamine*, 290.

119 *"De todos os homens que conhecemos"*: Tucídides 5.105.4.

120 *"Nos jogos"*: Hdt. 8.59.

121 *"Bata mas ouça"*: Plutarco, *Life of Themistocles* 11.3.

121 *"ao largo, em mar aberto"*: Heródoto 8.60á

121 *"uma batalha naval no estreito"*: Hdt. 8.60â.

122 *"o que* você *está argumentando"*: Plutarco, *Life of Themistocles* 11.5.

123 *"Se ficar aqui"*: Hdt. 8.62.1.

123 *"Eles haviam torneado com palavras"*: Heródoto 8.64.1.

CAPÍTULO CINCO: FALERO

123 *brilham jóias de ouro:* Imagino Artemísia usando jóias como as encontradas no século IV a.C. no túmulo de uma mulher da elite de Halicarnasso, a chamada Princesa Cária. Ver http://www.bodrum-museum.com/depts/carian.htm.

128 *a história de seu salto para a morte*: relatada pelo escritor do século II a.C. Ptolomeu Hefístio, cuja *New History* é resumida em Fócio 190.

129 *"Não me faltou coragem"*: Heródoto 8.68.á1.

129 *"Causa-me estupor"*: Hdt. 7.99.1.

129 *"o rei... de cada país e cada língua"*: um fragmento de pedra fundamental de Persépolis, citado em James E. Pritchard, org., *Ancient Near Eastern Texts Related to the Old Testament*, 3ª ed. (Princeton: Princeton University Press, 1969), 316-317.

129 *"único rei a dar ordens a todos os outros reis"*: *ibidem.*

130 *Um dia depois de saquear a Acrópole*: Isto é uma suposição, com base na presunção de que Xerxes desejava mover-se rapidamente enquanto os gregos estavam apavorados e deprimidos (Hdt. 8.56).

130 *"uma vontade de homem"*: Hdt. 7.99.1.

131 *esplêndido porto natural*: Ver Vitrúvio 2.8.10-15, Estrabão 13.1.59; Luciano, *Dialogues of the Dead* 24.

132 *homens persas mostravam seu valor no campo de batalha*: Hdt. 3.136.

133 *"Ficaram indignados"*: Hdt. 8.93.2.

133 *Aristófanes*: *Lisístrata* 675.

133 *galeria dos odiados inimigos*: Consistia numa série de estátuas em Esparta, inclusive uma de Artemísia. Ver Pausânias, *Guide to Greece* 3.11.3.

135 *os fenícios controlavam a extremidade ocidental*: como Constantin N. Rados defende em *La Bataille de Salamine* (Paris: Fontemoing & Cie., 1915), 287-288, baseado na posição desses esquadrões na batalha de Salamina, Heródoto 8.85.

135 *caixa de madeira encontrada numa embarcação bizantina*: dos destroços do Yasi Ada, agora no Bodrum Museum, Turquia.

136 *"Poupe nossos navios"*: Hdt. 8.68.á

136 *"Os homens bons têm escravos maus"*: Hdt. 8.68.ã

137 *paliçadas de madeira e obstáculos de pedras empilhadas*: Pesquisas arqueológicas intensivas de todo o Istmo encontraram muralhas fortificadas de várias eras diferentes, mas nenhum traço de muralhas de 480 a.C., mais uma prova de que os peloponésios as construíram mal e rapidamente. Ver Timothy E. Gregory, *The Hexamilion and the Fortress* (Princeton, N.J.: The American School of Classical Studies at Athens, 1993).

139 *Numa estimativa moderna*: T. Cuyler Young, "480/479 B.C. — A Persian Perspective", *Iranica Antica* 15 (1980): 229

140 *construir uma ponte*: Ver a excelente discussão em C. Hignett, *Xerxes' Invasion of Greece* (Oxford: Clarendon Press, 1963), 415-417.

140 *"Quanto mais o persa penetrava na Grécia"*: Hdt. 8.66.2.

140 *"Em minha opinião, os persas não eram menos numerosos"*: Hdt. 8.66.1.

140 *"o deus tudo fez"*: Hdt. 8.13.1.

143 *Cabe presumir que entraram em formação perto da entrada*: Nenhuma fonte antiga nos diz onde a frota persa se posicionou para a batalha, mas se eles entraram no canal, os gregos teriam corrido alarmados aos seus navios, e não há registro disso.

143 *Em Salamina, os gregos puderam avaliar plenamente a força da esquadra*: Cf. Hdt. 8.78.

143 *o terror do avanço persa*: Hdt. 8.71.1, 8.108.1. Sobre o possível papel da guerra psicológica nas ações dos persas no dia anterior à batalha de Salamina, ver J. F. Lazenby, *The Defence of Greece*, 490-479 B.C. (Warminster, Eng.: Aris & Phillips, 1993), 165-166.

CAPÍTULO SEIS: DE SALAMINA A FALERO

148 *"os homens que estavam perdendo tempo"*: Éforo, como relatado por Diodoro Sículos 11.16.3.

149 *"Atenas estava perdida"*: Heródoto 8.74.2.

150 *"Um grego das hostes atenienses"*: Ésquilo, *Persians* 355-360.

150 *"Quando ele [Sicínio] chegou"*: Hdt. 8.75.2.

151 *"Ele [Temístocles] o enviou [a Sicínio] secretamente a Xerxes"*: Plutarco, *Life of Themistocles* 12.4-5.

154 *os persas deixaram que partisse*: Ver o argumento de J. F. Lazenby, *The Defence of Greece 490-479 B.C.* (Warminster, Eng.: Aris & Phillips, 1993), 169-170.

155 *"a perfídia dos gregos"*: Ésquilo, *Persians* 360-361. Ver a tradução por Seth Benardete, "Greek guile", em *Aescheyus II*. 2ª ed., The Complete Greek Tragedies (Chicago: University of Chicago Press, 1991), 61.

156 *"no meio da noite"*: Hdt. 8.76.4.

157 *"um temperamento nervoso, arrojado, imprudente"*: Plutarco, *Life of Aristides* 2.2.

158 *"o melhor e mais justo homem"*: Hdt. 8.79.1.

158 *"Aristides e Temístocles eram os piores"*: Polieno, *Stratagems* 1.30.8-32.2.

159 *"Estamos fechados pelo inimigo num círculo"*: Hdt. 8.79.4.

160 *"As trirremes dos bárbaros"*: Plutarco, *Life of Themistocles* 8.2.

160 *"Fique sabendo que os medos"*: Heródoto 8.80.1.

160 *"Se for eu a dá-la"*: Hdt. 8.79.2.

160 *"duelando com as palavras"*: Hdt. 8.78.1.

161 *"Todo o campo dos gregos está cercado"*: Hdt. 8.81.1.

CAPÍTULO SETE: DE FALERO A SALAMINA

163 *Eshmunazar:* ou o monarca conhecido como Tabnit. Ver David M. Lewis, "Persians in Herodotus", em P. J. Rhodes, org., *Selected Papers in Greek and Near Eastern History* (Cambridge: Cambridge University Press, 1997), 355.

165 *"grande Sídon"*: Josué 11:8.

165 *"a mãe de Canaã"*: Françoise Briguel-Chatonnet e Eric Gubel, *Les Phéniciens aux origins du Liban* (Paris: Gallimard, 1998) 72.

165 "a primogênita de Canaã": Gênesis 10:15, 19.

165 *"experiência dos feitos navais herdada de seus ancestrais"*: Diodoro Sículo 11.18.1, referindo-se aos fenícios em geral.

165 *Megábazo e Prexaspes*: Megabazo pode ter tido as funções hereditárias como "o comandante", a julgar por documentos persas, enquanto o pai de Prexaspes, Aspatines, aparece como portador da aljava na tumba de Dario e pode ter sido o oficial encarregado por Persépolis. Ver Lewis, "Persians in Herodotus", 358-359.

166 *sh-l-m*: Ver "Salamis", em A. Pauly, G. Wissowa e W. Kroll, orgs., *Real-Encyclopädie der klassischen Altertumswissenschaft*, vol. 20 (Stuttgart: A. Druckenmüller Verlag 1958, 1914): cols. 1826-1827.

167 *"trucidar os gregos em Salamina"*: Heródoto 8.76.2.

167 *mais de 120 milhas náuticas por dia:* Tucídides 8.101. Cf. Xenofonte, *Anabasis* 6.4.2.

170 *a marinha persa era*: Ésquilo, *Persians* 74-75, 39-42, 52-55, 59-60.

172 *"Nos grandes navios, cada um encorajava o outro"*: Ésquilo, *Persians* 380-381.

173 *"Disponham a formação cerrada de navios em três colunas"*: Ésquilo, *Persians* 366-368.

173 *um historiador mais tardio*: Diodoro Sículo 11.17.2.

175 *"entre Céos e Cinosura"*: Hdt. 8.76.2.

175 *"controlava toda a passagem com seus navios, até Muniquia"*: Hdt. 8.76.1.

175 *"circundaram" os gregos ou os "cercaram", ou ainda que "guardaram"*: Hdt. 8.76.1, 8.81.1.

175 *"Mas quando eles lançarem uma ponte de barcos"*: Hdt. 8.77.1.

177 *"Eles fizeram tudo na calada"*: Hdt. 8.76.3.

177 *in 388 a.C.*: Xenofonte, *Hellenica* 5.1.5.

178 *"os fenícios (...) controlavam a ala ocidental"*: Hdt. 8.85.1.

180 *"Não dormiram nem um pouquinho"*: Hdt. 8.76.3.

180 *"Os senhores dos navios"*: Ésquilo, *Persians* 382-383.

180 *Heródoto relata uma anedota*: Hdt. 8.118.

CAPÍTULO OITO: SALAMINA

182 *pescadores*: Em Salamina de hoje, os pescadores ainda trocam teorias acerca da batalha de Salamina nos cafés. Eu especulo que seus antigos colegas resmungavam sobre a perda de acesso aos portos.

184 *dos dedos sarnentos de Temístocles*: Plutarco, *Life of Themistocles* 4.2, 24.4.

184 *pálida e gorda*: Platão, *Republic* 556d-e.

184 *queixassem dos contramestres*: Xenofonte, *Oeconomicus* 21.3.

184 *"não são escravos nem se submetem a ninguém"*: Ésquilo, *Persians* 242.

186 *voltavam-se uns para os outros e apertavam-se as mãos*: Lísias, *Funeral Oration* 2.37.

187 *extensa inscrição*: *Inscriptiones Graecae*, 3ª ed., vol. I, nº 1.032 = *Inscriptiones Graecae*, 2ª ed., vol. II, nº 1951.

190 *"navios do olho negro"*: Ésquilo, *Persians* 559, *Suppliants* 773.

190 *"proa que divisa o caminho"*: Ésquilo, *Suppliants* 716-718.

191 *coruja*: Plutarco, *Life of Themistocles* 12.1. Plutarco situa a história na noite anterior (isto é, 23-24 de setembro), mas é difícil ver quando Temístocles poderia falar com muita gente do convés naquela noite. Plutarco não garante a verdade da história.

191 *Sacrifício de Temístocles*: Plutarco, *Life of Themistocles* 13.2, *Life of Aristides* 9.1.

191 *ao romper do dia*: Em 25 de setembro, em Atenas, o sol nasce às 7h15 e o dia, cerca de uma hora antes, às 6h15.

193 *"Suas palavras contrastavam o melhor"*: Heródoto 8.83.

193 *"encerrou seu discurso de maneira altissonante"*: A maioria dos estudiosos traduz a frase grega como "ele terminou seu discurso", mas o verbo usado por Heródoto, *kataplçssô*, é extremamente forte.

195 *aura*: Minha análise é baseada em consulta com o Dr. Michael Petrakis, Diretor do Institute for Environmental Research & Sustainable Development, National Observatory of Athens. Ver também J. Neumann, "The Sea and Land Breezes in the Classical Greek Literature", *Bulletin of the American Meteorological Society* 54 (1973): 6-8; Jamie Morton, *The Role of the Physical Environment in Ancient Greek Seafaring* (Leiden: Brill, 1999), 97-99.

196 *"uma brisa forte (...) do mar"*: Plutarco, *Life of Themistocles* 14.2.

196 *"erguiam-se muito na popa, tinham bordas-falsas"*: "bordas-falsas" é literalmente "cobertura alta em relação ao convés", que pode se referir à cobertura de proteção dos quarenta soldados amontoados no convés. Plutarco, *Life of Themistocles* 14.2.

196 *"tinham calados pequenos e mantinham-se baixos na água"*: Plutarco, *Life of Themistocles* 14.2.

197 *"senhor do remo"*: Ésquilo, *Persians* 378.

197 *"rico em mãos e rico em remadores"*: Ésquilo, *Persians* 84.

197 *"entrar na batalha com os esporões de seus navios"*: Ésquilo, *Persians* 336.

197 *"isolar a onda invencível com robustas muralhas"*: Ésquilo, *Persians* 90.

197 *"A cidade de Atenas será salva pelos deuses"*: Ésquilo, *Persians* 347.

CAPÍTULO NOVE: O ESTREITO DE SALAMINA: MANHÃ

201 *Gobrias*: Um nobre persa, ele era avô de Ariabignes e um dos sete conspiradores que colocaram Dario no trono. Ver esp. Heródoto 3.78, 4.130-134, 7.97.

203 *"Ele descortinava de seu assento"*: Ésquilo, *Persians* 466-467.

203 *"cair em cima do inimigo com o trovão"*: David G. Chandler, *The Military Maxims of Napoleon* (Nova York: Macmillan, 1997), 111-112.

204 *"um grito cantado"*: Ésquilo, *Persians* 388-390.

204 *"um grito sagrado"*: Ésquilo, *Seven Against Thebes* 268-270.

204 *"Todos os bárbaros"*: Ésquilo, *Persians* 391-394.

205 *Aristides Quintilianos*: Aristides Quintiliano, *On Music* 2.6; Homero, *Iliad* 21.388. Uma trompa do século V a.C. grego foi encontrada: seu cilindro consiste em treze partes feitas de marfim, enquanto o corpo e a boquilha são de bronze.

205 *"na remada regular dos remos que se apressavam juntos"*: Ésquilo, *Persians* 396.

205 *claramente vistos pelos persas:* Como defendido por J. F. Lazenby, *The Defence of Greece, 490-479 B.C.* (Warminster, Eng.: Aris & Phillips, 1993), 184, não é necessário colocar os gregos na curva do canal só porque os persas os ouviram antes de vê-los.

205 *Poucos minutos se haviam passado*: As coisas aconteceram rapidamente, diz Ésquilo, *Persians* 398.

206 *"Quando eles [os gregos] lançaram seus navios"*: Hdt. 8.83.2.

206 *"Primeiro a ala direita"*: Ésquilo, *Persians* 399-400.

206 *"carruagens flutuantes com esporões de bronze"*: Timóteo de Mileto, *The Persians*, como citado em A. Podlecki, *The Life of Themistocles: A Critical Survey of the Literary and Archaeological Evidence* (Montreal: McGill-Queen's University Press, 1975), 63-64.

209 *"um poderoso grito de guerra"* ... *"O filhos dos gregos"* ... *"a língua persa"*: Ésquilo, *Persians* 401-407.

210 *Tinha terras e uma casa na Ática*: Sobre os termos desta frase, ver o Decreto Temístocles.

211 *da inércia a nove ou dez nós*: Comparar o resultado das provas marítimas do *Olympias* de 1987 a 1992, lembrando que as velocidades são menores do que aparentemente se conseguia na Antigüidade. Ver J. S. Morrison, J. F. Coates e N. B. Rankov, *The Athenian Trireme: The History and Reconstruction of an Ancient Greek Warship*, 2ª ed. (Cambridge: Cambridge University Press, 2000), 262-264.

211 *Dependendo do ponto*: Ver J. T. Shaw, "Steering to Ram: The Diekplous and Periplous", em J. T. Shaw, org., *The Trireme Project: Operational*

Experience 1987-90: Lessons Learnt, Oxbow Monograph nº 31 (Oxford: Oxbow Books, 1993), 100.

213 *"lei das mãos"*: Hdt. 8.89.1.

214 *"Senhores, até quando pretendem ficar recuando?"*: Hdt: 8.84.2.

214 *"navio grego"*: Ésquilo, *Persians* 409.

214 *"problema muito comum nas guerras antigas"*: Tucídides, 7.44.1.

215 *"gemidos, gritos"*: Thuc. 7.71.4.

216 *grande luz*: Todos esses detalhes são encontrados em Plutarco, *Life of Themistocles* 15.1.

216 *"dizer com precisão"*: Hdt. 8.87.1.

217 *"as hostes persas mantiveram-se firmes"*: Ésquilo, *Persians* 412.

217 *"Os bárbaros não se mantiveram"*: Hdt. 8.86.

217 *Como diria mais tarde um comandante ateniense*: Fórmio, citado em Tuc, 2.87.

218 *"atingiram os navios dos bárbaros"*: Plutarco, *Life of Themistocles* 14.2.

218 *"brisas [*aurai*] capazes de naufragar navios"*: Timóteo de Mileto, *Persians* 791.132. Minha tradução; ver J. H. Horden, ed., *The Fragments of Timotheus of Miletus*. (Oxford: Oxford University Press, 2002). Timóteo se refere à "rápida violenta aura". Idem, 81.

219 *"era desferido contra um dos lados"*: Timóteo de Mileto, *Persians* 791.7-13.

221 *na história, veiculada mais tarde*: Diodoro Sículo 11.19.4.

222 *"comandante persa não identificado"*: Diodoro Sículo 11.85.5.

222 *"Ariamenes"*: Plutarco, *Life of Themistocles* 14.3.

CAPÍTULO DEZ: O ESTREITO DE SALAMINA: TARDE

224 *"os avassaladores esporões"*: Ésquilo, *Persians* 562.

224 *"A flecha"*: Ésquilo, *Persians* 278-279, cf. 269-271.

224 *"por uma simples remada"*: Ésquilo, *Persians* 976.

225 *capacidade inata de avaliar uma situação*: Mike Spick, *The Ace Factor: Air Combat & The Role of Situational Awareness* (Annapolis, Md.: Naval Institute Press, 1988), xii.

225 *"em tática, nada é verdade"*: Commander Randy "Duke" Cunningham, U.S. Navy, Vietnã, como citado em Robert L. Shaw, *Fighter Combat, Tactics and Maneuvering* (Annapolis, Md.: Naval Institute Press, 1985), x.

226 *Como seus pés estavam presos no soalho*: Na ausência de prova, trata-se de uma presunção, mas baseada na possibilidade de que os remadores se-

riam lançados pelo abalroamento, a menos que seus pés estivessem presos no soalho.

228 *thorubos*: Hdt. 8.87.2.

228 *Maior número de persas mortos*: Hdt. 8.89.2.

229 *"Todos eles se precipitaram"*: Ésquilo, *Persians* 422-426.

229 *"viandantes em terra hostil"*: Ésquilo, *Persians* 319.

229 *"lutar terrivelmente com as mãos"*: Ésquilo, *Persians* 977.

230 *autor desconhecido*: Pseudo-Aristóteles, *Mechanica* 850b.

230 *Luciano*: *Navigation* 6.

232 *"Senhor", perguntaram então ao Grande Rei*: Hdt. 8.88.2.

233 *"Cale-se! Não diga isso a ninguém"*: Hdt. 8.65.5-6.

235 *"Tenho uma lista com os nomes de muitos capitães"*: Hdt. 8.85.2.

236 *"Foi realmente Artemísia?"*: Hdt. 8.88.2.

236 *uma história fabulosa sobre uma serpente*: relatada no século II a.C. pelo escritor Ptolomeu Hefístio, cuja *New History* é resumida em Fócio 190.

236 *"sinal distintivo"*: Hdt. 8.88.2.

236 *bandeiras gregas de sinalização*: Polieno, *Stratagems* 8.53.1, 3.

239 *"abrigos incendiados por lascas de madeira"*: Timóteo de Mileto, *Persians* 791.26-30. Trad. J. H. Hordern; J. H. Hordern, org., *The Fragments of Thimotheys of Miletus* (Oxford: Oxford University Press, 2002).

239 *"o forte e fumacento fogo"*: Timóteo de Mileto, *Persians* 791.183-185. Tradução minha. Timóteo não é uma fonte confiável.

240 *"Meus homens se transformaram em mulheres"*: Hdt. 8.88.3.

CAPÍTULO ONZE: O ESTREITO DE SALAMINA: NOITE

242 *"mar de esmeralda"*: Timóteo de Mileto, *Persians* 791.31-34. Trad. J. H Hordern; J. H. Hordern, org., *The Fragments of Timotheus of Miletus* (Oxford: Oxford University Press, 2002).

242 *"líquido [que] espumava"*: Timóteo de Mileto, *Persians* 791.61-64., cf. 791.82-85. Tradução minha.

242 *"nus e enregelados"*: Timóteo de Mileto, *Persians* 791.98-99. Tradução minha.

242 *Os persas não desistiram de sua resistência*: Plutarco, *Life of Themistocles* 15.2, um detalhe que pode ter origem no poema de Simônides sobre Salamina.

242 *"No começo a horda"*: Ésquilo, *Persians* 412-422.

243 *"O bárbaro exército persa"*: Timóteo de Mileto, *Persians* 791.86-89. Tradução de J. H. Hordern.

245 *"bravo homem"*: Hdt. 8.95.1.

245 *"melhor dos atenienses"*: Hdt. 8.79.1.

245 *"Quando Deus deu"*: Ésquilo, *Persians* 455-464.

247 *"É melhor revestir seus chifres de bronze"*: Hdt. 6.50.

248 *"Quando os bárbaros foram postos em fuga"*: Hdt. 8.91.1.

248 *"A passagem"*: Hdt. 8.76.1, 91.1.

249 *"Nós somos medos, Temístocles?"*: uma paráfase de Hdt. 8.92.2.

249 *semeando a desordem entre seus atacantes*: A palavra *thorubos* é usada aqui também. Hdt. 7.181.1.

250 *"Ele demonstrou ser o mais bravo dos homens naquele dia"*: Hdt. 7.181.1.

251 *"Demócrito foi o terceiro"*: Simônides em D. A. Campbell, *Greek Lyric*, vol. 3., Loeb Classical Library (Cambridge, Mass.: Harvard University Press, 1991), nº XIX, citado por Plutarco, *The Malice of Herodotus* 36.869d.

253 *"enviado por intervenção divina"*: Heródoto 8.94.4.

253 *"Estranho, uma vez vivemos"*: Plutarco, *The Malice of Herodotus* 39.870e-Campbell, *Greek Lyric*, vol. 3, nº XI.

253 *"Quando toda a Grécia se equilibrava"*: Plutarco, *The Malice of Herodotus* 39.870e = Campbell, *Greek Lyric*, vol. 3, nº XII.

254 *"Este túmulo é de Adimanto"*: Plutarco, *The Malice of Herodotus* 39.870f = Campbell, *Greek Lyric*, vol. 3, nº X.

254 *"Os remadores de Diodoro"*: Plutarco, *The Malice of Herodotus* 39.870f = Campbell, *Greek Lyric*, vol. 3, nº XIII.

254 *"se lançassem coração e alma na luta contra estes bárbaros"*: Plutarco, *The Malice of Herodotus* 39.817a. Tradução minha.

254 *os antigos cômicos ganhavam dinheiro*: Jeffrey Henderson, *The Maculate Muse: Obscene Language in Attic Comedy*, 2ª ed. (Nova York: Oxford University Press, 1991), 170.

255 *"Estas estátuas de mulher"*: Simônides, citado por Plutarco, *The Malice of Herodotus* 39.871b, e por Ateneu, *Sophists at Dinner* 13.573c-e, em Campbell, *Greek Lyric*, vol. 3, no. XIV.

256 *"chefes"*: Ésquilo, *Persians* 297.

256 *Um autor da era romana*: Diodoro Sículo 11.19.3.

257 *"Por certo que nunca"*: Ésquilo, *Persians* 431-432.

257 *"As praias de Salamina"*: Ésquilo, *Persians* 273-274.

258 *"tingidos do mar"*: Ésquilo, *Persians* 275-277.

258 *"Perdido de um navio de Tiro"*: Ésquilo, *Persians* 964-965.

258 *"E o mar estrelado"*: Timóteo de Mileto, *Persians* 791.97. Trad. J. H. Hordern.

259 *"Como os gregos lutaram"*: Hdt. 8.86.1.

261 *"exibiram feitos dignos de menção"*: Hdt. 8.92.1.

261 *"uma exibição de... grandes e magníficos feitos"*: Hdt. 1.1.1.

CAPÍTULO DOZE: FALERO

267 *caixas de medicina de bronze*: encontradas em Nápoles, mas como a cidade era uma colônia grega, as caixas podem indicar um costume anterior, grego.

267 *"Um médico"*: Homero, *Iliad* 11.514-515.

269 *"Nossa luta não será"*: Heródoto 8.100.2.

269 *"Os persas não têm"*: Hdt. 8.100.4.

269 *"rasgaram suas túnicas"*: Hdt. 8.99.

269 *"pior do que uma mulher"*: Hdt. 9.107.1.

270 *"o comandante da frota"*: Polieno, *Stratagems of War* 8.53.2, *Excerpts of Polyaenus* 53.4.

270 *"o comandante"*: Ver David M. Lewis, "Persians in Herodotus", em P. J. Rhodes, ed., *Selected Papers in Greek and Near Eastern History* (Cambridge: Cambridge University Press, 1997), 358-359.

270 *Na era romana*: Diodoro Sículo 11.2.2; Estrabão 9.2.9.

271 *Arcanânia*: o general Demóstenes (não o famoso orador), depois da batalha de Olpae em 426 a.C. Tucídides. 3.114.

272 *"Se Vossa Majestade e sua casa sobreviverem"*: Hdt. 8.102.3.

275 *"Ares"*: Timóteo de Mileto, *Persians* 790. Tradução minha.

275 *"Mandai dinheiro"*: Hdt. 9.2.3.

277 *"Eles levaram um grande golpe"*: Hdt. 8.130.2-3.

279 *"Diopites"*: A inscrição e o assunto que comemora podem ser encontrados em Werner Gauer, *Weihgeschenke aus den Perserkriegen* (Tübingen: Verlag Ernst Wasmuth, 1968), 40-41, 74, 134.

280 *eclipse parcial*: Hdt. 9.10.3. O eclipse pode seguramente datar de 2 de outubro. Se Cleombroto estava de fato pronto para atacar os persas, ele esta-

va seguindo uma política contrária à sugerida por Euribíades, que não queria dar aos persas nenhuma razão de continuar a lutar; ver o capítulo seguinte.

280 *45 dias*: Hdt. 8.115.1. Heródoto poderia estar se referindo apenas à viagem da Tessália ao Helesponto, caso no qual se adicionariam mais duas ou três semanas para a viagem de Atenas para a Tessália.

280 *viagem dura*: Ésquilo, *Persians* 480-514. Ésquilo faz a viagem de retorno de Xerxes ainda mais desastrosa, mas a história não merece crédito devido ao poeta ter sido testemunha ocular da batalha.

CAPÍTULO TREZE: ANDROS

285 *"a salvação da Grécia"*: Heródoto 7.139.5.

286 "Sirva-se, você não é Temístocles": Plutarco, *Life of Themistocles* 18.2.

287 *"navios de corrida"*: Russel Meiggs e David M. Lewis, eds., *A Selection of Greek Historical Inscriptions to the End of the Fifth Century B.C.*, rev. org. (Oxford: Clarendon Press, 1988), nº 26, 54-57.

288 *"Que cada um finque os pés no chão"*: Tyrtaeus, frg. 10 West, em M. L. West, *Iambi et Elegi graeci ante Alexandrum Cantati,* vol. 2 (Oxford: Clarendon Press, 1972), 174-175; Michael Sage, trad., *Warfare in Ancient Greece: A Sourcerbook* (Londres: Routledge, 1996), 34.

290 *"Forçados a lutar"*: Hdt. 8.109.2.

290 *"uma grande nuvem de homens"*: Hdt. 8.109.2.

296 *"O nome de Temístocles"*: Hdt. 8.124.1.

297 *"Se eu viesse de"*: Hdt. 8.125.2.

EPÍLOGO: SUSA

305 *A expedição do Grande Rei*: O orador grego Dion Crisóstomo conta uma história similar em 11.147-149.

307 *"aliados" mas "as cidades sobre o controle de Atenas"*: Russel Meiggs, *The Athenian Empire* (Oxford: Clarendon Press, 1971), 171.

309 *"tenho em minhas mãos Temístocles, o ateniense"*: Plutarco, *Life of Themistocles* 28.4.

309 *"seu pão"*: Tucídides 1.138.5, Plutarco, *Life of Themistocles* 29.7.

313 *Supõe-se que Demarato pediu para entrar na cidade de Sardes*: Sêneca, *On Benefits* 6.31.11-12. De acordo com Plutarco, *Life of Themistocles* 29.5-6, o Grande Rei recusou furioso o pedido de Demarato.

313 *como mostra uma inscrição daquela data*: Russell Meiggs e David M. Lewis, orgs., *A Selection of Greek Historical Inscriptions to the End of the Fifth Century B.C.*, rev. org. (Oxford: Clarendon Press, 1988), nº 32, 69-72.

FONTES

O leitor que desejar saber mais sobre a batalha de Salamina terá um prazer e fará um esforço. Na lista que se segue menciono só as obras principais que foram usadas para escrever este livro. As informações a seguir não é de modo algum um registro completo das obras e fontes que consultei.

FONTES ANTIGAS

O ponto inicial indispensável é Heródoto, em particular o oitavo livro, mas cada parte de Heródoto deve ser entendida no contexto da sua obra. As boas traduções recentes em inglês incluem a revisão de John Marincola, com introdução e notas, da versão de Aubrey de Sélincourt (Herodotus, *The Histories: New Edition* [Harmondsworth, Eng.: Penguin, 1996]), e a tradução de Robin Waterfield, com introdução e notas de Carolyn Dewald (Heródoto, *The Histories* [Oxford: Oxford University Press, 1998]). O comentário histórico sobre Heródoto de W. W. How e J. Wells, *A Commentary on Herodotus*, 2 vols. (Oxford: Oxford University Press, 2000 [1928]), é muito pequeno e muito velho mas é muito bom. Focalizando mais nas questões literárias do que históricas, Agostino Masaracchia oferece um bom comentário sobre o oitavo livro de Heródoto em *Erodoto, La battaglia di Salamina: libro VIII delle Storie/ Erodoto* (Milan: Fondazione Lorenzo Valla, A. Mondadori, 1977).

O ponto inicial de minha pesquisa é a convicção de que Heródoto é um grande historiador, oferecendo uma grande narrativa isenta e precisa. Uma magnífica defesa da precisão de Heródoto encontra-se em W. Kendrick

Pritchett, *The Liar School of Herodotus*. (Amsterdam: J. C. Gieben, 1993). Talvez a testemunha mais importante para os acusadores de Heródoto como falsificador e criador de mitos seja Detlev Fehling, *Herodotus and His Sources: Citation, Invention, and Narrative Art*, trad. de J. G. Howie (Leeds, Eng.: Francis Cairns, 1989). Uma boa e sucinta introdução a Heródoto é John Gould, *Herodotus* (Nova York: St. Martin's, 1989). Um estudo curto mas eficaz de Heródoto sobre a invasão de Xerxes é de Gabriella Bodei Giglioni, *Erodoto e I sogni di Serse. L' invasione persiana dell' Europa*. Saggine 55. (Rome: Donzinelli Editore, 2002). Para o impacto da guerra do Peloponeso no pensamento de Heródoto, ver C. J. Fornara, *Herodotus: An Interpretive Essay* (Oxford: Clarendon Press, 1 971), 75-91.

A segunda fonte antiga mais importante sobre Salamina é a peça de Ésquilo *Os persas*. Boas traduções incluem Janet Lembke e C. J. Herington. *Ésquilo: Persians* (Oxford: Oxford University Press, 1991) e Seth Benardete em David Grene e Richmond Lattimore, eds., *Aeschylys II*, 2ª ed. The Complete Greek Tragedies (Chicago: University of Chicago Press, 1991). Para um comentário histórico e literário, ver H. D. Broadhead, *The Persae of Aeschylys* (Cambridge: Cambridge University Press, 1960).

O terceiro trabalho mais importante é *Life of Themistocles*, de Plutarco, disponível em grego e tradução em inglês, juntamente com dois outros textos relevantes, sua *Life of Aristides* e *Life of Cimon*, em *Plutarco, Lives*, vol. 2: *Themistocles and Camillus, Aristides and Cato Major, Cimon and Lucullus*, trad. Bernadotte Perrin (Cambridge, Mass.: Harvard University Press, 2001 [1914]). A *Life of Themistocles*, de Plutarco idealmente deveria ser lida com as notas de Frank J. Frost, *Plutarch's Themistocles: A Historical Commentary*, ed. rev. (Chicago: Ares Publishers, 1998) ou em Carlo Carena, Mario Manfredini e Luigi Piccirilli, Plutarco, *Le Vite di Temistocle e di Camillo* (Milão: Fondazione Lorenzo Valla: A. Mondarori, 1996). O estudante de Salamina deve também ver a crítica de Heródoto no ensaio de Plutarco "On the Malice of Herodotus", agora disponível com introdução, textos em grego e inglês, e comentário em A. J. Bowen, *Plutarch: The Malice of Herodotus* (Warminster, Eng.: Aris & Phillips, 1992).

Próximo em importância entre antigos autores, vem Diodoro Sículo, cuja história de Artemísio e Salamina pode ser lida em tradução em inglês em C. H. Oldfather, trad., *Diodorus of Sicily*, vol. 4 (Cambridge, Mass.: Harvard University Press, 1939), 155-175 (11.12.1-19.6). Este grego siciliano viveu no tempo do grande imperador Augusto e compilou uma história universal do mundo mediterrâneo. Pensa-se que Diodoro encontrou sua narrativa de Salamina no trabalho perdido de Éforo de Cime, um historiador grego do século IV a.C.

Peloponnesian War de Tucídides não somente contém informação importante sobre Temístocles e Salamina, mas é uma mina de ouro de material sobre estratégia e táticas de trirremes. Uma excelente edição em inglês é a de Robert Strassler, org., *The Landmark Thucydides: A Comprehensive Guide to the Peloponnesian War* (Nova York: Free Press, 1996).

O decreto de Temístocles pode ser lido na tradução de M. Crawford e D. Whitehead, eds., *Archaic and Classical Greece* (Cambridge: Cambridge University Press, 1983). 224-225, nº 112.

O que restou sobre o poema de Timóteo pode ser lido em grego e inglês em J. H. Hordern, org. e trad., *The Fragments of Thimotheus of Miletus* (Oxford: Oxford University Press, 2002). As poucas linhas do épico de Choerilus de Samos sobre a invasão de Xerxes podem ser lidas em grego em A. Bernabé, *Poetarum epicorum graecorum: fragmenta et testimonia*, part 1 (Stuttgart: Teubner, 1996). Simônides é disponível em grego e inglês em Deborah Boedeker e David Sider, *The New Simonides: Contexts of Praise and Desire* (Oxford: Oxford University Press, 2001). Ver também Anthony J. Podlecki, "Simonides: 480", *Historia* 17.3 (1968): 257-275.

Há muitos detalhes de informação sobre Salamina, Artemísio e guerra com trirremes em geral em Polieno, *Stratagems of War*, org. e trad. de Peter Krentz e Everett L. Wheeler, 2 vols. (Chicago: Ares Publishers, 1994). Muito pode ser coligido sobre guerra com navios a remo na Grécia nos manuais navais bizantinos (em grego), especialmente no de Syrianus Magister (c. 400-600 d.C.), em Alphonsus Dain, *Naumachia* (Paris: "Les Belles Lettres," 1943).

Entre outros autores antigos, que consultei freqüentemente na pesquisa para este livro, cito Lísias, Xenofonte, Justino 2.12.3, Onasander, Pausânias e Estrabão, todos os quais estão disponíveis em grego-inglês ou versões latim-inglês na Loeb Classical Library (Harvard University Press).

ESTUDOS MODERNOS SOBRE SALAMINA

Tanto tem sido escrito sobre a batalha de Salamina, e de tão alta qualidade, que se aborda a literatura pertinente com respeito, gratidão e humildade. O melhor estudo longo, muito negligenciado, é o de Constantin N. Rados, *La Bataille de Salamine* (Paris: Fontemoing & Cie., 1915). Um estudioso de guerra naval antiga e medieval, um grego com profundo conhecimento da terra, um estilista da prosa irônica e cética, um oficial da Légion d'Honneur francesa, Rados escreve com erudição e convicção. A mais sucinta e persuasiva história de batalha é de J. F. Lazenby, *The Defence of Greece, 490-479 B.C.* (Warminster, Eng.: Aris & Phillips, 1993), 151-197. Meu relato da batalha é mais em acordo com Rados e Lazenby. Também depende pesadamente da pesquisa magistral de C. Hignett, *Xerxes' Invasion of Greece* (Oxford: Clarendon Press, 1963), esp. 193-239; e de W. K. Pritchett, "Towards a Restudy of the Battle of Salamis", *American Journal of Archaelogy* 63 (1959): 251-262 and "Salamis Revisited", em *Studies in Ancient Greek Topography*, parte 1 (Berkeley: University of California Press, 1965), 94-102.

Embora ofereçam reconstituições da batalha bem diferentes da minha, Burn, Green e Hammond, e a equipe de Morrison, Coates e Rankov, fazem ótimas contribuições ao estudo de Salamina. Ver A. R. Burn, *Persia and the Greeks: The Defense of the West, 546-478 B.C.*, 2ª ed. (Stanford: Stanford University Press, 1984), esp. 450-475. Ver Peter Green, *The Greco-Persian Wars* (Berkeley: University of California Press, 1996), 60-64, 146-48, 162-63. Ver N. G. L. Hammond, "The Battle of Salamis", *Journal of Hellenic Studies* 76 (1956): 32-54; "On Salamis", *American Journal of Archaeology* 64 (1960): 367-368; "The Expedition of Xerxes", em *Cambridge Ancient History*, vol. 4, 2ª ed.: *Persia, Greece, and the Western Mediterranean c. 525 to 479 B.C.* (Cambridge: Cambridge University Press, 1988), 569-588. Ver J. S. Morrison, J. F. Coates e N. B. Rankov, *The Athenian Trireme: The History and Reconstruction of an Ancient Greek Warship*, 2ª ed. (Cambridge: Cambridge University Press, 2000), 55-61. Também aproveitei das discussões de Josiah Ober e Victor Davis Hanson em, respectivamente, Barry S. Strauss e Josiah Ober, "Xerxes of Persia and the Greek Wars: Why the Big Battalions Lost", em *The Anatomy of Error, Ancient Military Disasters and Their Lessons for Modern Strategists* (Nova York: St. Martin's, 1990), 17-43; Victor Hanson, "Freedom — 'Or to Live As You Please'," in *Carnage and Culture: Landmark Battles in the Rise of Western Power* (Nova York: Anchor Books, 2001), 27-59.

Entre obras mais antigas, também aproveitei, de Giulio Giannelli, *La spedizione di Serse da Terme a Salamina* (Milão: Società Editrice "Vita e

Pensiero", 1924), e G. B. Grundy, *The Great Persian War and Its Preliminaries; A Study of the Evidence, Literary and Topographical* (Nova York: Scribner's, 1901).

Outros importantes trabalhos em inglês sobre a batalha de Salamina nas últimas décadas incluem Jack Martin Balcer, *The Persian Conquest of the Greeks, 545-450 B.C.* (Xenia 38) (Konstanz: Univ.-Verl. Konstanz, 1995), 257-270; C. W. Fornara, "The Hoplite Achievement at Psytalleia", *Journal of Hellenic Studies* 86 (1966): 51-55; P. W. Wallace, "Psytalleia and the Trophies of the Battle of Salamis", *American Journal of Archaeology* 73 (1969): 293-303; K. R. Walters, "Four Hundred Athenian Ships at Salamis?" *Rheinisches Museum* 124 (1981): 199-203; A. J. Holladay, "The Forethought of Themistocles," *JHS* 107 (1987): 182-187; J. F. Lazenby, "Aischylos and Salamis", *Hermes* 116 (1988): 168-185. Para jogar a bataha de Salamina, ver Richard B. Nelson, *The Battle of Salamis* (Londres: Luscombe, 1975).

Num livro em preparação, sustento que Atenas teria eventualmente recuperado suas forças mesmo que houvesse perdido em Salamina. Ver "The Resilient West: Salamis Without Themistocles, Classical Greece Without Salamis, and the West Without Greece", em P. E. Tetlock, R. N. Lebow e G. Parker, orgs., *Unmaking the West: Counterfactual Thought Experiments in History* (em preparação).

NAVIOS ANTIGOS E BATALHAS NAVAIS

A introdução fundamental à navegação antiga é de Lionel Casson, *Ships and Seamanship in the Ancient World* (Baltimore: Johns Hopkins University Press, 1995). Outra boa introdução é de Robert Gardiner, org., *The Age of the Galley: Mediterranean Oared Vessels Since Pre-Classical Times*, Conway's History of the Ship (Annapolis, Md.: Naval Institute Press, 1995). Um importante estudo recente é de Jamie Morton, *The Role of the Physical Environment in Ancient Greek Seafaring* (Leiden: Brill, 2001).

Para uma introdução às antigas trirremes no contexto de antigos barcos a vela, ver J. S. Morrison e R. T. Williams, *Greek Oared Ships, 900-322 B.C.* (Cambridge: Cambridge University Press, 1968); Lucien Basch, *Le Museé imaginaire de la marine antique* (Atenas: Institut héllenique pour la préservation de la tradition nautique, 1987); H. T. Wallinga, *Ships and Sea Power Before the Great Persian War: The Ancestry of the Ancient Trireme* (Leiden: Brill, 1993). J. S. Morrison e J. F. Coates, *Greek and Roman Oared Warships, 399-31 B.C.*

(Oxford: Clarendon Press, 1994), enfoca o período helênico mas oferece alguns *insights* importantes sobre guerra clássica de trirremes. Superado em grande parte, mas ainda útil em alguns aspectos, é Cecil Torr, *Ancient Ships*, org. Anthony J. Podlecki (Chicago: Argonaut, 1964). W. L. Rogers, *Greek and Roman Naval Warfare: A study of Strategy, Tactics, and Ship Design from Salamis (480 B.C.) to Actium (31 B.C.)* (Annapolis, Md.: United States Naval Institutes, 1937). Para trirremes atenienses clássicas e suas tripulações, ver M. Amit, *Athens and the Sea: A Study in Athenian Sea Power* (Bruxelas: Latomus, Revue d'Études Latines, 1965) e Borimir Jordan, *The Athenian Navy in the Classical Period*, Classical Studies 13 (Berkeley: University of California, 1975).

O estudo de *Olympias* começa com J. S. Morrison, J. F. Coates e N. B. Rankov, *The Athenian Trireme: The History and Reconstruction of an Ancient Greek Warship*, 2ª ed. (Cambridge: Cambridge University Press, 2000). Morrison e Coates projetaram *Olympias*, a reconstrução hipotética de uma trirreme. Embora de algum modo lacunosa (como seus idealizadores reconhecem, para seu crédito), *Olympias* é muito importante para os historiadores. Ver Morrison e Williams, *Greek Oared Ships*. Relatórios sobre as experiências de *Olympias* podem ser encontrados, em J. S. Morrison e J. F. Coates, orgs., *An Athenian Trireme Reconstructed: The British Sea Trials of* Olympias, 1987, BAR International Series 486 (Oxford: B.A.R., 1989) e em J. T. Shaw, org., *The Trireme Project: Operational Experience 1987-90: Lessons Learnt*, Oxbow Monograph nº 31 (Oxford: Oxbow Books, 1993). Alguns *insights* e anedotas úteis sobre *Olympias* encontram-se em Frank Welsh, *Building the Trireme* (Londres: Constable, 1988). Para críticas sobre *Olympias*, ver John Hale, "The Lost Technology of Ancient Greek Rowing", *Scientific American*, Maio de 1996, 66-71; A. F. Tilley, "Warships of the Ancient Mediterranean", *The American Neptune* 50 (1990): 192-200.

Sobre escravos como remadores, ver Peter Hunt. *Slaves, Warfare, and Ideology in the Greek Historians* (Cambridge: Cambridge University Press, 1998); Donald R. Laing, "A New Interpretation of the Athenian Naval Catalogue, IG II^2 1951," Ph.D. diss Cincinnati, 1960.

Sobre táticas de trirremes, ver J. F. Lazenby, "The Diekplous", *Greece & Rome* 34.2 (1987): 169-178; Ian Whitehead, "The Periplous", *G & R* 34.2 (1987): 178-285; A. J. Holladay, "Further Thoughts on Trireme Tactics", *G & R* 35.3 (1988): 149-151; J. S. Morrison. "The Greek Ships at Salamis and the *Diekplous*", *Journal of Hellenic Studies* 111 (1991): 196-200; e meu artigo "Democracy, Kimon, and the Evolution of Athenian Naval Tactics in the Fifth Century B.C.", em Pernille Flensted-Jensen, Thomas Heine Neilsen e Lene Rubinstein, orgs., *Polis & Politics: Studies in Ancient Greek History Presented to Mogens Herman Hansen on His 60th Birthday* (Copenhagen: Museum Tusculanum Press, University of Copenhagen, 200), 315-326.

Sobre o *esprit de corps* da tripulação de uma trirreme ateniense, ver meu artigo "The Athenian Trireme, School of Democracy", em Josiah Ober e Charles Hedrick, orgs., *DEMOKRATIA: A Conversation on Democracies, Ancient and Modern* (Princeton: Princeton University Press, 1996), 313-325. Sobre como os homens morriam nas batalhas navais antigas, ver meu artigo "Perspectives on the Death of Fifth-Century Athenian Seamen", em Hans Van Wees, org., *War and Violence in Ancient Greece* (Londres: Duckworth, 2000), 261-283. Para pensamentos sobre barcos antigos e remo moderno, ver meu livro *Rowing Against the Current: On Learning to Scull at Forty* (Nova York: Scribner, 1999).

Sobre olho de navio, ver Troy J. Nowak, "A Preliminary Report on *Ophthalmoi* from the Tektas Burnu Shipwreck", *International Journal of Nautical Archaeology* 30.1 (2001): 86-94.

GUERRA NA ANTIGÜIDADE

Os cinco volumes de W. Kendrick Pritchett's, *Greek State at War* (Berkeley: University of California Press, 1971-1991), são leitura obrigatória para as bases da guerra grega clássica, com ênfase na luta terrestre.

Sobre guerra de infantaria, ver Victor Davis Hanson, *The Western Way of War: Infantry Battle in Classical Greece*, 2ª ed. (Berkeley: University of California Press, 2000). Sobre flechas incendiárias e outras armas não-convencionais, ver Adrienne Mayor, *Greek Fire, Poison Arrows & Scorpion Bombs: Biological and Chemical Warfare in the Ancient World* (Nova York: Overlook Press, 2003).

Sobre a média de marcha dos exércitos antigos, ver Donald W. Engels, *Alexander the Great and the Logistics of the Macedonian Army* (Berkeley: University of California Press, 1978), pp. 153-156. Sobre o suprimento das forças persas em Falero, ver T. Cuyler Young, "480/479 B.C. — A Persian Perspective", *Iranica Antica* 15 (1980): 213-239. Sobre cozinha militar, ver Nick Sekunda, "Food and Drink — Greek Military Cuisine," http://www.hoplitesco.uk/pdf/hoplite-food-and-drink.pdf, tirado de *Osprey Military Journal* 4.1. (Oxford: Osprey Publishing Ltd., 2002), 3-6.

Sobre sacrifícios antes da batalha, ver Michael Jameson, "Sacrifice Before Battle", em Victor Davis Hanson, org., *Hoplites: The Classical Greek Battle Experience* (Londres: Routledge, 1991), 197-227. Sobre as trompas, ver Peter Krentz, "The *Salpinx* in Greek Battle", em *idem*, 110-120.

PESSOAS E LUGARES

Fotos, mapas e comentários excelentes (em alemão) sobre os locais mencionados por Heródoto podem ser encontrados em Dietram Müller, *Topographischer Bildkommentar zu den Historien Herodotos. Griechenland im Umfang des heutigen griechischen Staatsgebiets* (Tübingen: Ernst Wachsmuth Verlag, 1987).

Para uma introdução extensiva, bem pensada e estudiosa do mundo grego antes e durante a invasão persa, ver Robin Osborne, *Greece in the Making, 1200-479 B.C.* (Londres: Routledge, 1996), esp. 243-350.

Sobre Temístocles, ver A. Podlecki, *The Life of Themistocles: A Critical Survey of the Literary and Archaeological Evidence* (Montreal: McGill-Queen's University Press, 1975); Robert Lenardon, *The Saga of Themistocles* (Londres: Thames & Hudson, 1978).

Para uma introdução ao Decreto Temístocles e ao debate entre estudiosos, ver Russell Meigs e David M. Lewis, orgs., *A Selection of Greek Historical Inscriptions to the End of the Fifth century, B.C*, ed. rev. (Oxford: Oxford University Press, 1988), nº 23, 48-52; M. Crawford e D. Whitehead, *Archaic and Classical Greece* (Cambridge: Cambridge University Press, 1983) nº 112, 224-224.

Sobre o império ateniense, ver Russell Meiggs, *The Athenian Empire* (Oxford: Clarendon Press, 1971). Sobre a influência persa em Atenas depois de 479 a.C., ver Margaret C. Miller, *Athens and Persia in the Fifth Century B.C.: A Study in Cultural Receptivity* (Cambridge: Cambridge University Press, 1997).

Sobre a energia ateniense como resultado da democracia, ver Brook Manville e Josiah Ober, *A Company of Citizens: What the World's First Democracy Teaches Leaders About Creating Great Organizations* (Boston: Harvard Business School Press, 2003).

Sobre o debate da democracia como o grande legado da Atenas clássica, ver Josiah Ober, *Political Dissent in Democratic Athens: Intellectual Critics of Popular Rule* (Princeton: Princeton University Press, 1998).

Sobre a topografia de Salamina, ver Yannos G. Lolos, "Notes on Salaminian Harbors", em *Tropis III: 3rd International Symposium on Ship Construction in Antiquity*, org. Harry Tzalas (Delphi: Hellenic Institute for the Preservation of Nautical Tradition, 1995), 291-297. Ver também Martha C. Taylor, *Salamis and the Salaminioi: The History of an Unofficial Athenian Demos* (Amsterdã: J. C. Gieben, 1997).

Uma introdução muito boa sobre Esparta, por um estudioso magnífico, é a de Paul Cartledge, *The Spartans: The World of the Warrior-Heroes of Ancient Greece.* (Woodstock e Nova York: Overlook Press, 2003).

A obra fundamental sobre a Pérsia aquemênida é de Pierre Briant, *From Cyrus to Alexander: A History of the Persian Empire*, trad. Peter B. Daniels (Winona Lake, Ind.: Eisenbrauns, 2002). Uma amostra dos seus pensamentos sobre o exército aquemênida pode se encontrar em "The Achaemenid Empire", em Kurt Raaflaub e Nathan Rosenstein, eds., *War and Society in the Ancient and Medieval Worlds: Asia, The Mediterranean, Europe, and Mesoamerica* (Washington, D.C.: Center for Hellenic Studies, Trustees of Harvard University; distribuído por Harvard University Press, 1999), 105-128. Uma excelente introdução resumida à Pérsia dos aquemênidas encontra-se em Josef Wiesehöfer, *Ancient Persia from 550 B.C. to 650 A.D.*, trad. por Azizeh Azodi (Londres: I. B. Tauris Publishers, 1996), pp. 1-101. Ver também um artigo claro e sucinto de R. Schmitt, "Achaemenid Dynasty", in *Encyclopedia Iranica*, vol. 1 (Londres: Routledge & Kegan Paul, 1983), 414-426. Embora superado de algum modo, vale a pena ler o trabalho de A. T. Olmstead, *History of the Persian Empire* (Chicago: University of Chicago Press, 1959 [1948]). Para uma introdução às provas na Pérsia aquemênida, ver Maria Brosius, ed. e trad., *The Persian Empire from Cyrus II to Artaxerxes I.* Lactor 16. (Londres: London Association of Classical Teachers, 2000). Uma importante reinterpretação de Xerxes é H. Sancisi-Weerdenburg, "The Personality of Xerxes, King of Kings", em L. de Meyer e E. Haerinck, eds., *Archaeologica iranica et* orientallis: *Miscellanea in honorem Louis VandemBerghe*, vol. 1 (Gent: Peeters Presse, 1989), 549-561.

Sobre a Fenícia no período persa, ver Sabatino Moscati, ed., *The Phoenicians.* (Nova York: Rizzoli, 2000); M. Gras, P. Rouillard e J. Teixidor, *L'univers phénicien*, ed. rev. (Paris: Hachette, 1995).

Sobre os séculos V e VI a.C., o Egito e sua marinha, ver A. B. Lloyd, "Triremes and the Saïte Navy", *Journal of Egyptian Archaeology* 58 (1972): 268-

279; e "Were Necho's Triremes Phoenician?" *Journal of Hellenic Studies* 95 (1975): 45-61.

Sobre a Halicarnasso de Artemísia e Heródoto, ver Simon Hornblower, *Mausolus* (Oxford: Clarendon Press, 1982), 1-33. Sobre Artemísia, ver R. Munson, "Artemisia in Herodotus", *Classical Antiquity* 7.1 (1988): 91-106.

Sobre Hermótimo o eunuco, ver Simon Hornblower, "Panionios of Chios and Hermotimos of Pedasa" (Hdt. 8.104-6), em Peter Derow e Robert Parker, orgs., *Herodotus and His World* (Oxford: Oxford University Press, 2003), 37-57.

REFERÊNCIAS

Há um mundo de informações úteis e concisas em Simon Hornblower e Anthony Spawforth, orgs., *The Oxford Classical Dictionary*, 3ª ed. (Oxford: Oxford University Press, 1999). A básica e volumosa enciclopédia clássica (em alemão) é de A. Pauly, G. Wissowa e W. Kroll, orgs., *Real-Encyclopädie der klassischen Altertumswissenschaft* (Stuttgart: A. Druckenmüller Verlag, 1958-[1893]). Ensaios de estudiosos numa variedade de tópicos históricos no final do século VI e início do V a.C. podem ser encontrados em John Boardman, N. G. L. Hammond, D. M. Lewis e M. Ostwald, orgs., The Cambridge Ancient History., 2ª ed., vol. 4: *Persia, Greece and the Western Mediterranean c. 525 to 479 B.C.* (Cambridge: Cambridge University Press, 1988).

MISCELÂNEA

A maioria das roupas descritas, desde a capa de Heródoto até o manto e a gargantilha dourada de Xerxes, são palpites de estudioso baseados nos usos comuns nas roupas da Antigüidade. Sobre roupas gregas antigas, ver M. M. Evans e E. B. Abrahams, *Ancient Greek Dress*, org. Dorothy M. Johnson (Chicago: Argonaut, 1964). Sobre roupas persas, ver Pierre Briant, *From Cyrus to Alexander: A History of the Persian Empire*, trad. Peter B. Daniels (Wynona Lake, Ind.: Eisenbrauns, 2002), 187, 217, 299-300, 523-524; Margaret C. Miller, *Athens and Persia in the Fifth Century B.C.: A Study in Cultural Receptivity* (Cambridge: Cambridge University Press, 1997), 153-187. Imagino Artemísia usando jóias encontradas do século IV a.C. no túmulo de uma mulher da elite de Halicarnasso, a chamada Princesa Cária. Os achados estão no Bodrum Museum, Turquia. Ver http://www.bodrum-museum.com/depts/carian.htm. Sobre perfumes e cosméticos, ver Mikhal Dayagi-Mendels, *Perfumes and Cosmetics in the Ancient World* (Jerusalém: Israel Museum, 1989). Sobre armas e armaduras de espartanos e outros guerreiros gregos, ver Anthony Snodgrass, *Arms and Armour of the Greeks* (Ithaca: Cornell University Press, 1967); Nicholas Sekunda, *Warriors of Ancient Greece* (Botley, Eng.: Osprey Publishing Ltd., 1986) E *The Spartans* (Botley, Eng.: Osprey Publishing Ltd., 1998).

Sobre eunucos, ver Lloyd Llewellyn-Jones, "Eunuchs and the Royal Harem in Achaemenid Persia", em Shaun Tougher, org., *Eunuchs in Antiquity and Beyond* (Londres: Duckworth, 2002), pp. 19-49.

Sobre os objetos preciosos na tenda de Xerxes e de Mardônio bem como no trono de Xerxes em Salamina, ver Dorothy Burr Thompson, "The Persian Spoils in Athens", em Saul S. Weiberg, ed., *The Aegean and the Near East: Studies Presented to Hetty Goldman on the Occasion of Her Seventy-Fifth Birthday* (Locust Valley, N.Y.: J. J. Augustin, 1956), 281-291, e Miller, *Athens and Persia*, 29-41.

Sobre consciência situacional ver Mikee Spick, *The Ace Factor: Air Combat & the Role of Situational Awareness* (Annapolis, Md.: Naval Institute Press, 1988).

AGRADECIMENTOS

Ao escrever este livro eu acumulei débitos enormes, alguns com organizações e mais ainda com pessoas. Boris Rankov foi excepcionalmente generoso com seu tempo e sua especialidade sobre *Olympias*, trirremes e remo. Victor Davis Hanson teve a bondade de consentir um longo debate sobre as conseqüências de Salamina. Durante anos John Hale e Donald Kagan partilharam comigo seu considerável conhecimento sobre navios antigos e guerra naval. Josiah Ober é um pensador incomparável em questões de democracia e guerra. Adrienne Mayor combina o seu faro de editora com o conhecimento de uma estudiosa. Mark Levine num dia ruim sabe mais sobre como contar histórias do que a maioria de nós num ano bom; ele foi um amigo generoso e encorajador desde os primeiros estágios do projeto.

John Lee, Meredith Small e o falecido Aaron Strauss leram generosamente os capítulos ainda em rascunho e cada um deu magníficos conselhos editoriais. Paul Cartledge teve a bondade de participar de um seminário estimulante sobre as guerras persas. Elizabeth Greene e Simon Hornblower dividiram comigo material inédito.

Pierre Briant, Burke Carson, Judith Dupré, Laurel Freas, Timothy Gregory, John Hyland, Fred Kagan, Michelle Moyd, Bill Patterson, Hayden Pelliccia, Ingrid Rowland, Philip Sabin, Elizabeth Shepherd e Erla Zwingle dividiram comigo seus conhecimentos em várias fases da minha pesquisa. Gostaria também de agradecer a Sandra Bernstein e ao falecido Alvin Bernstein, Joan Jacobs Brumberg, Giovanni Giorgini, Dede Hatch, Ned Lebow, Johanna Li, Deirdre Martin, Tim Merrick, Nat e Marcia Ober, Katerina Papoulia, David Rakowski, Daniel Schwarz, Tiffany Stansfield e Gail Holst Warhaft.

Na Grécia, tive ajuda valiosíssima sobre trirremes e história naval do contraalmirante A. Dimitsas, da Marinha grega, e de Rosie Randolph. Pelas informações sobre os pescadores de Salamina de hoje eu agradeço a Antiopi Argyriou e Marisa Koch. Pelas informações sobre ventos e o tempo em Salamina e suas imediações, sou grato ao Dr. Michael Petrakis, diretor do Instituto de Pesquisas Ambientais e Desenvolvimento Sustentado do Observatório Nacional de Atenas. Gostaria também de agradecer a Zafira Haïdou e ao pessoal do Museu Náutico da Grécia no Pireu.

Na Turquia, recebi a generosa assistência de Oguz Alpozen do Museu de Arqueologia Submarina de Bodrum, do arqueólogo Poul Pedersen, do arqueólogo naval Harun Özdas, do erudito cário Koray Konuk, e de George Bass, Don Frey, Elizabeth Greene, e do pessoal do Instituto de Arqueologia Náutica em Bodrum.

Howard Morhaim é um amigo e um agente literário compreensivo, que qualquer autor desejaria ter. Ele me ajudou em cada passo do caminho. Robert Bender é um editor dedicado e criterioso, cuja orientação aperfeiçoou consideravelmente o original. Paul Sidey é um editor sábio e competente, bem-humorado e paciente.

É um prazer agradecer às várias instituições que me ajudaram. O Departamento de História da Universidade de Cornell foi meu lar acadêmico que por muitos anos me apoiou e estimulou e teve a bondade de me conceder uma licença da atividade de professor para trabalhar neste livro. O Departamento de Clássicos de Cornell e seu Programa de Estudos da Paz também me deram incentivo intelectual. Com sua magnífica coleção e seu admirável pessoal, a Biblioteca da Universidade de Cornell foi indispensável para minha pesquisa. Tenho o prazer de agradecer a toda uma geração de estudantes de Cornell por suas perguntas e encorajamento.

A Escola Americana de Estudos Clássicos em Atenas é um dos maiores centros mundiais de conhecimento sobre a Grécia antiga. Tive a sorte de ali passar dois anos. A Colônia MacDowell em Peterborough, New Hampshire, me concedeu uma residência por um mês no inverno de 2003, onde eu pude escrever num ambiente ideal. Sem o Clube de Barcos Cascadilla em Ithaca, Nova York, eu teria muito pouco conhecimento sobre barcos e remos.

Serei sempre reconhecido ao povo da Grécia e da Turquia por sua generosidade e hospitalidade.

Meu maior débito é para com a minha família. Jamais poderei agradecer o suficiente aos meus pais. Minha mulher e meus filhos agüentaram pacientemente tanto as minhas ausências para realizar as pesquisas quanto a minha presença distraída e desatenta enquanto eu estava em casa escrevendo. Por isso e muito mais do que posso dizer, agradeço à minha esposa, Marcia, e a meus filhos, Sylvie e Michael. Sem o incentivo, o encorajamento e os conselhos de Marcia este livro não poderia ter sido escrito. A intensa e ágil manipulação de videogames de Michael me lembra a habilidade de um piloto da Antigüidade. Sylvie é uma lembrança constante de que há mais coisas na vida além de guerras, e assim dedico este livro a ela.

ÍNDICE REMISSIVO

Este livro foi composto na tipologia Minion, em
corpo 11,5/16 e impresso em papel off-set 75g/m²,
no Sistema Cameron da Divisão Gráfica
da Distribuidora Record.